질문과 **토론**이 있는
교육행정 및 교육경영

김왕준 · 김지현 · 박희진 · 변수연 · 송효준 · 이동엽 · 이수정
이전이 · 이호준 · 정설미 · 최경준 · 한재범 · 함승환 공저

Navigating Educational Administration and
Management Through Questions and Debates

학지사

머리말

이 책은 교육행정학 교재로 기획된 새로운 시도이다. 사범대학과 교육대학교 등 교원 양성기관에서 교육행정학은 전공과목이나 교직과목으로서 중요한 위치를 차지한다. 하지만 많은 학생이 딱딱한 과목으로 여기는 것도 사실이다. 그동안 저자들이 교육행정학 강의를 위해 여러 교재를 사용하면서 느낀 점은 많은 교재의 내용 대부분이 다양한 이론, 모형, 제도 등을 하나씩 제시하고 설명하는 데 집중한다는 것이다. 이러한 내용 구성은 교육행정학의 기초 지식을 빠짐없이 종합적으로 다루는 데에는 효과적이다. 하지만 교육행정학을 처음 접하는 학습자에게는 자칫 교육행정학이 백과사전식 지식을 암기하는 과목이라는 오해를 불러일으키기도 한다.

교육행정학은 고정된 '지식의 영역'이라기보다는 '질문의 방식'이다. 저자들은 이 책을 통해 교육행정학이 호기심과 탐구를 자극하는 흥미로운 과목이라는 점을 강조하고 싶었다. 이러한 희망을 담아 몇 가지 점에서 기존의 교재들과 차별성을 지니는 방식으로 이 책을 집필했다.

첫째, 학생들이 질문을 제기하고 토론에 참여하는 방식으로 교육행정학 수업이 진행될 수 있도록 돕고자 했다. 질문과 토론은 좋은 수업을 더욱 훌륭하게 만든다. 교육행정학 수업도 다른 수업과 마찬가지로 질문과 토론을 통해 더욱 활기 있고 역동적인 수업이 될 수 있다. 이 책의 각 장 제목은 모두 질문 형태로 제시되었다. 학생들은 이 책을 읽으면서 각자 나름대로 답을 찾아보고 또 새로운 질문을 품을 수 있도록 자극받는다. 이 책은 정답을 제시한다기보다는 학생들의 생각을 돕는 촉매가 된다.

둘째, 많은 양의 지식을 일방적으로 소개하기보다는 학생들이 지식의 의미와 적용 가능성을 스스로 탐구하도록 돕는 데 초점을 둔다. 교육행정학의 광범위한 지식을 짜임새 있게 조직화하여 소개하는 훌륭한 책은 이미 많다. 하지만 미래의 교사와 교육전문가를 교육행정학적 탐구의 세계로 초대하는 데 주안점을 둔 책은 흔치 않다. 이 책은 이러한 초대에 목적을 둔다. 이 초대가 성공적이라면 학생들은 이 책에 소개되지 않은 교육행정학의 더 많은 이론, 모형, 제도 등에도 관심을 가지게 될 것이다.

셋째, 미래의 교사를 위한 교재로서의 성격을 기본으로 하지만, 대학원생들을 위해서도 유용하게 사용될 수 있다. 교육행정학 및 관련 분야를 공부하는 대학원생들은 교육행정학을 단순히 지식 꾸러미로서 습득하는 것에 그치지 않고 새로운 질문을 던지고 그에 대한 더 나은 답을 찾으려고 노력하는 태도를 갖추어야 한다. 이 책은 교육행정학적 질문의 다양한 원형을 보여 줌으로써 교육행정학적 탐구의 세계에 동참한다는 것의 의미가 무엇인지 생각해 보는 값진 기회를 제공할 것이다.

이 책은 저자들의 노력만으로 세상에 나오지 않았다. 많은 분의 관심과 도움 덕분에 출판될 수 있었다. 저자들을 도와 간사로서 더없이 훌륭한 역할을 해 준 한양대학교 대학원의 이승현 선생과 조예진 선생에게 고마운 마음을 전한다. 학지사 영업부의 진형한 대리님은 이 책이 기획부터 출간에 이르기까지 오랜 기간 세심한 관심을 기울여 주셨다. 원고의 편집과 교정을 통해 책의 완성도를 높여 주신 편집부 김지예 선생님과 여러 직원분께도 감사드린다. 이 책의 출판을 허락해 주시고 좋은 책의 출판과 전문지식의 대중화를 위해 늘 노력하시는 학지사 김진환 대표님께 특별한 감사의 말씀을 전한다.

이 책이 많은 독자에게 읽히고 널리 사랑받기를 바란다. 앞으로 독자들이 주시는 다양한 의견을 경청하여 책의 내용을 꾸준히 보완해 나아가도록 하겠다.

2024년 10월
저자 일동

차례

개요 ....

공교육의 등장은 교육행정의 등장을 의미하는 것이기도 하다. 공교육은 교육을 사적 활동에서 국가적 프로젝트로 변환한 것이다. 공교육의 주된 사회정치적 목적은 민주사회의 유지와 발전, 사회의 경제적 번영 도모, 사회적 지위 획득 통로의 개방 등이다. 이러한 목적이 얼마나 잘 달성되는지를 기준으로 공교육의 공적 기능을 평가할 수 있다. 교육행정은 '공교육의 공적 기능 지원을 위한 합리적 공공관리'로 이해될 수 있다. 교육행정은 공교육에 지대한 영향을 미친다는 점에서 매우 중요하다. 교육행정은 '더 나은 교육을 위한 여건의 조성'을 지향해야 한다.

학습목표 ....

1. 공교육의 성격과 목적을 설명할 수 있다.
2. 공교육과 교육행정의 관계를 이해한다.
3. 학교를 사회체제로서 이해하고 분석할 수 있다.

제1장

교육은 어떻게 행정과 만났나 [1]

함승환

1. 교육은 어떻게 공교육이 되었나
2. 공교육은 어떤 목적을 지니나
3. 공교육은 교육적인가
4. 교육행정은 왜 중요한가

[1] 이 장의 일부 내용은 저자의 다른 글(차윤경 외, 2016; 함승환 외, 2014)을 수정 및 보완한 것임.

EDUCATIONAL ADMINISTRATION
EDUCATIONAL MANAGEMENT

1. 교육은 어떻게 공교육이 되었나

어떤 형태의 교육이 이상적인가 하는 질문은 역사상 늘 존재해 왔으며, 이에 대한 답을 찾기 위한 노력은 사회의 변화에 따라 끊임없이 다양한 방식으로 전개되어 왔다. 오늘날 우리에게 익숙한 형태의 교육인 **공교육 제도**도 이러한 사회적 변화의 산물이다. 특별한 예외적 상황이 아닌 한 우리는 특정 연령대의 아동·청소년에게 학생의 신분을 부여하고 이들이 학교에 다니도록 하는 것을 당연시한다. 하지만 공교육 제도는 세계적으로 그 역사가 약 2세기 정도에 불과한 근대적 발명품이다(Meyer et al., 1992). 아동이 학교에 다니게 된 것은 세계사에서 상당히 최근의 사건인 것이다. 공교육의 도입 이전에 체계적 교육은 소수의 특권층에게만 제공되는 것이 일반적이었다. 교육의 기회와 내용은 사회적 지위에 의해 결정되었다. 공교육의 개념은 18세기 말이 되어서야 비로소 서구의 여러 사상가와 정치 지도자에 의해 본격적으로 구체화되기 시작했다. 당시 산업의 급격한 발달은 양질의 노동자에 대한 사회적 수요를 키웠고, 종래의 신분적 사회질서의 약화는 모든 계층과 집단을 아우르는 민주적 사회통합의 필요성을 대두시켰다. 공교육은 이러한 시대적 맥락 속에서 등장한다. 서구 공교육 제도의 초기 주창자들은 일반 대중을 포함한 모든 시민에 대한 교육의 필요성과 이에 대한 국가의 역할과 책임을 강조했다.

한국에서는 언제부터 공교육이 시작되었을까? 고종이 1895년에 발표한 '교육입국조서'는 한국의 공교육 이념이 명시적으로 표현된 중요한 정책 문서이다. 이 문서에는 학교를 널리 세워 국가의 중흥을 이루겠다는 정책적 의지가 분명하게 담겨 있으며, 이러한 의지가 세계사적 흐름과도 부합한다는 인식이 드러나 있다. 다음은 교육입국조서의 일부를 발췌하여 오늘날의 우리말로 옮긴 것이다.

세계의 형세를 살펴보면 부강하고 독립하여 위세가 있는 모든 나라는 그 나라 인민의 지식이 깨어 있다. 지식의 깨어 있음은 교육의 참된 결과물이니, 교육은 실로 나라를 보존하기 위한 근본이다. …… 이제 짐은 교육의 강령을 제시하여 헛된 이름보다는 실용을 높이고자 한다. …… 짐이 정부에 명하여 학교를 널리 세우고 인재를 양성하려 하니, 이것은 당신들 신하와 백성의 학식으로 국가의 중흥이라는 큰 공을 이루기 위해서이다.

교육입국조서(관보)의 서두에 개국 504년(1895년) 2월 2일 날짜가 확인된다. 이때는 갑오개혁의 시기(1894년 7월부터 1896년 2월까지)였다.

공교육을 통해 다양한 배경의 사람들에게 교육기회가 확대되었으며, 교육은 개인의 지식과 기술 습득을 넘어서 사회 전체의 번영과 민주주의 강화를 목표로 하는 광범위한 목적을 품게 되었다. 교육은 모든 사람이 누려야 할 기본적인 권리로 인식되기 시작했으며, 교육은 개인의 삶의 질을 향상시키고 국가의 번영을 가져오는 데 필수적인 요소로 새롭게 정의되었다. 서구에서 시작된 공교육 모델은 20세기 중반 제2차 세계대전의 종식 이후 많은 신생 독립국가가 생겨나면서 전 세계로 확산되었다. 이는 세계 각국의 교육이 더욱 체계적인 형태를 갖추게 되었다는 것을 의미할 뿐만 아니라, 교육이 세계사회에서 국가적 프로젝트로서의 공적 성격을 공유하게 되었다는 것을 의미한다. 이는 각국의 공교육 제도가 학제와 교육과정 등 핵심적인 골격이 매우 유사한 모습을 보이는 이유이기도 하다(McNeely & Cha, 1994). 한국도 대한민국 정부의 수립을 통해 오늘날로 이어지는 공교육 제도의 틀을 갖추게 되었다. 하지만 한국에서 언제부터 공교육이 시작되었는지는 다소 논쟁적인 주제이다. 갑오개혁의 일환으로 19세기 말에 고종이 발표한 정책 문서인 '교육입국조서'는 전 국민을 대상으로 한 새로운 교육의 필요성을 강조하고 있는데, 이를 공교육의 시작으로 보기도 한다. 이 조서의 발표와 함께 각급 학교와 교사양성

기관의 설립과 운영 등에 관한 법규도 공포되었다.

2. 공교육은 어떤 목적을 지니나

공교육은 사회정치적 목적을 지니며, 그 목적은 탈맥락적인 기술적 합리성 차원의 문제라기보다는 상당한 정도로 역사적 경로에 의존적인 방식으로 진화 및 전개되는 사회정치적 선택과 제도화의 문제이다. 오늘날 세계 여러 나라에서 교육을 통해 추구되는 사회정치적 목적은 대체로 민주사회의 유지 및 발전, 사회의 경제적 번영 도모, 사회적 지위획득 통로 개방 등 세 가지 정도로 요약될 수 있다(Labaree, 1997). 이는 각각 시민의 관점, 납세자의 관점, 학생과 학부모의 관점을 대변한다. 이들 관점은 서로 충돌을 일으키기도 하는데, 이는 다양한 교육정책 간에 일관성 있는 조율이 어려운 이유이기도 하다.

첫째, 교육은 민주사회를 지속적으로 유지 및 발전시키기 위한 목적을 갖는다. 일찍이 뒤르켐(Durhkeim, 1922, 1956)은 교육을 사회화 과정으로 보고, 외적인 강압이 아닌 내면화된 집합의식을 통해 사회질서의 유지 및 사회통합의 기초가 되는 사회적 연대의 강화가 가능하게 된다고 보았다. 오늘날 여러 학자 역시 다양한 관점에서 교육을 '정치적 사회화'로 이해하는데, 이러한 관점들을 가로지르는 공통점은 교육을 통해 사회구성원이 민주사회의 시민으로서 추구해야 할 가치와 따라야 할 규범을 내면화하고 이에 따른 태도 및 행동 방식 등을 끊임없이 체화하게 된다는 것이다. 더 나아가 거트만(Gutmann, 1987)은 교육을 '의식적인 사회재생산' 과정으로 보았다. 그에 따르면 교육은 한 사회의 민주정치체제가 단순히 영속적으로 유지되도록 하는 정치적 사회화 과정 그 이상을 의미하며, 교육의 목적은 사회구성원 모두가 사회의 미래를 만들어 가는 과정에 '의식적으로' 참여할 수 있도록 적극적으로 돕는 것이어야 한다.

교육이 민주사회를 유지 및 발전시키기 위한 목적을 지닌다는 입장은 특히 교육을 통한 '사회적 평등'의 실현이라는 이상과 맞닿아 있다. 민주사회에서 각 개인은 제도적으로 평등한 정치적 권리를 부여받지만, 시장경제 사회에는 다양한 형태의 불평등이 존재한다. 정치적 평등과 사회경제적 불평등 간의 이러한 긴장 관계는 사회경제적 불평등 요소들을 줄여 나감으로써 실질적인 민주적 평등에 다가가려는 다양한 공적 노력을 요구한다. 교육은 이러한 노력이 집중되는 대표적인 영역 가운데 하나이다(균등한 교육기회에 대해서는 이 책의 제11장 참조). 근대 공교육 제도의 본격적인 세계적 확산 및 공고화가 시작된 20세기 중반 이후에 가속화된 교육기회의 확대는 오늘날 대중교육의 보편화를 넘어 고등교육의 급격한 팽창으로까지 이어져 왔다. 교육은 민주사회에서 모든 시민의 '당연한' 의무이자 권리로 간주되며, 시민의 평등성에 바탕을 둔 민주사회 모델을 지탱하는 중요한 제도적 기둥으로서의 성격을 지닌다.

둘째, 교육은 사회의 경제기반을 효율적으로 강화 및 확대하는 데 기여하기 위한 목적을 가진다. 한 사회의 구성원의 집단적 교육수준은 그 사회의 경제성장 가능성을 가늠하는 중요한 지표 가운데 하나로 여긴다. 사회구성원의 교육수준을 양적 및 질적 차원에서 높이기 위한 사회적 차원의 재정적 '투자'는 '노동력의 질' 제고를 통한 사회 전반의 경제적 성장에 기여할 수 있을 뿐만 아니라, 나아가 범죄나 질병 등에 따르는 사회적 비용의 감소 효과로까지 이어져서 결과적으로 장단기적인 '투자수익'을 기대할 수 있다는 것이다(Hanushek & Kimko, 2000; Levin, 2009). 이는 세계 여러 나라가 경쟁적으로 자국민의 '역량'을 체계적으로 측정하기 위한 다양한 노력을 기울여 왔다는 점에서도 확인할 수 있는데(Kamens & McNeely, 2010), 이러한 노력은 국가의 '인적자본' 확충을 위한 '합리적 선택'이라는 믿음이 그 정당성의 토대로 작용한다.

교육이 사회의 경제기반을 강화 및 확대하는 데 기여할 수 있어야 한다는 입장은 교육제도가 '사회적 효율성'의 원칙에 따라 구조화되어야 한다는 점을 강조한다(Labaree, 1997). 교육은 '사회적' 제도이기 때문에 그 형태와 내용이 사회의 변화에 따라 지속적으로 변화 및 진화하도록 요청받는다. 교육이 사회가 요구하는 인재를 효율적으로 키워 내는 기능을 담당하고 있다고 볼 때, 교육은 현재와 미래의 산업구조를 효과적으로 반영하는 방식으로 조직화될 필요가 있다. 산업과 노동시장은 수직적으로나 수평적으로 분화되어 있으며, 이러한 상황에서 사회구성원 모두가 획일적으로 동일한 양과 형태의 교육을 받는 것은 결과적으로 사회적 효율성을 떨어뜨릴 수 있다. 사회적 효율성을 강조하는 입장에 보면 모두에게 표준화된 형태의 교육기회를 제공하는 것보다는 세분화되고 복잡한 노동시장의 수요를 예측 및 반영하는 여러 형태의 교육이 다양한 수준에서 제공되는 것이 중요하다.

셋째, 교육은 사회구성원 개개인에게 사회적 계층 이동의 개방된 통로로서 기능할 수 있어야 하는 목적을 지닌다. 교육이 한 사회의 민주적 성숙과 경제적 풍요에 기여해야 한다는 앞서의 두 관점은 교육의 목적을 거시적인 사회적 맥락 층위에서 공적 재화로 바라본 것인 반면, 교육이 사회적 계층 이동의 통로로서 기능할 수 있어야 한다는 관점은 교육의 사회정치적 목적의 초점을 개별 '교육소비자' 수준에 둔 것이다. 교육소비자(학생과 학부모)의 입장에서 볼 때 교육은 사회의 수직적 계층구조에서 자신(혹은 자녀)의 지위를 공고히 하거나 상향적 계층 이동의 기회에 접근하기 위한 중요한 수단으로 간주된다. 이들은 자신의 선택이 사회적 희소성을 띠는 일정 수준의 지위 획득에 도움이 될 것이라는 기대에 따라 행동할 가능성이 높다. 이는 곧 특정 졸업장이 가지는 시장성(교환가치)이 교육소비자에 의해 매순간 추정 및 평가되고 있다는 의미이기도 하다. 이러한 관점에서 볼 때 교육은 상당한 정도로 사적 재화로서의 성격을 지닌다.

사회구성원 개개인이 '교육시장'의 '합리적 행위자'라면 이들은 자신을 타인과 구분 짓는 차별화된 교환가치를 획득할 수 있는 방식으로 행동하려고 할 것이다. 이를 위해 교육소비자는 보통 두 가지 전략을 사용할 수 있는데, 하나는 더욱 상급의 교육기관에 진학하는 것이고, 다른 하나는 보다 선별된 교육기관이나 프로그램을 선택하는 것이다. 전자는 '학력 인플레이션' 현상과 관련되며, 후자는 '명문' 교육기관에 대한 교육소비자의 선호와 관련된다. 교육을 통해 자신을(혹은 자녀를) 타인과 구분 짓기 위해 사회구성원 다수가 경쟁할 때 이는 본질적으로 비교를 통한 상대적 성취를 기준으로 삼는 '제로섬 게임'이므로 사회구성원의 전체적인 학력은 꾸준히 높아지면서도 일정 수준의 학력이 가지는 교환가치는 지속적으로 하향 재조정된다. 이는 다시 더욱 차별화된 교육소비 수요를 낳게 되고, 교육시장은 이를 반영하는 방식으로 지속적으로 진화한다.

3. 공교육은 교육적인가

거시적인 층위에서 볼 때 공교육은 자유민주주의의 양대 축인 민주정치 체제와 시장경제 체제 측면에서 공적 기능을 하도록 기대되어 왔다. 민주적 평등성이 강조되는 민주정치 체제와 사회적 효율성이 강조되는 시장경제 체제는 자유민주주의의 내재적 긴장을 드러낸다. 공교육이 민주적 평등성과 사회적 효율성 사이에서 무엇에 우선순위를 얼마만큼 두고 어떠한 형태의 균형점을 찾아야 하는지는 정답이 있는 문제가 아니라 사회정치적 선택의 문제이다. 20세기 후반부터 가속화된 경제적 세계화의 진행과 신자유주의적 정책 담론의 국제적 확산 속에서 세계 각국의 교육담론은 개인의 생산성 증대 및 국가의 효율적 발전 등을 더욱 확대된 비중으로 강조해 온 경향이 있다. 이러한 상황에서 교육은 종종 산업 및 인적자본 정책의 일부로 축소되어 이해되기도 한다.

교육이 사회의 발전을 위한 효율적 도구로서 기능할 수 있어야 한다는 담론의 정교화와 진화는 교육이 근본적으로 지향해야 할 이상적 성격으로서의 해방적 속성에 대한 관심을 축소시켜 왔다. 교육에 있어서 수단적·도구적 합리성의 극대화는 다수의 개인을 사회에 효율적으로 순응하도록 하지만, 다른 한편으로는 이러한 순응에 성공적이지 못하거나 교육의 '제로섬' 경쟁에서 상대적으로 뒤처진 개인의 경우 일종의 공인된 사회적 낙오자가 되는 것도 사실이다. 이러한 면에서 근대적 공교육 제도는 체계적인 사회적 배제 시스템이라는 비판적 시각도 있다. 학교 교육이 개인의 해방성과 총체성 등 교육의 본질적 속성을 담아낼 수 있어야 한다는 다양한 논의의 전개와 이에 대한 상당한 수준의 공감에도 불구하고, 학교 교육에 이것이 어떻게 체계적으로 녹아들도록 할 것인가의 문제는 현실적으로 매우 복합한 과제이다.

한국은 독립 이후 세계적으로 그 유례를 찾아보기 힘들 정도의 비약적인 경제성장과 높은 수준의 민주화를 이룩했다. 교육은 이러한 눈부신 사회적 발전을 가능하게 한 중요한 동력 가운데 하나로 평가받아 왔다. 하지만 오늘날 한국 사회에서 교육은 여러 측면에서 우려스러운 국면을 맞고 있다. 교육이 학습자의 유의미한 학습 경험 증진을 통해 사회의 공적 재화로서 효과적으로 기능하기보다는 개인과 집단의 사적 지위 경쟁 수단으로만 축소되어 이해 및 소비되는 경향이 있다. 이러한 현실 속에서 교육의 본래적 의미 구현이나 교육의 공적 가치 추구에 대한 성찰은 담론의 주변부에 머물러 왔다. 하지만 사회의 다양한 집단에서 오늘날 학교 교육 모델의 개선을 위한 진지한 탐색을 요청하고 있으며, 교육담론에서 도구주의적 효율성의 독점적 지위를 무비판적으로 강화하기보다는 각 개인의 해방적이고 존재론적인 측면에 대한 깊은 관심이 필요하다는 점이 다각도로 제기되고 있다.

한국은 국가 단위의 학업성취도 측면에서 세계 최고 수준의 수월성을 보인다. 초등학교 4학년과 중학교 2학년 학생을 표집하여 4년 주기로 시행되는 국제 수학·과학 성취도 추이 연구(Trends in International Mathematics and Science Study: TIMSS)나 고등학교 1학년 학생을 표집하여 3년 주기로 시행되는 국제학업성취도평가(Programme for International Student Assessment: PISA)에서도 한국 학생의 성취도는 세계 최상위 수준을 보여 왔다. 여러 국제 비교 평가에서 한국 학생들이 높은 수준의 교육적 수월성을 보이고 있다는 것은 매우 고무적인 사실이다. 하지만 이러한 높은 수준의 수월성이 학습자의 능동적인 탐구와 진정성 있는 학습 경험을 상당한 정도로 희생한 대가로 얻은 것은 아닌지 진지하게 반문해 볼 필요가 있다. 한국 사회의 내부자적 관점에서 볼 때, 이러한 높은 학업성취도의 이면에는 여러 부작용과 문제점이 존재한다는 점을 부정할 수 없다. 특히 학생을 극심한 경쟁으로 내몰고, 소수의 승자를 다수의 패자로부터 구분하는 방식의 교육현실은 누구도 쉽게 해결할 수 없는 복잡한 문제이면서 동시에 누구도 부인하기 어려운 냉혹한 실상이기도 하다. 이러한 상황에서 많은 학생은 학교에서 유의미한 학습으로부터의 소외를 경험하는 경우가 빈번하다(김누리, 2024; 함세정, 2019).

사회의 다양한 영역에서 일어나고 있는 변화의 추세는 오늘날 학교 교육에 대한 새로운 모델을 향한 진지한 탐색을 요청한다. 교육담론에서 도구주의적 효율성의 독점적 지위를 무비판적으로 강화하기보다는 각 개인의 해방적이고 존재론적인 측면에 대한 관심을 높일 필요가 있다는 것이다. 이는 오늘날의 시대적 변화의 방향과도 일치한다. 역사적으로 볼 때, 개인의 고유한 정체성에 대한 확장된 인정을 바탕으로 각 개인이 의미 있는 활동을 추구하는 궁극적 행위 주체라는 인식이 오늘날만큼 당연시된 적이 없으며, 특정 소수집단에게 집중되어 있던 사회정치적 권력이 현시대만큼 다수의 개인과 시민사회에 분산된 적도 없다(Boli & Thomas, 1997; Frank et al., 1995). 뿐만 아니라 현대사회에서 정보와 지식의 급격한 양적 팽창은 학교 교육의 모습과 기능에 대해 새로운 시각을 갖도록 촉구한다. 특히 학습의 개념을 고정된 지식의 수동적 소비로 보기보다는 학습자를 둘러싼 다양한 삶의 맥락에서 학습자 스스로가 학습의 능동적 주체이자 지식의 창의적 생산자로서 끊임없이 성장하는 과정으로 확장하여 이해할 필요성이 다양한 각도에서 제기된다.

더 나은 학교 교육을 위한 개선 노력은 현실적이면서도 지속가능한 것이어야 한다. 교육에 대한 급진적이고 이상적인 관점은 짧은 유행에 그치는 구호가 될 개연성이 크다. 교육을 사회적 제도로 이해할 때, 이는 교육이 광범위한 사회적 환경 속에서 구현되고 진화한다는 점을 의미한다. 교육에 대한 새로운 접근은 전체 사회의 개선을 지향하는 포괄적인 재구조화를 포함하여야 한다. 이러한 측면에서 볼 때, 교육에 대한 새로운 구상과 그 실현을 위한 노력은 사실 포괄적 사회개혁 운동과 다름없다. 교육은 학생, 교사, 학부모 등 다양한 이해 당사자를 포함하고 있을 뿐만 아니라, 교실, 학교, 지역사회, 국가 등 다층의 맥락 속에서 여러 사회제도와 맞물려 있기 때문이다. 예컨대, 창의적 학습자를 길러 내기 위해서는 무엇보다도 기존의 학교와는 차별성 있는 창의적인 학교가 필요하다. 하지만 새로운 형태의 창의적인 학교는 이러한 학교를 포용하고 지탱할 수 있는 사회적 환경 속에서 비로소 지속가능한 방식으로 유지되고 발전할 수 있다는 점이 간과되어서는 안 된다. 사회 전반에 걸쳐 획일적이고 경직된 기준에 따른 소모적 경쟁이 만연한 분위기 속에서 유독 학교 교육에 대해서만 창의성을 기대하는 것은 비현실적이다.

4. 교육행정은 왜 중요한가

공교육의 등장은 교육행정의 등장을 의미하는 것이기도 하다. 공교육은 교육을 사적 활동에서 국가적 프로젝트로 변환한 것이다. 오늘날 우리는 '교육'이라는 단어를 사용할 때 실제로는 학교 교육(공교육)을 가리키는 경우가 많다. 공교육으로서의 학교 교육은 교육의 표준으로 인식된다. 근대적 국민국가 모형은 정치적으로는 **민주주의** 체제에 근간을 두며, 경제적으로는 **시장경제** 체제에 기초한다. 민주주의 체제 속에서 모든 국민은 평등한 시민으로 정의되며, 시장경제 체제 속에서 모든 국민은 노동자이자 납세자로 정의된다. 공교육은 이러한 근대 국민국가 모형에 토대를 둔 사회적 제도이다. 공교육을 통해 모든 시민은 평등한 교육기회를 누리도록 기대된다. 이는 과거에 체계적인 교육이 일부 계층의 특권이었던 것과 대비된다. 또한 공교육을 통해 모든 개인은 국가의 번영에 기여할 수 있는 미래의 인적자원으로 이해된다. 미래의 인적자원으로서 개인은 국가적 프로젝트인 공교육의 요구에 성실히 따를 의무가 있으며, 국가는 공교육에 '투자'함으로써 국가적 번영을 기대한다.

교육행정은 '공교육의 공적 기능 지원을 위한 합리적 공공관리'로 이해될 수 있다. 19세기에서 20세기로 전환되는 시기를 살았던 독일의 막스 베버(Weber, 1920/1947)는 카리스마나 전통에 대한 무조건적 복종이 아닌 합리적 권위에 대한 추종이 중시되는 점을 근대 사회의 중요한 특징으로 설명했다. 국가를 하나의 거대한 조직으로 본다면, 합리적 권위에 기반을 둔 국가 운영이 능률성을 가져온다는 것이다. 이는 곧 국가 관료제를 의미한다. 베버의 **관료제** 모형은 체계적 '분업'을 통해 전문화를 꾀하고 위계를 통해 '통합(통합적 조정)'을 가능하게 함으로써 조직의 능률성이 제고될 수 있다는 것을 그 핵심 내용으로 한다. 이러한 '분업'과 '통합'에 대한 강조는 베버와 비슷한 시기를 살았던 프랑스의 에밀 뒤르켐(Durheim, 1922/1956)의 생각에서도 유사하게 드러난다. 뒤르켐은 근대사회를 상호의존적 기능 복합체이자 신념 및 의식의 공동체로서 이해하고, 이러한 사회의 존속을 지탱하기 위해서는 모두에게 보편적인 교육(보편사회화)과 집단별로 전문화된 교육(특수사회화) 양자가 함께 필요하다고 주장했다. 교육을 통한 사회의 구조적 · 기능적 '분업'과 '통합' 모두가 중요하다는 것이다. 뒤르켐의 이러한 생각은 교육의 공적 기능을 사회적 필요와 관련지어 정교하게 설명했다는 점에서 큰 의미를 지닌다. 교육의 공적 기능을 합리적으로 지원할 필요성은 곧 교육행정의 발달을 요청하게 되었다.

베버(Max Weber, 1864~1920)는 조직이 일련의 특징을 갖출 때 이상적 관료제 모형에 부합한다고 보았다. 이러한 관료제 모형이 조직의 능률성을 높인다는 것이다. 다음은 베버의 관료제 모형이 묘사하는 능률적 조직의 주요 특징들이다.

막스 베버(1918년)
출처: Encyclopedia Britannica.

- 분업: 모든 업무를 전문화된 직무로 세분화한다. 각 직무 수행자에게 해당 직무의 수행에 필요한 적절한 권한을 부여한다.
- 권위의 위계: 모든 직위를 위계의 원칙에 따라 배열한다. 각 하위 직위는 상위 직위의 통제를 받으며, 조직의 최상위부터 최하위까지 명령 사슬이 명확하다.
- 규칙: 업무를 일관된 규칙 체계에 따라 수행한다. 이러한 방법은 언제나 업무 수행이 일정하도록 돕는다.
- 몰인격성: 부하에 대해 몰인격적 태도를 지닌다. 관리자와 부하 간의 사회적 거리감 유지는 친분 관계나 편견이 아닌 합리적 근거에 바탕으로 두고 의사결정이 이루어지도록 돕는다.
- 능력: 자격에 기반하여 고용되고, 직무 관련 성과에 따라 승진된다. 또한 임의적 해고로부터 보호된다. 이를 통해 조직에 대한 충성도를 높인다.

출처: Lunenburg & Ornstein (2022), p. 37.

유럽에서 베버의 관료제 모형이 주창될 시기에 미국에서는 테일러(Taylor, 1911)의 과학적 관리론이 주목을 받았다. 테일러는 "주먹구구식 대신 과학, 부조화 대신 조화, 개인주의 대신 협력, 제한된 성과 대신 최대 성과, 각자의 최대 능률과 성장을 향한 개인 능력의 개발"(Taylor, 1911, p. 140)을 강조했으며, 작업 과정의 과학적 분석과 개선이 조직 성과의 향상에 매우 중요하다는 관점을 체계화했다. 특히 작업 과정의 시간과 동작에 대한 세밀한 분석을 통해 작업의 효율화를 높이고 성과에 따른 보상을 제공하고자 했다. 테일러의 과학적 관리론은 흔히 개인의 개성을 무시하고 인간을 기계적 도구처럼 취급한다고 비판을 받는다. 이러한 비판은 어느 정도 타당성을 지닌다. 하지만 오늘날 다양한 조직에서 널리 활용되고 있는 직무분석, 직무설계, 성과관리 방법들은 과학적 관리론이 강조하는 핵심 논점과 맞닿아 있다. 과학적 관리론이 주로 미시적 작업 과정에 대한 관리에 초점을 두었다면, 그와 비슷한 시기에 주창된 **일반관리론**은 조직의 전반적 관리에 관심을 두었다. 일반관리론의 선구자인 프랑스의 페이욜(Fayol, 1917)은 관리의 5대 기능(기획–조직화–명령–조정–통제)을 제시했다. 미국의 귤릭(Gulick, 1937)은 이를 참고하여 최고관리자의 핵심 역할로 기획–조직화–인사–지휘–조정–보고–예산을 제시했으며, 이는 줄여서 POSDCoRB로 불린다. 과학적 관리론과 일반관리론은 조직의 합리적 운영

테일러(Frederick Winslow Taylor, 1856~1915)의 과학적 관리론은 기업경영 기법으로 주창된 것이다. 테일러는 미국의 한 철강회사(필라델피아 소재 미드베일 철강회사)에서 견습생부터 시작하여 수석 기술자 위치까지 올랐다. 이 경험을 통해 그는 작업자들의 근무 태만을 목격하고 이에 관심을 가지게 되었다. 이 경험은 이후 과학적 관리론 탄생의 밑거름이 되었다. 기업경영 기법이 어떻게 행정학의 중요한 기초이론이 되었을까?

이에 대한 답은 20세기 초 미국의 초기 행정학이 국가(연방정부)의 운영보다는 지역(시)의 운영에 더욱 관심을 두었다는 점과 관련된다. 당시 미국의 대도시에는 대규모 이민자를 포함한 많은 인구가 유입되었고, 시정부는 시의 기본적인 안전과 위생 문제 등을 효율적이고 부패 없이 관리하는 것이 중요한 과업이었다. 이러한 문제는 복잡한 정치적 과제라기보다는 단지 주어진 과업이었다. 과학적 관리론은 이러한 맥락 속에서 시정부의 행정에 활용될 수 있었다.

행정을 비교역사적으로 분석한 하연섭(2020)에 따르면, "미국에서 행정의 발달과 행정개혁은 …… 시정부에서 시작해서 주정부로 확산되었고, 마지막으로 연방정부에 영향을 미친 것이 특징이다. …… 행정개혁 운동이 대도시를 중심으로 이루어졌기 때문에 행정개혁의 과정에서 경영 기법인 과학적 관리[론]에 손쉽게 [관심이] 기울어질 수 있었다. …… 시정부 차원에서는 커다란 정치적 고민 없이 이미 주어진 목표를 가장 효율적으로 집행하는 방법만 강구하면 되었다. …… 유럽에서는 국가와 행정이 동의어라면, 국가 없는 행정이 미국의 특징이었[다]."
(pp. 105-114)

굴릭(Luther Halsey Gulick, 1892~1993)은 최고관리자의 역할로 POSDCoRB를 제시했다. 이는 기획-조직화-인사-지휘-조정-보고-예산을 의미하는 영어 단어의 앞 글자를 딴 것이다. 이들 각각이 무엇인지 살펴보자.

- 기획(P: planning): 최고관리자는 조직의 목표 달성을 위해 무엇을 어떻게 해야 할지 정한다.
- 조직화(O: organizing): 최고관리자는 직무를 규정 및 배분하고 조직의 구조를 정비한다.
- 인사(S: staffing): 최고관리자는 필요한 인력을 채용 및 배치하고 적절한 근무 조건을 유지한다.
- 지휘(D: directing): 최고관리자는 중요한 의사결정을 내리고 부서별로 명령 및 지시한다.
- 조정(Co: coordinating): 최고관리자는 부서별 업무 수행의 관계를 조망하고 조정 및 통합한다.
- 보고(R: reporting): 최고관리자는 조직의 목표 달성 상황을 파악하여 관계자들과 소통한다.
- 예산(B: budgeting): 최고관리자는 필요한 예산안을 편성하고 집행을 관리 및 감독한다.

과 능률 향상을 강조한다는 점에서 관료제 모형과 닮아 있다.

행정 이론의 발전은 큰 틀에서 관료제의 고도화와 관료제의 대안적 모형 제시로 양분하여 요약될 수 있을 정도로 관료제 모형은 행정 이론의 근간이 된다. 베버의 합리·관료제적 분업과 통합 모형은 교육행정에서도 매우 중요한 이론적 기초를 제공한다. 하지만 베버의 관료제 모형과 현실의 관료제는 다소 차이가 있다는 점을 이해할 필요가 있다. 〈표 1-1〉은 관료제의 순기능과 역기능을 간략히 정리하여 비교한 것이다. 관료제는 분업에 기초한 업무의 전문화를 통해 업무의 질과 생산성을 높일 수 있지만, 조직 내 인간관계적 요소를 간과함으로써 구성원의 사기를 떨어뜨릴 수 있다. 관료제는 효율적이고 예측가능한 행정 체계를 제공하지만, 동시에 그것이 개인의 창의성과 자율성을 억제하고 규칙과 절차에 대한 지나친 의존성을 유발하기도 한다. 공공 서비스가 종종 시민의 필요보다는 규칙 준수를 우선시하는 것도 이와 관련된다. 또한 관료제는 직무 수행의 속도를 늦추고 의사결정 과정에서의 융통성을 제한하는 경직성을 초래하기도 한다. 이는 급변하는 현대사회의 요구에 조직이 민첩하게 대응하는 데 방해가 될 수 있다.

관료제는 교육행정의 실제에서 획일적 관리 중심의 중앙집권적 통제로 인식되기도 하며, 이는 교직의 무기력을 증폭시키는 요인으로도 지목되어 왔다(이동엽 외, 2019). 교사는 '일선관료'(Lipsky, 1980)로서 정책을 이해하고 해석하며 실천에 옮기는 '정책 중개인'

표 1-1 관료제의 순기능과 역기능

특징	순기능	역기능
분업	• 업무의 전문화를 통해 업무의 질이 향상되고 생산성이 높아진다.	• 좁은 범위의 업무를 반복함으로써 권태감을 느낄 수 있다.
권위의 위계	• 명확한 명령 체계를 통해 적절한 조정과 통제가 이루어진다.	• 위에서 아래로의 일방향 의사소통은 아래로부터의 피드백을 어렵게 한다.
규칙	• 업무 수행을 표준화하고 일관성을 부여함으로써 예측 가능성을 높인다.	• 업무 수행의 경직성을 가져오고 창의적 문제 해결을 방해한다.
몰인격성	• 개인적인 감정이나 선호를 배제함으로써 조직 내 공정성이 확보된다.	• 조직 내 인간관계적 요소를 간과함으로써 구성원의 사기를 떨어뜨린다.
능력	• 객관적 능력에 기반한 고용과 승진을 통해 조직의 성과를 극대화한다.	• 능력을 증명하기 위한 경쟁은 조직 내 협력을 약화시키고 갈등을 유발한다.

(Schwille et al., 1983) 역할을 한다. 교육의 '자주성'과 '전문성'은 「대한민국헌법」의 기본 정신임에도 불구하고(제31조 제4항), 독립 이후 한국 사회에서는 중앙정부가 각종 규정과 규칙을 제정하여 교육 현장을 '관리'하고 '통제'해 온 경향이 강했다. 이러한 '규정 우위 교육활동'은 학교나 교사에게 '합리적 고민'보다 '규정 준수'를 선호하게 했고, 그 결과 '중간주의'가 교직문화로 정착하게 되었다는 것이다. 좀 더 바람직한 교육이 이루어지기 위해서는 교사들이 신장된 자율성을 바탕으로 전문가적 정체성을 가질 수 있도록 제도적 여건을 조성하는 것이 중요하다.

베버의 관료제 모형과 같은 고전적 조직이론이 주로 조직 내부의 조건에 초점을 두었던 반면, 오늘날의 많은 조직이론은 조직 내부와 외부를 아우르는 종합적 관점(개방체제 관점)의 중요성을 강조한다. 학교는 일종의 개방적 **사회체제**로 볼 수 있다. 학교 사회체제의 중심에는 교육활동이 있으며, 이 중핵 활동을 지원하는 요소들이 다차원적이고 다층적으로 존재한다. [그림 1-1]은 학교 사회체제를 구성하는 다양한 측면과 이들 간의 유기적 관계를 보여 준다. 학교 안에서는 교수, 학습, 평가 등 교육의 중핵 활동이 일어나며, 이 활동은 학교의 공식 구조(관료제적 구조 등)뿐만 아니라 다양한 비공식적인 요소(학교의 문화와 같은 비공식적 조직 특성, 학교 내 권력관계의 양상, 교사와 학생 등 개별 구성원의 동기 등)의 영향을 받는다. 또한 이러한 모든 활동과 과정은 학교를 둘러싼 환경적 맥락(지역사회의 여건, 거시사회적 현실, 정책적 환경 등)의 역동 속에서 전개된다.

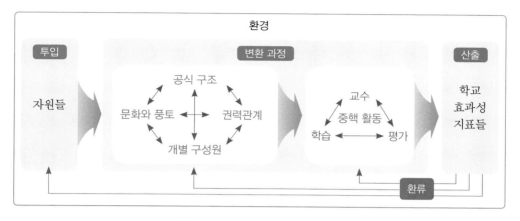

[그림 1-1] 사회체제로서의 학교

출처: Hoy & Miskel (2012), p. 25의 그림을 수정 및 보완함.

공식적 구조가 조직의 전부는 아니라는 점은 시사하는 바가 크다. 이는 조직을 정교하게 결합된 '기계'처럼 이해할 수만은 없다는 점을 의미한다. 〈표 1-2〉는 조직을 바라보는 몇 가지 다른 틀을 요약해서 보여 준다. 조직을 입체적으로 이해하기 위해서는 조직의 '구조적' 측면과 더불어 '인적자원'의 측면, '정치적' 측면, '상징적' 측면 등에도 관심을 기울여야 한다. 조직은 공식적 구조를 갖지만, 조직 내 역동과 활동은 공식적 구조로만 온전히 결정되지는 않는다. 조직 구성원의 다양한 동기, 조직 내 긴장과 갈등, 조직의 문화와 전통 등도 조직의 실제적 현실이다. 조직은 때로는 구조적으로 '느슨한 결합'(Orton & Weick, 1990) 양상을 보일 뿐만 아니라, 조직 내 의사결정 과정은 '쓰레기통'(Cohen et al., 1972)에 비유되기도 하며, 조직 내부의 정치나 문화적 관성이 합리성을 집어삼키기도 한다. 또한 조직 구성원은 결코 동질적이지 않다. 많은 교사가 교사로서 보람을 느끼지만, 모든 교사가 늘 그러한 것은 아니다. 학생들은 이질적이며, 모든 학생이 학업에 큰 의미를 부여하고 있을 것이라는 기대는 현실과 거리가 있다. 지역 간에 사회경제적 차이나 문화적 차이도 존재한다. 이러한 다양하고 복잡한 요인은 학교 내 중핵 활동을 도울 수도 있고 방해할 수도 있다. 어떠한 요인들이 어떠한 과정을 통해 학교 효과성에 어떠한 영향을 미치는지 면밀히 점검할 수 있다면, 이는 학교의 개선을 위한 중요한 단서를 제공하게 된다(학교 효과성에 대해서는 이 책의 제2장 참조).

표 1-2 조직을 바라보는 다양한 틀

	구조적 틀	인적자원 틀	정치적 틀	상징적 틀
조직에 대한 은유	• 공장, 기계	• 가족	• 정글	• 공연, 사원, 극장
관련 학문 분야	• 사회학, 경영학	• 심리학	• 정치학	• 인류학, 연극학, 제도론
핵심 개념	• 역할, 목표, 전략, 정책, 기술, 환경	• 욕구, 능력, 관계	• 권력, 갈등, 경쟁, 정치	• 문화, 신화, 의미, 은유, 의례, 의식, 설화, 영웅
리더십에 대한 이미지	• 사회적 건축	• 임파워먼트	• 옹호, 정치력	• 영감
리더의 기본 과제	• 구조를 과업, 기술, 환경에 맞게 조정함	• 조직의 필요와 구성원의 욕구를 연결함	• 의제를 개발하고 권력 기반을 다짐	• 신념, 믿음, 아름다움, 의미를 만들어냄

출처: Bolman & Deal (2017), p. 20.

학교에서 수업 시간에 잠을 자 본 적이 있는가? '잠자는 학생들'이 있다는 것은 무엇을 의미할까? 학생들은 이질적이다. 수업 시간에 몰입하는 학생도 있지만 잠자는 학생도 있다. 학교를 사회체제로 이해한다면 학생들이 잠을 잔다는 것을 단순히 '개인적' 문제로만 볼 수는 없다. 특히 많은 수의 학생이 잠을 잔다면 더더욱 그렇다. 잠자는 학생들이 있다는 것은 학교의 중핵 활동(교수 · 학습 활동)이 적어도 이들 학생에 대해서는 제대로 작동하지 못하고 있음을 의미한다. 따라서 이 중핵 활동을 둘러싼 중층의 사회체제를 살펴볼 필요가 있다.

잠자는 학생들을 심층적으로 분석한 한 연구에 따르면(Ann & Lee, 2019), 학생이 교실에서 잠을 잔다는 것은 미시적–중시적–거시적 차원의 중층 요인들이 복합적으로 작용한 '사회적' 현상이다. 미시적으로는 지루하게 느껴지는 수업 내용과 방식, 교사와의 부정적 관계 형성, 학생 간의 지나친 경쟁 등이, 중시적으로는 국가 교육과정의 경직된 운영, 성적만을 중시하는 학교 문화와 관행 등이, 거시적으로는 국가 교육정책의 미흡성, 사교육의 확장, 청소년을 유혹하는 미디어 산업의 번성 등이 '잠자는 학생들' 현상과 밀접하게 관련되어 있다는 것이다.

교육행정은 '더 나은 교육을 위한 여건의 조성'을 지향해야 한다. 하지만 이러한 노력은 매우 섬세하고 종합적이며 꾸준한 노력이어야 한다. "좋은 학교란 잘 자란 식물과 같아서 좋은 토양과 오랜 기간 동안의 보살핌이 필요"(Tyack & Cuban, 1995/2011, p. 195)하다. "교육개혁을 합리적으로 계획한 개혁가들은 때때로 자신들이 정책을 제대로 만들기만 하면 학교를 개선할 수 있을 것이라고 기대[했으나] …… 이러한 기술적이고도 상명하달식의 접근 방식[을 통해 시도된] …… 개혁이 기존에 있던 무엇인가를 대체한 경우는 거의 없었으며, 대부분 복잡함만을 더할 뿐이다. 개혁이 빠른 속도로 계속 나올 경우에는 모순되거나 불편한 긴장감을 가져왔고, 다양한 의사결정 형태 사이의 균형을 뒤흔들었다"(Tyack & Cuban, 1995/2011, p. 145). 그동안의 수많은 교육개혁 시도는 새로운 양상의 또 다른 교육문제를 만들어 내는 원인이기도 했다는 역설은 공교육이라는 사회적 프로젝트의 복잡성을 보여 준다. 이러한 복잡성은 더 나은 교육을 향한 움직임을 더디게 하는 것이 사실이다. 하지만 이러한 복잡성을 간과하거나 외면하는 교육행정은 더 나은 교육여건을 지속 가능하게 조성할 수 없다. 이는 교육행정과 일반행정 간의 유기적 연계가 중요하다는 점을 시사하는 것이기도 하다. 교육행정은 공교육에 지대한 영향을 미친다는 점에서 매우 중요하다. 교육행정은 학교 교육의 개선을 도울 수도 있지만 자칫 혼란을 가중시킬 수도 있다.

 생각해 봅시다

1. 공교육과 사교육의 공통점과 차이점은 무엇인가?

2. 학교 교육은 왜 늘 개혁의 대상인가?

3. 교육행정이 학교 교육의 개선을 방해하는 경우는 왜 발생하는가?

🌏 참고문헌

김누리(2024). 경쟁 교육은 야만이다. 해냄.

이동엽, 함은혜, 함승환(2019). 한국에서 교사의 효능감은 왜 낮은가? 학교자율성 제도화의 중요성. 교육행정학연구, 37(1), 63-81.

차윤경, 안성호, 주미경, 함승환(2016). 융복합교육의 확장적 재개념화 가능성 탐색. 다문화교육연구, 9(1), 153-183.

하연섭(2020). 한국 행정: 비교역사적 분석. 다산출판사.

함세정(2019). 교육과 공부. 학지사.

함승환, 김왕준, 김정덕, 양경은, 최경준(2014). 복지국가 유형과 교육복지의 제도적 모형. 다문화교육연구, 7(3), 135-152.

Ann, S.-H. J., & Lee, M. W. (2019). *English classes in slumber: Why Korean students sleep in language education.* Springer.

Boli, J., & Thomas, G. M. (1997). World culture in the world polity: A century of international non-governmental organization. *American Sociological Review, 62*(2), 171-190.

Bolman, L. G., & Deal, T. E. (2017). *Reframing organizations: Artistry, choice, and leadership* (6th ed.). Jossey-Bass.

Cohen, M. D., March, J. G., & Olsen, J. P. (1972). A garbage can model of organizational choice. *Administrative Science Quarterly, 17*(1), 1-25.

Durhkeim, E. (1956). *Education and sociology* (Trans. S. D. Fox). Free Press. (Original work published 1922)

Fayol, H. (1917). *Administration industrielle et générale: Prévoyance, organisation, commandement, coordination, controle.* H. Dunod et E. Pinat.

Frank, D. J., Meyer, J. W., & Miyahara, D. (1995). The individualist policy and the prevalence of professionalized psychology: A cross-national study. *American Sociological Review, 60*(3), 360-377.

Gulick, L. H. (1937). Notes on the theory of organization. In L. Gulick & L. Urwick (Eds.), *Papers on the science of administration* (pp. 3-45). Institute of Public Administration.

Gutmann, A. (1987). *Democratic education.* Princeton University Press.

Hanushek, E. A., & Kimko, D. D. (2000). Schooling, labor-force quality, and the growth of nations. *American Economic Review, 90*(5), 1184-1208.

Hoy, W. K., & Miskel, C. G. (2012). *Educational administration: Theory, research, and practice*

(9th ed.). McGraw-Hill.

Kamens, D. H., & McNeely, C. L. (2010). Globalization and the growth of international educational testing and national assessment. *Comparative Education Review, 54*(1), 5–25.

Labaree, D. F. (1997). Public goods, private goods: The American struggle over educational goals. *American Educational Research Journal, 34*(1), 39–81.

Levin, H. M. (2009). The economic payoff to investing in educational justice. *Educational Researcher, 38*(1), 5–20.

Lipsky, M. (1980). *Street-level bureaucracy: Dilemmas of the individual in public services.* Russell Sage Foundation.

Lunenburg, F. C., & Ornstein, A. (2022). *Educational administration: Concepts and practices.* Sage.

McNeely, C., & Cha, Y.-K. (1994). Worldwide educational convergence. *Educational Policy Analysis Archives, 2*, 14. https://doi.org/10.14507/epaa.v2n14.1994

Meyer, J. W., Ramirez, F. O., & Soysal, Y. N. (1992). World expansion of mass education, 1870-1980. *Sociology of Education, 65*(2), 128–149.

Orton, J. D., & Weick, K. E. (1990). Loosely coupled systems: A reconceptualization. *Academy of Management Review, 15*(2), 203–223.

Schwille, J., Porter, A., Belli, G., Floden, R., Freeman, D., Knappen, L., Kuhs, T., & Schmidt, W. (1983). Teachers as policy brokers in the content of elementary school mathematics. In L. S. Shulman & G. Sykes (Eds.), *Handbook of teaching and policy* (pp. 370–391). Longman.

Taylor, F. W. (1911). *The principles of scientific management.* Harper & Brothers.

Tyack, D., & Cuban, L. (2011). 학교 없는 교육개혁. (Tinkering toward utopia). (권창욱, 박대권 역). 럭스미디어. (원저는 1995년에 출판).

Weber, M. (1947). *The theory of social and economic organization* (T. Parsons, Trans.). Oxford University Press. (Original work published 1920)

개요

학교 효과성은 학교가 교육목표를 달성하는 능력에 기여하는 요인들을 포괄하는 다면적인 개념이다. 이 장에서는 학교 효과성이 교육의 영역에서 갖는 중요성을 이해하면서 학교 효과성과 관련된 핵심 개념, 이론과 실천을 탐색하는 것을 목표로 한다. 이를 위해 학교 효과성의 개념을 살펴보고, 학교 효과성 연구가 어떻게 발전되어 왔는지를 학습한다. 나아가 효과적인 학교를 만드는 주요 요소들을 살펴본다.

학습목표

1. 학교 효과성이 무엇인지 설명할 수 있다.
2. 효과적인 학교의 특징을 종합적으로 설명할 수 있다.
3. 학교 효과성 제고 방안을 모색할 수 있다.

제 **2** 장

효과적인 학교란 무엇인가

이수정

EDUCATIONAL ADMINISTRATION
EDUCATIONAL MANAGEMENT

1. 효과적인 학교는 어떤 학교인가

학교는 교육과 학습을 넘어 개인과 사회의 발전에 핵심 역할을 담당하는 교육기관으로, 우리 삶과 사회에 중요한 영향을 준다. 특히 우리 사회는 우수한 인재가 경제 발전의 주요 동력인 사회로(Adams, 2010; Lee & Jung, 2021), 학교 교육과 졸업장은 우리 사회에서 사회적 성공의 수단으로 자리매김했다. 이러한 사회 분위기 속에 한국의 대학 취학률은 2000년에 50%을 넘어서 2008년까지 지속적으로 증가했으며, 오늘날까지 계속해서 70% 내외의 높은 대학 취학률을 유지하고 있다. 또한 한국 학생들의 학업성취도는 국제 학업성취도 평가(PISA)에서 높은 성취 수준을 꾸준히 보이고 있고, PISA 2022 결과에서는 경제협력개발기구(Organization for Economic Cooperation and Development: OECD) 37개국 중 수학 1~2위, 읽기 1~7위, 과학 2~5위를 기록하며 모든 영역에서 OECD 평균보다 점수가 높은 것으로 나타났다(교육부, 2023a).

반면에 OECD 학생 웰빙 보고서 결과(한국교육개발원, 2023)에 따르면 한국 학생들의 삶의 만족도는 10점 만점에 6.4점으로 OECD 평균 7.3점보다 상대적으로 낮은 것으로 보고되었으며, 학업 불안감 지수는 한국 학생들이 0.10점으로 OECD 평균(0.01점)에 비해 상대적으로 높은 것으로 조사되었다. 또한 한국 학생들은 OECD 평균에 비해 학교 밖에서 신체활동을 하지 않는 비율이 높은 것으로 나타났다.

학교의 주요 구성원인 교사를 살펴보면 교직에 대한 사회적 선호도와 교사의 사회적 지위가 다른 나라에 비해 상대적으로 높은 편이었다(김성훈, 전수빈, 2016). 한국의 교사는 교사로서의 사명감과 전문성이 상대적으로 높고, 교사의 학력 또한 석사 학력 이상의 교원 비율이 지속적으로 늘어나고 있다(통계청, 2023). 그러나 교원 및 교직 환경 국제 비교 연구인 TALIS 2018 결과에 따르면 한국 교사의 직무 만족도는 OECD 평균에 비해 높지 않았다. 특히 한국 교사 중 19.1%가 '교사가 되기로 결심했던 것이 후회된다'라고 했고, 38.7%는 '다른 직업을 선택하는 것이 더 좋았을지도 모른다'라고 응답했다. 이는 OECD 평균(각각 9.1%, 33.8%) 및 TALIS 평균(각각 10.3%, 35.4%)보다 높은 수준이다(이동엽 외, 2019). 업무 스트레스 원인에 대한 질문에는 한국 교사들이 가장 큰 스트레스를 느끼는 영역은 '과도한 행정 업무'로 조사되었고, OECD 교사 평균에 비해 상대적으로 스트레스를 더 받는 업무는 '학부모 민원 대응' '외부 행정기관 대응' '학생으로부터의 위협 또는 언경제협력개발기구(OECD)에서는 만 15세 학생(중3~고1)의 수학, 읽기, 과학 소양의 성취와 추이를 국제적으로 비교하고 교육맥락 변인과 성취 사이의 관계를 파악하기 위해 3년 주기로 국제학업성취도평가(PISA)를 시행하고 있다. 또한 2008년부터 5년 주기로 국제 비교 연구인 TALIS(Teaching and Learning International Survey)를 실시하여 OECD 국가를 포함한 47개 국가의 교사 양성, 교사의 자기효능감과 직무 만족도 등 다양한 주제에 대해 조사하고 있다.

표 2-1 PISA 2022 한국 결과

구분	수학			읽기			과학		
	평균 점수	순위		평균 점수	순위		평균 점수	순위	
		OECD (37개국)	전체 (81개국)		OECD (37개국)	전체 (81개국)		OECD (37개국)	전체 (81개국)
한국	527	1~2	3~7	515	1~7	2~12	528	2~5	2~9
OECD 평균	472			476			485		

출처: 교육부(2023a).

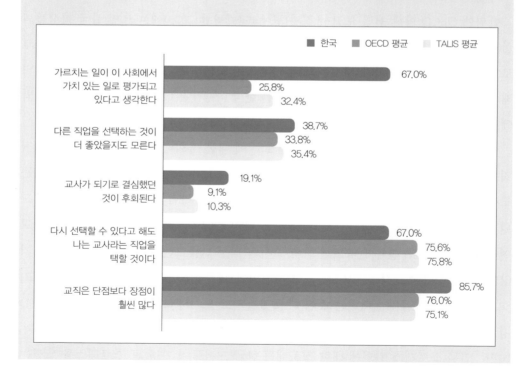

	교직은 단점보다 장점이 훨씬 많다	다시 선택할 수 있다고 해도 나는 교사라는 직업을 택할 것이다	교사가 되기로 결심했던 것이 후회된다	다른 직업을 선택하는 것이 더 좋았을지도 모른다	가르치는 일이 이 사회에서 가치 있는 일로 평가되고 있다고 생각한다
■ 한국	85.7	67.0	19.1	38.7	67.0
■ OECD 평균	76.0	75.6	9.1	33.8	25.8
□ TALIS 평균	75.1	75.8	10.3	35.4	32.4

(단위: %)

[그림 2-1] 교사의 교직 만족도

출처: 이동엽 외(2019).

어폭력' '교실 질서 유지' '과도한 행정 업무' 그리고 '과도한 수업 시간'으로 조사되었다(김혜진 외, 2020).

이를 종합해 보면 한국 학생들은 우수한 학업성취도를 보이지만 학업 불안이 높고 삶에 대한 만족도는 낮은 측면이 있다. 한국 교사들은 교직에 대한 사회적 선호도와 사회적 지위가 상대적으로 높아 우수한 인재들이 교사가 되고 있으며, 교사의 전문성 및 사명감은 높은 편이다. 그러나 교사의 직무 만족도가 낮고 과도한 행정 업무와 악성 민원 대응으로 업무 스트레스가 높다. 그렇다면 우리는 우리의 학교가 효과적인 학교라고 말할 수 있는가? 학생들의 우수한 학업성취 수준과 교사의 전문성 및 사명감 측면에서는 그렇다고 말할 수 있다. 그러나 학생들의 정서 수준과 행복감, 교사의 직무 만족도, 업무 스트레스 및 업무 강도 측면에서는 우리 학교가 효과적인 학교라고 말하기 어려운 측면이 있다. 이렇듯 효과적인 학교가 어떤 학교인지에 대해서는 단적으로 설명하기 어려운 특성들이 있다.

효과적인 학교가 어떤 학교인지에 대해 살펴보기 위해 우선 조직 효과성(organizational effectiveness)의 의미를 살펴보면 다음과 같다. 많은 학자와 실무가는 조직의 효과성을 '어떤 조직이 그 목표를 달성하는 정도'라고 정의해 왔다(Etzioni, 1964; Georgopoulos & Tannenbaum, 1957; Price, 1972). 그러나 오늘날 조직의 구조와 기능이 복잡해지고 있고, 조직에 참여하는 구성원과 이해관계자도 다양해짐에 따라 조직의 효과성은 그보다 다양하고 복잡하게 나타나고 있다(Cameron, 1980; Daft, 2003; Griffin, 2002; Robbins, 2003;

표 2-2 조직 효과성 정의

- 목적 달성 정도(Barnard, 1938)
- 목표 달성, 조직 생산성, 조직 유연성, 조직 내 긴장 또는 갈등의 부재(Georgopoulos & Tannenbaum, 1957)
- 산출물의 양과 품질, 생산의 효율성, 조직의 적응력 및 유연성(Mott, 1972)
- 조직의 생존, 적응, 자체 유지, 성장 능력(Schein, 1985)
- 목표 달성, 자원 획득, 내부 과정의 효율성, 이해관계자 만족(Cameron, 1980)
- 목표 달성, 자원 획득, 이해관계자 만족, 경쟁적 가치 실현(Robbins, 2003)
- 산출 목표 달성, 자원 획득, 내부 인간관계의 유지와 향상, 조직 내외의 참여자 이익 만족(Robey, 1991)
- 산출 목표 달성, 자원 획득, 내부 과정의 건강과 능률, 이해관계자 만족, 경쟁 가치의 실현(Daft, 2003)
- 목표 달성, 자원 획득, 내부 과정의 능률성, 이해관계자 만족(Griffin, 2002)

Robey, 1991). 즉, 조직의 효과성은 조직이 목표를 달성하는 정도뿐만 아니라 조직 시스템에 필요한 자원을 확보하고 투입하는 능력, 투입물을 산출물로 전환하는 과정의 효율성, 조직 구성원의 만족도와 사기, 조직 이해관계자의 만족도 등을 의미한다.

학교 효과성(school effectiveness) 또한 학자들의 견해에 따라 다양한 관점으로 정의되고 있으나 일반적으로 교육목표를 달성하기 위해 노력하고 이루어 낸 성과로 설명할 수 있다(주현준 외, 2012; Madaus, 1980). 신철순과 강정삼(1997, p. 380)은 "학교가 의도한 교육적 목적을 달성하기 위하여 교육적 처치나 자원을 투입하고, 그것들이 영향력을 미친 결과로서 나타난 바람직한 학생 변화와 발달 수준의 향상"이라고 정의했다. 카메론(Cameron, 1978)은 학교 효과성이 다차원적임을 강조하고, 학교 효과성의 준거로 ① 학생의 교육 만족도, ② 학생의 학업성취, ③ 학생의 직업적 발달, ④ 학생의 인성 발달, ⑤ 교직원의 직무 만족도, ⑥ 교직원의 자질과 전문적 성장, ⑦ 체제 개방성과 지역사회 연계성, ⑧ 자원 획득 능력, ⑨ 조직 건강의 아홉 개 측정 준거를 제시했다. 이상을 종합해 보면 학교 효과성이란 학교가 목표로 하는 교육적 목적을 달성하기 위해 학생들의 잠재력을 최대한 발휘할 수 있는 교육환경을 조성하고 이에 필요한 자원을 확보하며, 이를 통해 학생의 바람직한 변화와 성장을 도모하고 학교 구성원의 만족도 향상과 사기 진작이라고 할 수 있다.

학교 효과성 논의는 교육행정에서 근본적이고 핵심적인 도전 과제이다(Hoy & Miskel, 2013). 왜냐하면 학교는 조직화된 무질서 조직(Cohen et al., 1972)으로, 목표가 불분명하

초등학교, 중학교, 고등학교의 교육목표는 무엇일까? 초중등학교 교육과정 총론(교육부 고시 제2022-33호 별책 1)에는 다음과 같이 기술되어 있다.

가. 초등학교 교육목표

초등학교 교육은 학생의 일상생활과 학습에 필요한 기본 습관 및 기초 능력을 기르고 바른 인성을 함양하는 데 중점을 둔다.

1) 자신의 소중함을 알고 건강한 생활 습관을 기르며, 풍부한 학습 경험을 통해 자신의 꿈을 키운다.

2) 학습과 생활에서 문제를 발견하고 해결하는 기초 능력을 기르며, 이를 새롭게 경험할 수 있는 상상력을 키운다.

3) 다양한 문화활동을 즐기며 자연과 생활 속에서 아름다움과 행복을 느낄 수 있는 심성을 기른다.

4) 일상생활과 학습에 필요한 규칙과 질서를 지키고 서로 돕고 배려하는 태도를 기른다.

나. 중학교 교육목표

중학교 교육은 초등학교 교육의 성과를 바탕으로 학생의 일상생활과 학습에 필요한 기본 능력을 기르고, 바른 인성 및 민주시민의 자질을 함양하는 데 중점을 둔다.

1) 심신의 조화로운 발달을 바탕으로 자아존중감을 기르고, 다양한 지식과 경험을 통해 책임감을 가지고 적극적으로 삶의 방향과 진로를 탐색한다.

2) 학습과 생활에 필요한 기본 능력 및 문제 해결력을 바탕으로 도전정신과 창의적 사고력을 기른다.

3) 자신을 둘러싼 세계에서 경험한 내용을 토대로 우리나라와 세계의 다양한 문화를 이해하고 공감하는 태도를 기른다.

4) 공동체의식을 바탕으로 타인을 존중하고 서로 소통하는 민주시민의 자질과 태도를 기른다.

다. 고등학교 교육목표

고등학교 교육은 중학교 교육의 성과를 바탕으로 학생의 적성과 소질에 맞게 진로를 개척하며 세계와 소통하는 민주시민으로서의 자질을 함양하는 데 중점을 둔다.

1) 성숙한 자아의식과 인간의 존엄성에 대한 존중을 바탕으로 일의 가치를 이해하고, 자신의 진로에 맞는 지식과 기능을 익히며 평생학습의 기본 능력을 기른다.

2) 다양한 분야의 지식과 경험을 융합하여 창의적으로 문제를 해결하고, 새로운 상황에 능동적으로 대처하는 능력을 기른다.

3) 다양한 문화에 대한 이해를 바탕으로 자신의 삶을 성찰하고 새로운 문화 창출에 기여할 수 있는 자질과 태도를 기른다.

4) 국가 공동체에 대한 책임감을 바탕으로 배려와 나눔을 실천하며 세계와 소통하는 민주시민으로서의 자질과 태도를 기른다.

고 교육 활동 및 행정에 관한 지식과 기술이 명확하지 못한 측면이 있고, 구성원의 잦은 변화(전근, 졸업 등)로 교육운영의 일관성과 지속성이 낮은 특성이 있기 때문이다. 학교는 교육목표와 교육과정의 틀 속에서 운영되나 측정하기 어려운 추상적인 용어들로 표현되는 경우가 많다.

다음으로 학교 효과성 개념의 복잡성과 변화 가능성의 속성 때문이다. 즉, 학교 효과성에 대한 명확한 합의된 정의가 없고 이해관계자마다 서로 다른 상반된 요구와 기대를 가지고 있어서 서로 갈등을 일으키는 경우가 많다. 예를 들어, 은우 학생의 학부모는 학생의 학업성취 향상과 명문대학 진학을 요구하고 있고, 서연 학생의 학부모는 미래 사회에 필요한 핵심 역량 함양과 사고력 증진 교육에 대한 기대가 높다. 반면에 지우 학생은 자신의 적성 발굴 및 흥미에 부합하는 교육을 받고 싶어 한다. 교사는 학생의 학습동기 촉진과 탐구학습을 강조하고, 행정직원은 예산 투입 대비 산출이 효율적으로 관리되기를 희망한다.

또한 학교 효과성은 사회적 변화와 시대에 따라 그 의미가 달라진다. 예를 들면, 1970년대에는 발전론적 교육이념의 지향으로 민주시민의 자질 향상, 과학 및 기술 교육 강화, 민족문화 앙양을 강조했고, 1980년대에는 전인교육과 평생교육 이념의 확산, 1990년대에는 인간 중심 교육을 기본으로 하면서 시대적 요구를 반영하는 정보화·세계화 교육을 지향했다(교육50년사 편찬위원회, 1998). 2000년대에는 역량 중심 교육과 사회에 필요한 인재 양성, 디지털 기술 발달 및 인공지능 기술 도입에 따른 교육방식 전환, 개별 맞춤형 교육이 강조되었다(교육부, 2023b). 이러한 교육지향점과 교육환경 변화에 따라 학교가 추구하고자 하는 교육목표가 달라지고 학교 효과성의 의미가 변화한다.

이에 호이와 미스켈(Hoy & Miskel, 2013)은 학교 행정가는 학교 효과성의 이러한 특성으로 인해 다음 세 가지의 도전 과제에 직면하고 있다고 말했다. 첫째는 학교 효과성에 대한 실무적인 정의를 개발하는 방법이고, 둘째는 변화하는 학교 효과성의 정의에 대처하는 방법이며, 셋째는 학교 효과성에 대한 다양한 정의를 가진 여러 이해관계자에게 대응하는 방법이다.

2. 학교 효과성 논의는 어떻게 전개되어 왔는가

1966년 콜먼 보고서 발표 이후 학교 효과성 논쟁이 지속되고 있는데, 1970년대 이전에는 학교 효과가 거의 없다는 주장이 대세를 이루면서 학교 교육에 대한 의심과 회의가 커졌다. 그러다가 1970년대 후반부터 학교 효과의 긍정성을 인정하기 시작했고, 오늘날에는 효과적인 학교의 특성 연구, 학생의 바람직한 성장에 영향을 주는 요인에 관한 연구와 학교 교육에서 학생들의 경험에 관한 연구 등 효과적인 학교의 특징을 밝히는 연구가 주를 이루고 있다(박상완 외, 2022; 이현숙 외, 2011; 주현준 외, 2012; 주철안 외, 2012; Greenwald et al., 1996; Hedges et al., 1994; Hoy & Miskel, 2013).

1966년 콜먼 보고서의 공식적인 제목은 「교육기회의 평등(Equality of educational opportunity)」이다. 이 보고서는 미국 교육 연구의 가장 중요한 연구 중 하나로, 1964년 미국 「공민권법(Civil Rights Act)」에 의해 미국 의회에서 의뢰를 받아 작성되었다. 사회학자 제임스 콜먼(James Coleman)과 동료들은 "각급 공립 교육기관에서 인종, 피부색, 종교, 태생에 의한 교육기회의 결여"(Coleman et al., 1966, p. iii)에 관한 연구를 수행했는데, 이는 미국 내 다양한 인종 집단 간 교육기회의 평등을 평가하기 위한 당시로서는 가장 큰 규모의 연구 중 하나였다. 콜먼과 동료들은 생산함수 모형(production function)을 활용하여 교육자원 투입이 어떻게 교육성과로 바뀌는지를 연구했다. 생산함수 연구는 투입-산출 연구(input-output research)로도 불리는데, 이는 학생 1인당 교육비, 교사 특성, 교사 1인당 학생 수, 학생의 가정배경 등 투입 변인이 직접적으로 학교의 성과(performance outcome)인 학생의 학업성취 수준에 직접적인 영향을 준다고 가정했다(Monk & Plecki, 1999).

미국 「공민권법」(The Civil Rights Act of 1964)

402조 위원장은 이 법령이 제정된 후 2년 이내에 미국, 그 영토 및 소유지, 컬럼비아 특별구의 모든 수준의 공교육 기관에서 인종, 피부색, 종교 또는 출신 국가를 이유로 개인에게 동등한 교육기회가 제공되지 않는 것에 관한 조사를 실시하여 대통령과 의회에 보고서를 제출해야 한다.

콜먼 보고서는 예견한 대로 흑인 학생들이 백인 학생들보다 학업성취 수준이 낮음을 보고했다. 그러나 가장 놀라운 발견은 학생의 가정배경을 통제했을 때 학교의 투입 자원이 학교 교육의 성과 차이를 거의 설명하지 못한다는 점이었다. 즉, 학급당 학생 수, 교사 경력, 교육비와 같은 학교의 투입 자원보다 학생의 가정배경과 사회경제적 지위가 학생의 학업성취도에 더 큰 영향을 미친다고 보고했다. 이러한 콜먼 보고서의 연구 결과는 광범위한 학교 효과에 대한 논쟁을 불러 일으켰다.

이후 저명한 하버드 대학 교수이자 통계학자인 프레데릭 모스텔러(Frederick Mosteller), 정치학자인 다니엘 패트릭 모이니한(Daniel Patrick Moynihan)과 그 연구팀이 콜먼 보고서의 데이터를 재분석하여 콜먼 연구팀에서 수집한 데이터는 횡단자료이기 때문에 학교 투입 자원이 학생들의 학업성취 수준에 미치는 인과적 영향을 분석하지 못하는 근본적인 한계가 있음을 지적했다(Mosteller & Moynihan, 1972; Murnane & Willett, 2011).

이에 경제학자인 에릭 하누셰크(Eric Hanushek)는 1969년에 캘리포니아 교육구 중 한 곳을 지정하여 1,061명의 초등학생에 대한 종단자료를 수집하여 콜먼이 사용했던 것과 동일한 중다회귀분석 방법을 적용하여 분석했다(Hanushek, 1971; Murnane & Willett, 2011). 첫 번째 연구 분석은 초등학교 3학년 학생 중에서 어떤 학급의 학생들이 타 학급의 학생들에 비해 학업성취도 증가율이 높은가에 대한 것이었다. 연구 결과, 학급별 학업성취도 증가율의 격차가 실제로 존재함을 밝혔다. 이러한 연구 결과는 학교의 질이 학생의 학업성취도에 영향을 미친다는 점을 분석한 의미 있는 결과이다. 두 번째 연구 분석은 교육구의 예산 자원이 학급 간 학업성취도 증가율에 영향을 주는지에 대한 것이었다. 교육비용에 영향을 주는 변인으로 교사의 경력과 학위 수준, 학급당 인원수에 대해 집중 분석했다. 교사의 경력과 학위 수준은 교사의 봉급 결정에 영향을 주는 주요 요소이다. 분석 결과, 교사의 경력이나 석사학위 여부, 학급당 학생 수가 학급 간 학업성취도 증가율 격차를 설명하지 못한다는 점을 발견했다.

이러한 결과를 토대로 하누셰크(Hanushek, 1971)는 학교가 학생들의 학업성취도 향상에 영향을 주지 못하는 투입 자원에 학교가 투자하고 있음을 지적하면서 학교는 학교 투입 자원의 변화와 학생들의 학업성취도 수준 사이에 일관된 관계가 없으므로 비효율적인 조직이라고 했다. 이후 여러 차례 연구(Hanushek, 1981, 1989, 1997)를 수행한 후 비슷한 연구 결과가 나타나자 하누셰크(Hanushek, 2003, p. 67)는 더욱 단호하게 "학급 규모는 줄고 교사의 자격은 높아졌으며 지출은 증가했다. 그러나 안타깝게도 학교에 투입되는 자원의 증가와 함께 학생의 성과에 유의미한 변화가 있었다는 증거는 거의 없다."라고 말했다.

학교의 질이 학업성취도에 긍정적인 영향을 준다는 결과와 함께 학교의 비효율성에 대한 상충된 연구 결과는 많은 연구자의 의문을 제기했다(Hedges et al., 1994). 헤지스와 동료들(Hedges et al., 1994)은 학생의 학업성취 수준에 학교 투입 자원의 영향이 상당히 일관성 있게 긍정적인 효과를 준다고 했다. 그린월드와 동료들(Greenwald et al., 1996) 또한 학교 투입 자원인 교육비(학생 1인당 교육비, 교사 봉급), 교사 배경과 특징, 교사의 질적 수준, 규모(학교, 학급, 지역구)의 영향을 연구했는데, 그 결과 학교 투입 자원이 학업성취도에 긍정적인 영향을 준다고 했다. 특히 학생 1인당 교육비가 높고, 작은 학교와 소규모 교실일수록, 교사의 질적 수준이 높을수록 학업성취도가 높았다.

생산함수 연구는 학교 효과성 연구의 도화선이 되었으나, 학교 안에서 일어나는 교육 활동 등 과정요인을 고려하지 않는 한계가 있다. 이후에 진행된 연구들은 학교 과정 변인이 학교 성과에 주는 영향을 분석하고자 했다(주철안 외, 2012). 학교장의 지도성, 교사 전문성, 수업의 질, 학생의 학습동기 및 자아효능감, 학교 조직 건강과 조직풍토 등과 같은 학교 내부의 과정적인 측면에 초점을 두고 학교 효과성에 관한 연구들이 지속되고 있다(강상진 외, 2005; 곽영순, 박상욱, 2018; 김경희, 신진아, 2014; 김양분 외, 2007; 김양분 외, 2016; 박상완 외, 2022; 성기선, 2006; 이현숙 외, 2011; 임현정 외, 2016; Bryk et al., 2010; Edmonds, 1979; Ghaith, 2003; Goodenow & Grady, 1997; Hoy, 2010; Lee & Shute, 2010). 학교 효과성 연구는 교육사회학, 교육심리학, 교육평가학, 교육행정학 등 다양한 교육학 전공 분야에서 지속적으로 다양한 연구 모형과 방법을 활용하여 계속 발전하고 있다.

> 한국에서는 2003년부터 초등학교·중학교·고등학교 학생을 대상으로 국가 수준 학업성취도 평가를 실시하여 학교 교육의 효과성을 실증적으로 분석할 수 있는 데이터를 축적하고 있다. 또한 한국교육개발원 등 정부 출연 연구기관과 서울·경기·부산교육청 등 일부 시·도교육청에서 실시하고 있는 교육 종단연구에서도 학생의 학업성취도와 관련된 변인들을 조사하여 데이터 기반 학교 효과성 연구를 수행할 수 있는 기반을 마련했다(박상완 외, 2022).

앞에서 살펴본 많은 학교 효과성 연구에서는 학교의 성과 또는 효과를 학생의 학업성취도로 정의하고 연구를 수행했다. 이는 학교의 교육목표가 측정하기 어려운 추상적인 특성을 갖고 있는 경우가 많고, 이를 측정할 수 있는 객관적인 지표도 찾기 어렵기 때문이다. 그러나 학교 효과성은 학생의 학업성취 수준만을 의미하는 것은 아니며, 학업성취의 개념 또한 지식 습득의 좁은 의미로 한정될 필요가 없다. 정범모와 이성진(1985)은 학력의 구조를 인지적인 영역(지식, 사고력, 창의력)과 정의적인 영역(감각, 태도, 가치관)으로 구분하여 보다 폭넓은 전인적인 개념으로 학업성취를 설명했다. 김태연 등(2010)은 학교 성과를 학업성취도로만 해석하는 것은 교육의 근본적인 목적을 등한시하는 결과를 초래하며, 입시 위주의 교육을 부추기는 악순환을 만들어 간다고 비판했다. 이에 학교 교육이 인지적 성장뿐만 아니라 학생들의 정서적 성장까지 포함하는 전인적 성장을 지향함을 강조해야 한다고 했다. 더 나아가 황여정과 김경근(2006)은 학교가 학생의 학업성취도를 높이기 위해 얼마나 효과적으로 운영되고 있는지 뿐만 아니라 교육 수요자인 학생들이 학교 교육의 효과에 대해 얼마나 만족하는지도 살펴볼 필요가 있다고 했다.

3. 효과적인 학교를 만드는 요인은 무엇인가

효과적인 학교의 핵심 구성 요소와 학교의 성공에 기여하는 요인들의 역동적인 상호 작용을 살펴보면서 학교 효과성의 다면적인 특성을 알아보자. 에드먼즈(Edmonds, 1979)는 효과적인 학교의 구성요인으로 ① 학교장의 교육지도성, ② 모든 학생의 기초학력 증진, ③ 유연하고 학습지향적인 학교 풍토, ④ 안전하고 잘 정비된 학습 환경, ⑤ 체계적인 학습 모니터링을 제시했다. 학생의 학업성취도에 영향을 주는 요인을 크게 학생 수준, 교사 수준, 학교 수준으로 구분하여 살펴보는 연구(곽영순, 박상욱, 2018; Ku et al., 2017; Song et al., 2011)와 학교 조직 특성과 교육활동에 주목하거나(주철안 외, 2012; Purkey & Smith, 1983), 투입-과정-산출 모형을 활용하여 분석한 연구가 많이 있다(Hoy & Miskel, 2013). 이 장에서는 효과적인 학교의 구성요인을 학교 구성원, 학교 조직 특성과 지역사회로 구분하여 살펴보고자 한다.

우선 학교 구성원은 학생, 학부모, 교사, 행정직원과 교장으로 구분하여 살펴보면 다음과 같다. 학생 특성 요인 중에 자아효능감 등 정의적 특성과 학습동기 및 학습전략, 수업태도 등이 학업성취도에 유의미한 영향을 주었다(Lee & Shute, 2010). 자아효능감이 긍정적인 학생일수록 긍정적인 수업태도를 지니는 것으로 조사되었고(이선영, 임혜정,

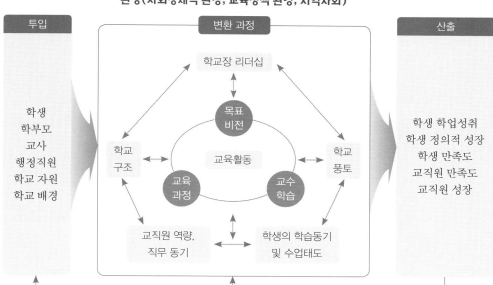

[그림 2-2] 학교 조직 특성

출처: Hoy & Miskel (2013), p. 33과 주철안 외(2012), p. 63의 그림을 수정 및 보완하여 재구성함.

2020), 좋은 수업태도는 학업성취 수준에 긍정적인 영향을 준다(이현숙 외, 2011). 수업태도는 수업 시간 전후의 학생의 수업 준비도를 포함하여 학생들이 수업 시간 참여 및 수행 태도를 의미한다. 이에 학생의 수업태도는 학생의 실질적이고 구체적인 학습행위 전반을 보여 준다는 점에서 학교 수업에서 일어나는 교육활동의 과정을 잘 보여 주는 중요한 요인이다(이선영, 임혜정, 2020).

학부모 특성 요인에서는 학부모의 사회경제적 수준, 다문화가정, 자녀 학업에 대한 열의와 관심, 교육적 지원, 부모-자녀와의 상호작용 정도가 학생의 학업성취에 영향을 준다(김양분 외, 2007; 성기선, 1997; 임현정 외, 2008; Lee & Shute, 2010). 콜먼 보고서부터 지속적인 관심을 받아온 요인은 학생의 사회경제적 배경이다. 많은 연구에서 가구 소득 및 부모의 학력과 같은 가정의 사회경제적 지위가 학생의 학업성취 수준에 유의미한 영향을 주는 것으로 보고했다(남궁지영, 김위정, 2014; 박소영 외, 2010; 임혜정, 2016).

교사는 효과적인 학교를 만드는 주요한 요인이다. 해티(Hattie, 2009)는 지난 15년 동안 학생 학업성취도에 관해 분석한 800여 편의 선행연구를 메타분석하여 결과를 발표했다. 그는 교사의 질적 수준과 교수법(pedagogy)이 학생의 학업성취에 영향을 주는 가장 중요

효과적인 교사의 몇 가지 특성을 정리하면 다음과 같다(Hattie, 2009; Hoy & Miskel, 2013, pp. 316-317에서 내용을 재구성함).

효과적인 교사는

① 지시적이고 배려심이 많으며, 교수 · 학습 과정에 열정적으로 참여한다.

② 학생이 무엇을 생각하고 있는지 파악하여 학생에게 의미 있고 관련성 있는 학습 경험을 제공할 수 있다. 학생에게 유용한 피드백을 제공할 수 있도록 해당 과목에 대한 전문성을 가지고 있다.

③ 무엇을 가르치고 싶은지, 어떻게 하면 성공적으로 가르칠 수 있는지, 각 학생이 언제 이해하는지, 이해가 부족할 때 어떻게 해야 하는지를 잘 알고 있다.

④ 학습자가 지식을 구성하고 재구성할 수 있도록 다양한 관점을 사용하여 아이디어를 전달한다. 이때 중요한 것은 학습자 스스로가 지식을 구성하는 것이다.

⑤ 실수를 학생들이 실패에 대한 두려움 없이 배우고, 다시 탐구할 수 있는 기회로 여긴다.

⑥ 학습에 도움이 되는 학교 문화와 교실 분위기를 조성하기 위해 동료 교사와 협력한다.

한 요인이라고 했다.

학교의 교육목표를 달성하기 위해서는 교수 · 학습 활동이 원활하게 이뤄지기 위한 행정적 · 재정적 지원 또한 필수적인 요소이다. 학교 행정직원들은 인사, 급여, 예산 편성 및 집행 등의 학교 회계 업무와 물품관리, 급식 업무, 시설 및 재산 관리 등 교육활동을 위한 종합적 지원업무를 수행한다(손영순, 우명숙, 2023). 학교 행정 환경의 변화와 효과적인 학교를 운영하기 위해서는 행정직원의 역량이 매우 중요하며, 이들의 적극적인 교수 · 학습 활동 지원이 필수적이다.

교직원의 역량과 함께 학교장의 리더십이 중요하다. 효과적인 학교에는 구성원과 이해관계자의 신뢰를 불러일으키고, 명확한 교육목표를 설정하며, 모든 학생의 성장을 위해 헌신하는 비전 있는 리더가 있는 경우가 많다. 쇼트와 스펜서(Short & Spencer, 1990)는 학교장이 변혁적 리더십을 발휘하여 구성원의 성장과 학교의 경쟁력을 고취시키고, 구성원 간의 활발한 상호작용을 촉진시켜 나가야 한다고 했다. 에드몬즈(Edmonds, 1979), 퍼키와 스미스(Purkey & Smith, 1983)는 학교장의 수업 지도성을 강조했는데, 학교장은 교수 · 학습 활동 개선을 위해 노력하고 창의적이고 발전적인 교육프로그램 개발을 장려하며 수업을 중시하는 풍토를 조성해야 한다고 했다. 학생의 학습과 성장에 도움이 되는 교육환경을 조성하는 데 있어 교장의 리더로서의 역할은 아무리 강조해도 지나치지 않는다.

　학교 조직 특성 중에 학교장의 리더십과 교직원의 역량 등 구성원 측면은 앞의 내용과 중복되어 교실 특성, 학교 풍토, 학교 자원, 학교 구조 및 학교 배경으로 구분하여 살펴보면 다음과 같다. 우선 교실 특성이다. 크리머(Creemers, 1994)는 학업성취도에 있어 나타나는 학교 간 차이에 관심을 두고 학교효과 모델에서 학생 수준, 학급 수준, 학교 수준, 맥락 수준으로 구분하여 살펴보았다. 크리머는 이 중에서 학급 수준이 학습에 직접적인 영향을 주기 때문에 가장 중요하다고 평가했다. 학급 수준에는 학습시간, 학습기회, 수업의 질적 수준을 포함한다.

　학교 풍토는 학생의 학업성취에 직접적인 영향을 주는 변인으로, 학교 풍토가 긍정적일수록 학생 간 협력, 학교 구성원 간의 응집력, 상호 존중 및 신뢰를 높이고(Ghaith, 2003; Hoy & Miskel, 2013), 학구적인 학교 풍토와 학업 강조 분위기가 학생의 학업성취에 긍정적인 영향을 준다(Edmonds, 1979). 개방적인 학교 풍토는 구성원 간의 협력과 상호 존중을 바탕으로 교사의 업무 수행에 자율성이 부여되며, 동료 교사와 개방적이고 전문적인 상호작용을 수행한다(Halpin & Croft, 1963).

　효과적인 학교에 영향을 주는 학교 자원에는 학교 규모, 학급당 학생 수, 학교 재원 및 물리적 환경이 포함되며, 학교 구조에는 교무분장, 인사 공정성, 권한 부여 및 자원 배분 등이 해당된다. 학교의 사회경제적 지위가 높은 학교에 속한 학생일수록 학업성취도가 높다는 연구들이 보고되고 있고(김양분, 김난옥, 2015; 박소영 외, 2010; 이현숙 외, 2011), 학교 조직 구조 특성(교무분장, 권한 및 자원 배분, 의사결정, 인사 공정성, 학교 개선 관리)과 학교 경영 특성이 학생의 학업성취에 영향을 준다고 밝힌 연구들이 있다(주철안 외, 2012; Purkey & Smith, 1983).

　학교 배경 요인에는 학교 설립 유형, 학교 소재지와 학교 목적 유형으로 살펴볼 수 있는데, 학교 소재지 중에서는 대도시에 위치한 학교가 읍면 지역에 위치한 학교보다 학생의 학업성취도 점수가 높게 나타났다(변수용, 김경근, 2008; 주철안 외, 2012). 이와 함께 학교가 위치한 지역사회의 규모, 경제 수준, 문화 수준 및 교육여건, 지역교육청의 교육정책 및 적극적인 지원이 학교의 효과성에 영향을 주었다(김성숙 외, 2011).

2023학년도 서울대 입학생의 특성을 살펴보면 약 39%가 과학고, 외국어고, 국제고, 영재학교 등 특목고나 자율형 사립고 출신으로 조사되었다. 이 비율은 전국 4년제 일반대, 산업대, 사이버대 평균(5.91%)의 6.6배에 달한다. 출신 학교뿐 아니라 출신 지역 쏠림 현상도 심한 것으로 나타났다. 서울대 입학생 가운데 서울 출신은 약 37%로 신입생 3명 중 1명은 서울 출신이다. 서울을 포함해 특별시, 광역시 출신은 약 54%로 절반을 넘어섰다. 사교육걱정없는세상 정책대안연구소장은 "특목고, 자사고와 서울 출신 쏠림은 부모의 경제적 능력과 거주지역 배경에 따라 교육기회, 대입 실적의 차이가 뚜렷하다는 것"이라고 설명했다.

출처: 매거진한경(2023. 10. 10.).

다음의 〈표 2-3〉는 앞에서 살펴본 효과적인 학교를 만드는 주요 요인들을 종합 정리하여 요약한 것이다. 효과적인 학교는 어떤 학교인가에 대한 탐색과 효과적인 학교를 만들기 위한 노력은 역동적이고 복잡한 과제이다. 특정한 구성 요소로 인해 효과적인 학교가 만들어지는 것이 아니라 다양한 구성 요소가 역동적으로 상호작용하고 맥락에 따라 나타나는 양상도 다양하기 때문이다. 미래의 교육자로서 여러분은 미래의 교육 환경을 형성하는 데 중요한 역할을 할 것이다. 여러분이 꿈꾸는 효과적인 학교의 모습은 어떠한지 상상해 보자. 이러한 꿈의 학교를 만들기 위해 어떠한 실천적 노력과 전략이 필요한지 고민해 보자.

표 2-3 효과적인 학교를 만드는 주요 요인

영역		주요 내용
구성원	학생	적성, 학습동기, 학습흥미, 자아효능감 학생의 학습시간, 학습방법 수업 참여도, 수업 이해도, 수업 준비도 및 태도 교사와의 관계, 친구와의 관계, 부모와의 관계
	학부모	사회경제적 수준, 다문화가정 학부모의 자녀 학업에 대한 열의와 관심, 자녀와의 관계 학교 교육 활동 참여 및 지원
	교사	교사 경력, 학력, 교사 연수, 교사의 전문성 계발 노력 교사의 직무 동기, 효능감, 교사 사기, 교사 지도성 동료 교사와의 협력 및 친밀감, 학생과의 관계

학교 조직	행정직원	직원 행정 역량 직원 교수활동 지원
	교장	학교장 리더십, 전문 행정 경력
	교실 특성	긍정적인 수업 분위기 수업의 질, 수업방식, 평가 피드백 교실 환경, 학급당 학생 수
	학교 풍토	학구적인 학교 풍토, 학업 강조 분위기 개방적인 학교 풍토 구성원 간 협력적 분위기
	학교 자원	학교 규모, 학급당 학생 수 학교 재원: 학생 1인당 교육비, 교수 · 학습비 지출 비율 학교의 물리적 환경 학교SES(기초생활수급대상자 비율)
	학교 구조	교무분장 인사 공정성 권한 부여 자원 배분
	학교 배경	설립 유형(국공립, 사립), 소재지(대도시, 중소 도시, 읍면 지역), 목적 유형[초등학교 중학교, 고등학교(일반고, 특목고, 특성화고, 자율고 등]
지역사회	지역사회 특징	지역사회 규모(대도시, 중소 도시, 읍면 지역) 인구 규모 경제 수준, 문화 수준, 교육여건 교육정책 및 교육비 지원 수준

교육적으로 우수한 대학은 어떤 대학일까? 변기용(2020)은 '학부교육 우수대학의 특징과 성공 요인 연구(K-DEEP 프로젝트)'를 2013년부터 2016년까지 수행하여 총 8개 대학을 면밀히 분석했다. K-DEEP 프로젝트 종료 이후에 대학별 사례를 토대로 3개 영역(① 구성원과 문화, ② 학부교육 시행 및 지원체제, ③ 정책적·환경적 요인), 10개 범주로 정리하여 다음과 같이 제시했다.

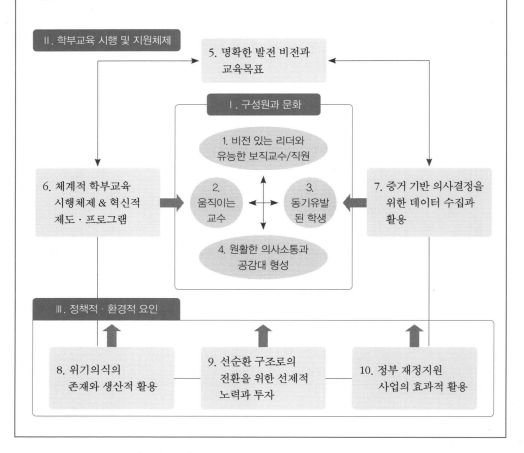

[그림 2-3] 학부교육 우수대학의 특징과 성공 요인

출처: 변기용(2020), p. 17.

생각해 봅시다

1. 내가 다녔던 학교는 효과적인 학교이었는가?

2. 오늘날 효과적인 학교는 어떤 학교인가?

3. 학교 효과성은 사회적 변화와 시대에 따라 그 의미가 달라진다. 그러나 시대에 따라 변하
   지 않는, 본질적으로 유지해야 하는 학교 효과성의 핵심 가치가 있다면 무엇인가?

4. 효과적인 학교를 만들기 위한 실천적 전략은 무엇인가?

🌐 참고문헌

강상진, 김양분, 윤중혁, 류한구, 장원섭, 김주아, 장지현, 남궁지영, 남명호(2005). 고교 평준화
　　정책 효과의 실증 분석 연구(RR2005-02). 한국교육개발원.

교육부(2023a). 경제협력개발기구(OECD) 국제 학업성취도 평가(PISA) 2022 결과 발표 보도자료.
　　교육부.

교육부(2023b). 2023년 주요업무 추진계획. 교육부.

교육50년사 편찬위원회(2018). (대한민국 50년) 교육 50년사: 1948-1998. 교육부.

곽영순, 박상욱(2018). TIMSS 2015 상위국 8학년 과학성취에 미치는 교육맥락변인의 영향력 분
　　석. 과학교육연구지, 42(1), 66-79.

김경희, 신진아(2014). 국가수준 학업성취도 평가 결과에 기반한 성취도 및 향상도 결정 요인 분
　　석. 교육평가연구, 27(1), 109-139.

김성숙, 송미영, 김준엽, 이현숙(2011). 국가수준 학업성취도 평가 결과의 지역간 학력차이에 따
　　른 초·중·고 학교특성 분석. 교육평가연구, 24(1), 51-72.

김성훈, 전수빈(2016). 국제 교원양성제도 비교 연구(ITP) 국가 배경보고서. 동국대학교 교원정
　　책중점연구소.

김양분, 김난옥(2015). 학업성취에 영향을 미치는 학생 및 학교변인 탐색. 교육학연구, 53(3), 31-60.

김양분, 박병영, 남궁지영(2007). 학교 교육의 실태 및 수준 분석: 중학교 연구(II). 한국교육개발원.

김양분, 신혜진, 강호수(2016). 초등학교 학업성취도와 학업성취도 변화 관련 변인 비교 분석. 한
　　국교육, 43(2), 33-66.

김태연, 최성보, 주현준(2010). 학교효과성에 영향을 미치는 변인 간의 구조분석. 교원교육,
　　26(6), 117-142.

김혜진, 박효원, 박희진, 이동엽, 이승호, 최인희, 길혜지, 김정현, 이호준, 김보미(2020). 교원 및 교직 환경 국제 비교 연구: TALIS 2018 결과를 중심으로(II)(RR2020-04). 한국교육개발원.

남궁지영, 김위정(2014). 수학 성취도 향상에 영향을 미치는 학교급별 특성 비교 분석. **교육평가연구, 27**(1), 231-254.

매거진한경(2023. 10. 10). 서울대 신입생, '서울·자사고' 출신 가장 많다. https://magazine.hankyung.com/business/article/202310105818b

박상완, 박소영, 심현기(2022). 학생의 학업성취 수준과 학교의 특성: 학교급 및 교과별 학교배경 요인을 중심으로. **교육행정학연구, 40**(2), 31-56.

박소영, 김준엽, 성기선(2010). 학교 책무성 기제가 학업성취에 미치는 영향 분석. **교육행정학연구, 28**(1), 83-102.

변기용(2020). 근거이론적 방법의 이론화 논리와 과정: K-DEEP 프로젝트와 후속 연구과제 수행(2013-2019)을 중심으로. **교육행정학연구, 38**(3), 1-29.

변수용, 김경근(2008). 한국 고등학생의 교육결과에 대한 문화자본의 영향, **교육사회학연구, 18**(2), 53-82.

성기선(1997). **학교효과 연구의 이론과 방법론.** 원미사.

성기선(2006). 우리나라 중학교의 학교효과에 관한 연구: Creemers의 학교효과 이론모델의 검증. **교육사회학연구, 16**(4), 93-114.

손영순, 우명숙(2023). 학교 맥락 관점에서 바라본 행정직원 경험의 이해. **지방교육경영, 26**(2), 49-78.

신철순, 강정삼(1997). 학교효과성 측정도구의 타당화 연구. **교육행정학연구, 15**(3), 376-410.

이동엽, 허주, 박영숙, 김혜진, 이승호, 최원석, 함승환, 함은혜, 신연재(2019). 교원 및 교직 환경 국제 비교 연구: TALIS 2018 결과를 중심으로(I)(RR2019-22). 한국교육개발원.

이선영, 임혜정(2020). 교사의 수업에 대한 학생의 인식이 수업태도에 미치는 영향: 초4~고3 시기 국어 교과를 중심으로. **교사교육연구, 59**(4), 709-722.

이현숙, 김성숙, 송미영, 김준엽, 양성관(2011). 학교특성, 과정변인, 학업 성취 간의 구조적 관계 분석. **교육평가연구, 24**(2), 317-344.

임혜정(2016). 가정배경이 중학생의 수학수업태도에 미치는 영향분석: 성장신념, 교과효능감의 매개효과를 중심으로. **교육사회학연구, 26**(2), 117-143.

임현정, 시기자, 김성은(2016). 학생 학업성취 변화의 영향요인 탐색: 국가수준 학업성취도 평가 세 시점 연계자료 분석. **교육평가연구, 29**(1), 123-145.

임현정, 김양분, 장윤선, 기경희(2008). 학교 교육실태 및 수준 분석: 초등학교연구(II)(RR2018-32). 한국교육개발원.

정범모, 이성진(1985). 학생성취의 요인. 교육출판사.

주철안, 박상욱, 홍창남, 이쌍철(2012). 학교조직 특성이 학생의 학업성취와 정의적 성장에 미치는 효과분석: 학교조직 진단 영역 중심으로. 아시아교육연구, 13(2), 57–80.

주현준, 김태연, 남지영(2012). 교사의 지도성과 학교효과성 관계에 대한 메타분석. 한국교육학연구, 29(1), 119–141.

통계청(2023). 한국의 사회동향 2023. 통계청.

한국교육개발원(2023). 우리나라 학생의 웰빙 수준과 특성: OECD 학생 웰빙 보고서 결과를 중심으로 [카드뉴스 2023–07]. 한국교육개발원.

황여정, 김경근(2006). 일반계 고등학생의 학교만족도 결정요인. 교육사회학연구, 16(2), 181–203.

Adams, D. (2010). A comparative perspective on the development of Korean education. In C. J. Lee, S. Kim, & D. Adams (Eds.), *Sixty years of Korean education*. Seoul National University Press.

Barnard, C. (1938). *The functions of the executive*. Harvard University Press.

Bryk, A. S., Sebring, P. B., Allensworh, E., Luppescu, S., & Easton, J. Q. (2010). *Organizing schools for improvement: Lessons from Chicago*. University of Chicago Press.

Cameron, K. S. (1978). Measuring organizational effectiveness in institutions of higher education. *Administrative Science Quarterly, 23*, 78–92.

Cameron, K. S. (1980). Critical questions in assessing organizational effectiveness. *Organizational Dynamics, 9*(2), 66–80.

Cameron, K. S. (1986). A study of organizational effectiveness and its predictors. *Management Science, 32*(1), 87–112.

Cameron, K. S. (1988). Measuring organizational effectiveness in institutions of higher education. *Administrative Science Quarterly, 23*(4), 604–632.

Cohen, M. D., March, J. G., & Olsen, J. P. (1972). A garbage can model of organizational choice. *Administrative Science Quarterly, 17*(1), 1–25.

Coleman, J. S., Campbell, E. Q., Hobson, C. J., McPartland, J., Mood, A. M., Weinfeld, F. D., & York, R. L. (1966). *Equality of educational opportunity*. U.S. Government Printing Office.

Creemers, B. P. (1994). Effective instruction: An empirical basis for a theory of educational effectiveness. In D. Reynolds., B. Creemers., P. S. Nesselrodt., E. C. Shaffer., S. Stringfield., & C. Teddle. (Eds.), *Advances in school effectiveness research and practice* (pp. 189–205). Pergamon.

Daft, R. L. (2003). *Organization theory and design*. Southwestern College Publishing.

Edmonds, R. (1979). Effective schools for the urban poor. *Educational Leadership, 37*, 15–27.

Etzioni, A. (1964). *Modern organizations*. Englewood Cliffs, Prentice-Hall.

Georgopoulos, B. S., & Tannenbaum, A. S. (1957). A study of organizational effectiveness. *American Sociological Review, 22*(5), 534–540.

Ghaith, G. (2003). The relationship between forms of instruction, achievement and perception of classroom climate. *Educational Researcher, 45*(1), 83–93.

Goodenow, C., & Grady, K. E. (1997). The relationship of school belonging and friends' values to academic motivation among urban adolescent students. *Journal of Experimental Education, 62*, 60–71.

Greenwald, R., Hedges, L. V., & Laine, R. D. (1996). The effect of school resources on student achievement. *Review of Educational Research, 66*(3), 361–396.

Griffin, A. (2002). Product development cycle time for business-to-business products. *Industrial Marketing Management, 31*(4), 291–304.

Halpin, A. W., & Croft, D. B. (1963). *The organizational climate of schools*. Midwest Administration Center of the University of Chicago.

Hanushek, E. A. (1971). Teacher characteristics and gains in student achievement: Estimation using micro data. *American Economic Review, 61*(2), 280–288.

Hanushek, E. A. (1981). Throwing money at schools. *Journal of Policy Analysis and Management, 1*(1), 19–41.

Hanushek, E. A. (1989). The impact of differential expenditures on school performance. *Education Researcher, 18*(4), 45–51.

Hanushek, E. A. (1997). Assessing the effects of school resources on student performance: An update. *Educational Evaluation and Policy Analysis, 19*(2), 141–164.

Hanushek, E. A. (2003). The failure of input-based schooling policies. *Economic Journal, 113*, F64–F98.

Hattie, J. (2009). *Visible learning: A synthesis of over 800 meta-analyses relating to achievement*. Routledge.

Hedges, L. W., Laine, R. D., & Greenwald, R. (1994). Does money matter? A meta-analysis of studies of the effects of differential school inputs on student outcomes. Part 1: An exchange. *Educational Researcher, 23*(3), 5–14.

Hoy, W. K. (2010). *Quantitative research in education: A primer*. Sage.

Hoy, W. K., & Miskel, C. G. (2013). *Educational administration: Theory, research, and practice ninth editon*. McGraw-Hill Education.

Ku, J., Cho, S., Lee, S., Park, H., & Ku, N. W. (2017). *OECD programme for international students assessment: An in-depth analysis of PISA 2015 results* (KICE Research Report PRE 2017-9). KICE.

Lee, S. J., & Jung, H. J. (2021). Higher education in the national research system in South Korea. In T. Aarrevaara., M. J. Finkelstein., G. A. Jones., J. Jung. (Eds.), *Universities in the knowledge society*. Springer, cham.

Lee, J., & Shute, V. (2010). Personal and social contextual factors in K-12 performance: An integrative perspective on student learning. *Educational Psychologist, 45*(3), 185-202.

Madaus, G. F. (1980). The sensitivity of measures of school effectiveness. *Havard Education Review, 48*, 207-230.

Monk, D. H., & Plecki, M. L. (1999). Generating and managing resources for school improvement. In J. Murphy & K. S. Louis (Eds.), *Handbook of research on educational administration* (2nd ed., pp. 491-509). Jossey-Bass.

Mott, P. E. (1972). *The characteristics of effective organizations*. Harper & Row.

Mosteller, F., & Moynihon, D. P. (1972). *On equality of educational opportunity*. Vintage Books.

Murnane, R., & Willett, J. (2011). *Methods matter: Improving causal inference in educational and social science research*. Oxford University Press.

Price, J. L. (1972). The study of organizational effectiveness. *The sociological Quarterly, 13*(1), 3-15.

Purkey, S. C., & Smith, M. S. (1983). Effective schools: A review. *The Elementary School Journal, 83*(3), 427-452.

Robbins, S. P. (2003). *Organization theory: Structure, design and applications*. Prentic-Hall of India.

Robey, D. (1991). *Designing organizations* (3rd ed.). Homewood.

Schein, E. H. (1985). *Organizational culture and leadership*. Jossey-Bass.

Short, P., & Spencer, W. (1990). Principal instructional leadership. *Journal of Research and Development in Education, 23*(2), 117-122.

Song, M., Kim, S., Yi, H. S., & Kim, J. (2011). Investigation on contextual variables affecting academic achievement. *Journal of Educational Evaluation, 24*(2), 261-289.

개요 ···

조직문화는 보이지 않지만 조직 구성원의 사고와 행동에 지대한 영향을 끼친다. 조직문화는 그 조직의 경계선 내에서 '당연하게' 여기는 일련의 사고–태도–행동의 패턴이며, 새로운 구성원은 이를 공식적 · 비공식적 방식을 통해 부단하게 학습한다. 그러나 새 구성원이나 조직의 약자들에게 가장 많은 순응과 희생을 요구하는 것이 바로 이 조직문화이다. 이번 장에서는 학교 조직문화[1]의 내부구조를 분석하고 개선 방법을 모색하는 데 있어 유용한 대표적인 문화이론과 학교 문화 연구들을 살펴보고, 이를 자신의 조직문화 분석에 적용해 본다.

학습목표 ···

1. 문화를 분석하는 대표적인 이론을 설명할 수 있다.
2. 문화이론을 학교 문화에 적응하여 학교 문화의 요소를 파악할 수 있다.
3. 학교 문화를 개선하는 방법을 제안할 수 있다.

제3장

어떤 학교 문화를 조성할 것인가[1]

변수연

1. 문화는 무엇이며, 왜 중요한가
2. 학교 문화는 어떻게 다른가
3. 학교 문화는 누가, 어떻게 개선할 수 있나

[1] 선행연구에서는 체제이론에 근거해 교사 집단에 대한 관리 방식을 의미하는 '학교 조직문화'라는 용어와 인류학이나 사회학적 관점에서 학교 구성원들의 삶의 방식을 뜻하는 '학교 문화'가 거의 같은 뜻으로 사용되고 있다. 학교 문화에 대한 포괄적인 국내의 선행연구를 분석한 김민조와 이현명(2015)에 따르면 '학교 조직문화'에 대한 연구가 '학교 문화'에 대한 연구보다 더 활발하게 수행되어 왔고, '학교 조직문화'에 대한 연구는 조직풍토 연구처럼 주로 양적 연구방법으로 수행된 반면, '학교 문화'에 대한 연구는 질적 연구로 수행되는 경우가 많았다. 본 연구에서는 문맥에 따라 두 용어를 혼용하지만 주로 체제이론에 근거한 학교 조직문화에 초점을 맞추고 있다.

EDUCATIONAL ADMINISTRATION
EDUCATIONAL MANAGEMENT

    '좋은 학교'란 어떤 학교일까? 대학 입시까지는 아직 시간이 남아 있는 중학교를 생각해 보자. 아이를 보낼 중학교를 선택할 수 있다면 학부모들은 어떤 학교에 아이를 보내고 싶을까? 시험 삼아 학교를 방문한다고 가정해 보자. 한 학교는 들어서자마자 운동장 주변에 잡초들이 보인다. 운동기구들은 녹이 슬었고 운동장 한편에는 교사들의 자동차가 주차되어 있다. 건물로 들어서자 '바르고 착한 청소년'이라는 표어가 붙어 있다. 교무실 문을 열었더니 교사들의 책상이 다닥다닥 붙어 있고, 아무도 외부인의 등장에 반응하지 않는다. 그저 누군가 다른 사람이 응대해 줄 것이라는 생각에 컴퓨터 화면만 뚫어지게 바라본다. 학급 교실들을 살펴보니 교사는 설명하고 있지만 대다수의 학생은 책상에 엎드려 자고 있다. 전반적으로 모두가 다 무기력해 보였다. 다른 학교에 가 보니 상황은 매우 달랐다. 운동장은 다소 작았으나 매우 잘 관리되고 있었고, 교사들의 주차장도 구분되어 있어 안전해 보였다. 교사들의 교무실은 여러 개로 나뉘어져 있었고, 개인당 공간도 충분해 보였다. 이전 학교와는 달리 수업 시간에 자는 학생은 매우 드물었고, 교사는 학생들의 책상 사이를 오가면서 열정적으로 가르치고 있었다. 이러한 차이는 어디서 오는 것일까? 첫 번째 학교와 두 번째 학교 간에는 설립 주체나 운영 예산 등에서 많은 차이가 있을 수 있다. 그러나 이러한 특정 요소가 학교 분위기나 시설의 관리 상태, 핵심 업무에 대한 구성원의 열의 등과 같은 조직의 모든 요소를 결정할 수는 없다. 어떤 학교를 '좋은 학교'로 만든다는 것은 학교의 다양한 특징을 바람직한 상태로 개선하고 유지하여 조화롭게 연결하는 것을 의미한다. 이것이 바로 '학교 문화' 혹은 '학교 조직문화'의 역할이다. '좋은 학교'에는 좋은 학교 문화가 있고, 좋은 학교 문화는 마치 접착제처럼 학교의 구성 요소들을 견고하게 연결한다. 학교장의 리더십이 학교 시설의 관리 상태로 연결되는 것, 수업에 대한 교사들의 열정과 헌신이 학생들의 학구열로 연결되는 것이 모두 기저에 있는 학교 문화의 힘이다. 이번 장에서는 '좋은 학교'의 필수 조건인 학교 문화를 배우기 위해 먼저 '문화'라는 개념을 이해한 후, 학교 문화의 여러 유형과 학교 문화를 개선하기 위한 다양한 방법을 살펴볼 것이다.

1. 문화는 무엇이며, 왜 중요한가

문화는 인류학과 사회학, 심리학, 교육학, 경영학 등 여러 인접 학문에서 폭넓게 연구되고 있는 개념이지만 사실상 그 정의에 대한 연구자들의 합의가 매우 어려운 개념이기도 하다. 문화(culture)는 '자연(nature)'의 반대말로서 '인류가 자연에 행한 모든 행동의 결과'라는 '문화-자연 구분법(culture-nature divide)' 정도가 비교적 많은 사람이 동의하는 문화의 정의라고 할 수 있다(Greenwood & Stini, 1977). 문화에 대한 연구가 인류학에서 심리학, 경영학 등 사회과학 분야로 확대되면서 문화는 보다 더 인간 중심의 정의를 가지게 되었다. 즉, 문화를 '개인의 사고와 행동에 지대한 영향을 끼치는 가치체계'로 보며 인간 조직 내에 다양한 하위 문화를 탐색하는 연구가 늘어나고 있고, 학교 문화 역시 그중 하나라고 볼 수 있다. 피터슨(Peterson, 2004)은 문화를 "특정 국가나 지역에 속한 인간집단 내에 정착된 가치와 믿음이자, 그것이 사람들의 행동과 환경에 미치는 강한 영향력"이라고 정의했다. 이를 보다 축약하자면 문화는 "사회 속의 삶과 역할 수행을 위한 규칙들"(Samovar et al., 2012, p. 11)이자, "인간 정신의 소프트웨어"(Hofstede, 1991)라 할 수 있다. 다음에서는 이러한 문화의 정의를 구성하는 문화의 여러 차원에 대한 두 가지 큰 이론을 살펴보겠다.

1) 문화 빙산 이론

'문화 빙산(Culture is an iceberg)'이라는 개념은 에드워드 홀(Edward T. Hall)이 제안한 메타포, 즉 은유이다(Hall, 1976).[2] [그림 3-1]과 같이 빙산에서 우리가 볼 수 있는 것은

---

[2] 사실 문화를 빙산에 빗댄 이 은유를 누가 가장 먼저 제안했는지는 불분명하다. 홀(Hall, 1976)도 1976년에 출판한 『문화를 넘어서(Beyond Cultures)』에서 직접적으로 '빙산'이라는 단어를 언급하지는 않았다. 오히려 그는 전작(Hall, 1959)인 『침묵의 언어(Silent Language)』에서 이 단어를 언급하면서 오히려 "문화 빙산 이미지는 (인류학) 전공 학생이나 일반인 모두에게 널리 교육되고 있으나, 문화를 지나치게 단순화했다는 점에서 부적절하다."라는 비판적 견해를 제시하기도 했다. 그러나 홀은 1976년에 발표한 '문화를 넘어서'에서는 문화권(혹은 조직) 내에서 '말할 수 있는 것'과 '말할 수 없는 것'을 구분하고, 이에 대한 중요한 논제를 제기하는 효과는 분명하다고 주장했다. 조직 연구에서 문화 빙산 이론은 에드거 쉐인(Edgar Schein)이

빙산의 일부에 불과하다. 나머지 거대한 부분은 수면 아래에 숨겨져 있다. 문화도 이 빙산과 같이 가시적인 것들과 비가시적인 것들로 나눌 수 있다.

바다 위에 떠 있는 부분은 우리가 어떤 조직이나 민족의 문화를 접할 때 쉽게 발견할 수 있는 가시적인 요소들이다. 즉, 새내기 교사가 임용된 학교에 처음 출근한 날 발견할 수 있는 교무실의 교사 책상 배치 방식이나 각 학급 뒤쪽에 있는 게시판의 모양과 내용, 교사가 매일 작성해야 하는 여러 문서의 형식, 각종 교원인사제도의 내용, 학생들의 교복과 교사들에게 적용되는 복장 규정 등이 모두 가시적인 문화 요소이다. 홀은 이 영역을 '표층 문화(surface culture)'라고 지칭했다. 반면에 바다 밑에 가라앉아 있어서 쉽게 발견할 수 없으나 그 문화 내에서의 경험이 축적될수록 구성원의 마음속에 내면화되는 방대한 영역은 '심층 문화(deep culture)'이다. 이 영역은 사실 보이지 않으나 우리가 특정 조직의 문화라고 느끼는 부분, 그리고 그 조직에서 잘 살아가기 위해 체득하고 익숙해져야 하는 문화의 대부분을 차지한다. 즉, 학급 뒤쪽에 있는 게시판이 학생들이 교내외에서 받은 상장으로 가득 채워져 있다면 그것은 경쟁과 학업성취가 그 학급에서 가장 중요한 목표라는 교사의 신념을 의미한다. 혹은 교직원들의 근태를 엄격히 관리하는 컴퓨터 시스템이 사용되고 있다면 그것은 근태 관리가 직원 관리에서 가장 중요한 요소라는 관리자의 신념과 기타 구성원 관리의 엄격함이 이 학교 조직문화의 기저를 형성하고 있음을 의미한다. 교사들의 복장이 매우 자유롭거나, 학생들도 교복 대신에 체육복 등을 입고 다녀도 벌점을 받지 않는다면 이는 자유로움과 유연성의 가치가 구성원들의 사고 밑바닥에 깔려 있다고 해석할 수 있다. 이처럼 홀의 문화 빙산 모형은 문화의 상당 부분이 눈에 보이지 않는다는 점과 가치와 신념이 그러한 비가시적 부분을 형성함을 시각적으로 잘 표현하고 있다.

그러나 문화 빙산 모형의 한계점도 존재한다. 예를 들어, 빙산의 이미지는 정적이고 고정적인 것처럼 보이지만 실상 조직문화는 매우 역동적이고 복잡하다. 문화는 빙산의 이미지가 암시하는 것처럼 관찰하거나 느낄 수 있는 '사물'도 아니다. 역설적이게도 문화 빙산을 통해 '가시화'된 '비가시적 요소'들은 매우 정적이고 영속적이며 표면 문화의 뿌리처럼 느껴져서 결국에는 변화에 저항하는 요소들로 인식되는 경향이 있다(Hellriegel &

나 피터 셍게(Peter Senge)가 처음 사용한 것으로 알려져 있으나, 이들의 저서나 논문에서도 '빙산'이라는 단어는 찾을 수 없다(Badham et al., 2020).

Slocum, 2011, p. 479). 무엇보다도 이 부분은 숨겨져 있고, 구성원들의 입에 직접적으로 오르내리지 않기 때문에 조직 내에서 일종의 암묵지(tacit knowledge) 역할을 한다. 개인이 이러한 암묵지를 학습하여 성공적인 조직 생활을 하기 위해서는 상당한 시간과 노력을 들여야 하고, 조직 리더에게는 구성원들이 내면화한 암묵지를 명시적으로 변화시키기가 매우 어렵게 느껴진다. 그러나 문화 빙산 이론은 문화를 표면의 가시적인 것으로만 축소하여 이해하기 쉬운 상황에서, 그 근간을 이루는 비가시적인 요소를 부각시킴으로써 어디까지가 '수면' 위의 표층 문화 요소이고 어디서부터 수면 아래의 심층 문화 요소인지, 구체적인 문화 현상에서 둘 중 어떤 것이 더 중요한지 등에 대한 의미있는 토론을 열어 준다(Badham et al., 2020). 그런 점에서 문화 빙산 이론은 문화에 대해 처음으로 학습하는 학습자들에게 좋은 출발점이 된다고 평가할 수 있다.

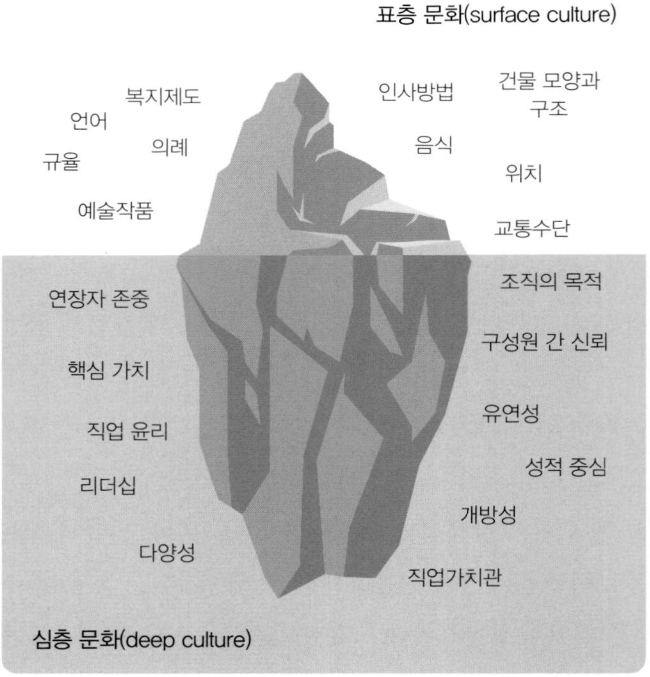

[그림 3-1] 문화 빙산 모형

2) 홉스테드의 문화 다차원 이론

홀의 문화 빙산 이론 이후 문화의 다양한 영역(혹은 차원)에 대해 탐구하고, 나아가 여러 민족(조직) 문화의 중요한 특징들을 비교하고자 하는 시도가 전 세계적인 국제화(globalization) 추세와 함께 확대되었다. 1990년대 이후에는 세계무역기구(World Trade Organization: WTO) 등의 출현과 함께 상품과 서비스, 그리고 사람의 국제적 이동이 폭발적으로 늘어났고, 서로 다른 문화권에 속한 사람들 사이의 접촉과 의사소통도 크게 증가했다. 코카콜라나 맥도널드, IBM 등의 거대 다국적 기업이 등장하면서 문화 간 소통과 문화 충격, 문화 간 갈등 등 이문화와 관련한 이슈들이 중요한 문제로 부상했다. 이러한 배경에서 문화를 여섯 개 차원으로 분석한 헤이르트 홉스테드(Geert Hofstede)의 '문화 다차원 이론(cultural dimensions theory)'[3]이 등장하게 되었다. 홉스테드의 문화 다차원 이론은 이처럼 다문화 상황에서 서로를 이해하기 위한 목적에서 개발되었으나, 같은 문화권에 속하는 여러 사회기관의 조직문화를 탐색하고 비교할 때에도 유용한 개념적 틀로 활용되고 있다(박희봉, 송용찬, 2018; 오해동 외, 2016; 장규백, 2016). 홉스테드의 문화 다차원 이론을 사용하여 교육활동이나 관련 현상들을 분석하는 연구는 상대적으로 적지만, 학교 문화에 대한 국제 비교에서는 이 이론이 개념적 틀로 자주 사용되고 있다(Badri et al., 2014; Kaur & Noman, 2015; Walker & Dimmock, 2002). 최근 들어 다문화사회로의 진입 속도가 빨라지고 있는 우리나라에서도 학교 문화 및 교사 리더십 연구나 기타 국제 비교 연구에서 이 이론을 사용하는 것을 발견할 수 있다(김언기, 2022; 이동엽 외, 2019; 이동현 외, 2022; 최경준, 함승환, 2016; 한유경, 2006; 함승환 외, 2015).

홉스테드는 문화를 [그림 3-2]와 같이 '양파'에 비유했다. 문화는 여러 층위로 나누어지는데, 양파의 가장 바깥쪽에는 문화의 가시적인 요소들인 각종 상징들(symbols)이 위치한다. 반면, 양파의 가장 중심부에는 그 상징이 표상하는 다양한 '가치(values)'가 자리잡고 있고, 이것이 각종 상징으로 표상화되는 과정에 각종 '의례(rituals)' '영웅(heroes)' '영웅담(legends)' 등이 위치한다. 이것들은 우리가 일상생활에서 쉽게 접하고 수행하기도 하는 수많은 관행 혹은 관습에 영향을 미친다. 예를 들어, 아버지와 아들이 함께 술을

---

3) 홉스테드의 문화 다차원 이론은 최근 들어서는 '문화 가치 이론(cultural values theory)'이라는 명칭으로 사용되는 경우가 증가하고 있다.

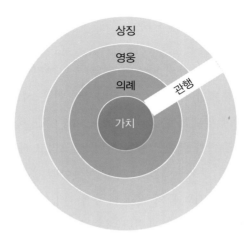

[그림 3-2] 홉스테드의 문화 양파 모형

출처: Hofstede et al. (2010).

마실 때 아들은 고개를 옆으로 돌리고 마시는 단순한 관행(practice)도 '효'라는 내면의 가치에서 출발해 효를 표현하는 과거와 현재의 다양한 의례(제사나 환갑잔치 등), 손순[4]과 같은 전설 속의 수많은 효자 이야기, 그리고 관광지에서 사오던 '효자손'에 이르는 복잡한 '효 네트워크'의 산물로 해석할 수 있다. 이처럼 구성원들이 특정 관행에 부여하는 공동의 의미나 해석을 문화라 부를 수 있다.

  홉스테드는 이 문화의 가치가 몇 가지 차원으로 분류될 수 있다고 주장했다. 즉, 인간이 형성하는 모든 조직은 조직의 존립과 지속, 확대 등과 일련의 가치를 가지고 있다. 그리고 조직의 구성원들은 그러한 조직의 가치를 학습하고 내면화화는 과정을 거쳐 사회화한다. 문화는 이러한 사회화의 산물로서 구성원들의 인식과 추론 등의 사고에 큰 영향을 미쳐서 구성원들이 그 이유나 의미를 질문할 필요가 없는 '당연한 것'으로 그 사회에 뿌리내린다. 이러한 문화의 속성을 강조하면서 홉스테드는 문화를 '정신의 소프트웨어'(Hofstede, 1991)라고 정의했다. 홉스테드의 문화 다차원 이론은 1970년대에 자신이 수행한 IBM 직원 대상의 설문조사에서 창안되었다. 전 세계 72개국의 117,000여 명의 임직

---

4) 삼국시대 신라 사람으로, 노모의 음식을 뺏어 먹는 아들을 땅에 묻으려다 땅 속에서 기이한 석종을 발견했다. 이 석종을 가지고 집에 돌아와 종을 치니 그 소리가 궁궐에까지 들려 왕이 효행에 대한 포상으로 집 한 채와 벼 50석을 하사했다(한국정신문화연구원, 1991).

권력거리(power distance)

개인주의-집단주의(individualism vs. collectivism)

남성성-여성성(masculinity vs. femininity)

6개 문화 차원

불확실성 회피-불확실성 수용(uncertainty avoidance)

장기 지향성-단기 지향성(long-term orientation vs. short-term orientation)

충족-절제(indulgence vs. restraint)

[그림 3-3] 홉스테드의 6개 문화 차원

원에 대해 22개 언어로 수행된 이 설문조사 결과는 [그림 3-3]과 같은 여섯 개의 문화 차원(가치)으로 정리되었다.[5]

(1) 권력거리

권력거리는 해당 조직이나 사회에서 가장 큰 권력을 가진 구성원과 가장 약한 권력을 가진 구성원 간의 권력의 크기 차이를 의미한다. 즉, 한 조직 내에서 권력이 얼마나 공평하게 분배되었는지를 나타낸다. 권력거리가 큰 사회나 조직은 권위주의(authoritarianism)가 강한 공동체라면, 권력거리가 작은 사회는 평등주의(egalitarianism)에 기반한 사회라고 볼 수 있다. 권력의 불평등한 분배는 곧 경제적 자원의 불평등한 분배와 부정부패로 이어지기 쉽고, 교육 현장에서는 교사 중심의 교수ㆍ학습 활동와 학생(자녀)의 순응과 복종을 강조하는 분위기가 지배적이다(Hofstede, 2011).

(2) 개인주의-집단주의

개인주의와 집단주의 차원은 개인이 자신의 핵심 집단에 어떤 방식으로 통합되어 있는지를 나타내는 지표이다. 즉, 집단주의 사회에서는 개인 간의 연결 정도가 매우 강하

---

5) 홉스테드가 처음 문화 다차원 이론을 개발했을 때는 다섯 가지 차원을 제안했다(Hofstede, 1991). 그러나 그의 아들인 헤르트 얀 홉스테드(Gert Jan Hofstede)와 동료 연구자 마이클 민코프(Michael Minkov)와 함께 진행한 2010년의 연구에서부터 여섯 번째 차원인 '충족-절제' 차원을 추가했다(Hofstede et al., 2010).

다. 이러한 사회에서 개인은 태어나서 죽을 때까지 대가족과 기타 사회 조직에 단단하게 통합되어 있고 조직에 대한 충성도를 바탕으로 보호를 받는다. 반면, 개인주의 사회에서는 개인 간의 연결과 통합 정도가 느슨하기 때문에 개인은 자신의 삶을 알아서 돌보고 책임져야 한다. 집단주의 사회는 주요 활동을 수행하는 법(learning how to do)을 배우는 것을 교육목표로 삼지만, 개인주의 사회에서는 '배우는 법을 배우는 것(learning how to learn)' 자체가 교육의 목표가 된다(Hofstede, 2011).

(3) 남성성-여성성(성취와 성공에 대한 동기 부여)

남성성-여성성 차원은 홉스테드의 여러 차원 중 가장 논쟁이 많았던 차원이다. 이 차원은 당초 그 사회의 젠더(gender) 간의 핵심 가치의 분포와 사회문제 해결 방식의 차이를 나타내는 것을 목표로 했다. IBM 직원 조사에서 여성 직원들은 온화함과 돌봄의 가치를 중시한 반면, 남성 직원들은 자기 주장의 관철과 경쟁을 중시하는 것으로 나타났다. 홉스테드는 이러한 분석 결과를 바탕으로 여성성의 가치가 지배적이어서 대화와 타협 등 평화로운 방법으로 사회적 갈등을 해결하는 사회와 남성성의 가치를 지향하면서 전쟁과 같은 정면돌파식의 방식으로 문제를 해결하는 사회로 구분했다. 그러나 홉스테드가 발견한 여성성과 남성성의 핵심 가치들은 1970년대의 사회, 특히 여성의 사회 진출이 미진했던 다국적 기업의 직원들로부터 조사된 것이었기 때문에 당시의 성역할 고정관념을 반영하고 있고, 그러한 성역할 고정관념이 다시 문화 다차원 이론을 통해 강화된다는 비판을 받았다. 따라서 홉스테드와 동료들은 2000년대에 들어 이 차원의 명칭을 '삶의 양적 가치(남성성)'와 '삶의 질적 가치(여성성)'로 변경했고, 홉스테드 사후 현재까지는 '성취와 성공에 대한 동기 부여(motivation towards achievement and success)'라는 명칭이 사용되고 있다. 이 척도에서 높은 점수는 비교, 경쟁, 성취 등을 성공으로 정의하는 가치체계를 의미하고, 낮은 점수는 타인에 대한 배려와 합의, 자신이 좋아하는 일 등을 성공으로 정의하는 가치체계를 뜻한다.

(4) 불확실성 회피-불확실성 수용

불확실성 회피-수용 차원은 말 그대로 한 사회가 수용할 수 있는 불확실성(uncertainty)이 모호함(ambiguity)의 정도를 뜻한다. 즉, 구성원들이 불확실하고 모호한 상황을 어느 정도로 편안하게 받아들일 수 있는가, 혹은 얼마나 불편하게 느낄 것인가가 이 척도에 반영되어 있다. 불확실성 회피 성향이 강한 사회는 세부적인 규칙과 행동규정 등을 통해 미래의 불확실한 상황의 발생을 최대한 줄이려 한다. 교육 현장에서 불확실성 회피 경향은 교사의 전문성에 대한 구성원의 믿음과 확신에 반영된다. 즉, 불확실성 회피 경향이 강한 사회에서 교사는 모든 문제에 대한 답을 알고 있는 존재로 간주되지만, 불확실성을 수용하는 사회에서는 교사도 '나도 잘 모르겠다'라는 말을 할 수 있는 분위기가 조성된다 (Hofstede, 2011).

(5) 장기 지향성–단기 지향성

장기 지향성은 한국과 중국, 일본 등 동아시아 유교 문화권 사회와 깊은 관련이 있는 영역이다. 장기 지향성은 중국 연구자들이 개발해 23개국 대학생들을 대상으로 한 조사[6]에서 처음 발견되었는데(Chinese Culture Connection, 1987), 근면 성실함을 강조하는 유교 문화권 국가들이 모두 최고 점수를 받았다. 그래서 이 연구를 주도한 마이클 해리스 본드(Michael Harris Bond)는 이 척도를 '중국 직무 역동성 지표(Chinese work dynamism)'라고 불렀다. 교육 현장에서 높은 장기 지향성은 학생의 노력을 강조하는 문화와 연결된다. 즉, 학업성취도가 학생의 노력에 달려 있다는 신념이 지배적인 것이다. 반면, 단기 지향성이 높은 사회에서는 학생의 학업적 성공이나 실패 모두 노력보다는 그때의 '운(luck)'과 환경적 요소에 큰 영향을 받는다는 믿음이 형성되어 있다.

(6) 충족–절제

마지막으로 충족–절제 차원은 2010년에 새롭게 추가된 차원으로, 장기–단기 지향성을 보충하는 역할을 한다. 충족을 중시하는 사회는 즐거움과 행복을 추구하는 개인의 기본적이고 자연스러운 욕망(desire)을 인정하는 경향이 크지만, 절제 중심의 사회는 개인의 욕망 충족을 다양한 사회규범을 통해 통제하려고 노력한다. 충족 중심 사회에서는 고학력 집단의 출산율이 높고 스포츠 활동이 장려되며 사회질서의 유지에 크게 신경쓰지 않는 반면, 절제 중심 사회에서는 고학력 집단의 출산율과 일반 대중의 스포츠 참여율이

---

6) 이 조사는 홉스테드가 직접 진행한 IBM 연구와는 무관한 독립적인 연구로, 마이클 해리스 본드가 주도한 학술연구였다. 홉스테드는 나중에 이 연구를 보고 본드의 허락을 받아 자신의 문화 다차원 이론의 하나의 차원으로 포함시켰다(Hofstede & Bond, 1988)

낮고 경찰 인력 규모가 크다(Hofstede, 2011, p. 16).

(7) 한국의 조직문화

이상의 6개 문화 차원에서 우리나라는 어디에 위치할까? 현재 홉스테드가 설립한 '더 컬처 팩터(The Culture Factor)'의 조사[7]에서 우리나라의 조직문화는 [그림 3-4]와 같은 모습을 보이고 있다. 즉, 장기 지향성과 불확실성 회피 성향이 매우 높고 충족 지향성은 매우 낮다. 반면, 성취와 성공에 대한 동기 부여에 있어서는 질적인 성공과 합의를 통한 갈등 해결을 지향하는 정도가 높다. 언뜻 보면 무한경쟁을 강조하는 우리 사회와 잘 맞지 않는 결과인 것처럼 보이기도 한다. 그러나 이 자료는 국제적 비교에 의한 상대적인 결과인 동시에 갈등이나 문제를 해결하는 주된 방법을 의미하기도 한다. 이 차원에서 가장 높은 점수를 보인 국가는 미국과 일본, 독일 등 무력충돌을 꺼리지 않는 역사를 가진 나라인 반면, 우리나라는 핀란드와 같이 가급적 평화로운 문제 해결을 원하는 사회에 속하는 것이다.

이와 같은 국가적 문화는 우리의 교육 현장과 교육기관의 조직문화에도 잘 반영되어 있는 것으로 보인다. 우리가 경험한 초중등학교나 대학 등의 행정문화는 어떠한가? 각급 학교에서는 불확실성을 제거하기 위한 많은 규칙과 규범이 세워져 있고, 장기적 목표

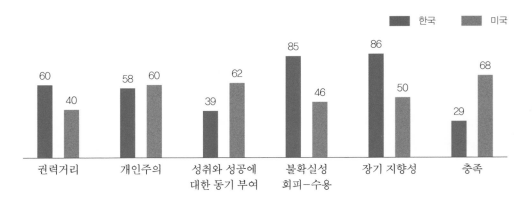

[그림 3-4] 더 컬처 팩터가 평가한 한국과 미국의 문화 다차원 지수 비교

출처: 더 컬처 팩터 공식 홈페이지(https://www.hofstede-insights.com/country-comparison-tool?countries=south+korea).

---

7) https://www.hofstede-insights.com/country-comparison-tool?countries=south+korea

를 향해 근면 성실한 태도를 보이는 구성원을 칭찬할 때가 많다. 그에 비해 새로운 시도를 하거나 다양한 재능을 펼치는 것에 대해 격려보다는 걱정이나 우려를 표출하기 쉽다. 즉, 기존의 제도를 유지하는 것은 쉽지만 새로운 제도를 만들어 내는 것은 어렵다. 또한 교내에서 문제가 발생할 때 문제의 근본 원인을 밝히고 명확한 잘잘못을 드러내기보다는 문제가 갈등 상황으로 커지는 것을 막기 위해 당사자들이 화해하고 합의할 것을 종용할 때가 많다. 이러한 조직문화는 우리 사회의 역사와 여러 환경적 요인에서 비롯된 것이고, 나름의 장점도 많이 포함하고 있을 것이다. 그러나 이러한 문화적 지형을 인식하고, 우리 사회와 교육기관이 지금껏 도외시했던 영역을 혁신하고 보다 진취적이고 학생 중심적인 조직문화를 지속적으로 형성해 나가는 것은 매우 중요한 과제라고 할 수 있다.

2. 학교 문화는 어떻게 다른가

1) 학교 조직의 특성

학교 조직의 문화는 한국 사회 문화의 중요한 하위 문화(sub culture)로서 상위의 문화와 많은 유사성을 가지지만 동시에 조직의 기본적인 특성으로 인해 다른 사회기관들과 구별되는 특징을 가지게 된다. 학교 조직을 다른 사회 조직과 구별시키는 대표적인 특성을 몇 가지로 나눌 수 있다.

첫째, 학교 조직은 이윤 추구를 목적으로 하는 기업 조직과는 다르게 공교육의 보편성과 평등성 이념을 추구하는 공적 기관이자 비영리 봉사 조직이라고 할 수 있다(진동섭, 홍창남, 2006). 학교는 지역사회와 국가에 교육서비스를 제공하는데, 교수·학습이라는 핵심 기술(technology)은 기업조직에 비해 그 내용이 불확실한 편이다. 어떤 조직의 핵심 기술이 불확실하다는 것은 조직의 성과를 확인하거나 다른 조직과 비교하기가 어렵다는 것을 의미한다. 아울러 봉사 조직으로서의 학교는 법적으로 존립을 보장받는 '사육 조직(domesticated organization)'으로서 조직과 고객 모두가 서로를 자유롭게 선택할 수 없다(진동섭, 홍창남, 2006). 때문에 학교가 당면하는 대내외적인 요구는 매우 다양하고 복잡하며, 때로는 상호모순적이어서 단일한 방향으로의 빠른 혁신이나 변화가 어렵다.

둘째, 학교는 교사라는 전문가들이 구성하고 있는 집단으로서 상대적으로 권력거리가 짧은 '하위 비대 조직(bottom-heavy organization)'을 이루고 있다. 교사들은 모두 국가자격증 소지자들로, 수업 운영에 있어서의 전문성을 확보하고 있다. 또한 교수·학습 활동이 마치 계란판처럼 분리된 공간에서 교사와 학생 간의 상호작용을 통해 이루어진다는 점에서 관리자는 교수자들의 교수활동을 면밀하게 통제하기 어렵다. 조직 하부의 규모가 큰 하위 비대 조직은 구성원들 간의 관계를 '느슨한 결합(loose coupling) 체제'로 만든다(Weick, 1976).[8] 느슨한 결합 체제는 말 그대로 구성원과 구성원, 그리고 하위 부서 간의 관계가 느슨하게 연결되어 있기 때문에 조직 내에서의 인과관계가 불분명하게 된다. 다시 말해 교장과 같은 관리자가 새로운 원칙이나 제도를 수립한다고 해도 교사와 학생들에게 적용되기까지는 많은 힘의 손실이 일어나서 결국 관리자가 당초 기대했던 변화가 일어나기 힘들다는 것이다.

셋째, 학교는 기업 조직에 비해 조직 안팎에 다양한 구성원과 이해관계자가 있고 이들과 지속적인 상호작용을 나누는 개방체제(open system)이다. 학교 조직 내에는 교사 뿐만 아니라 최고관리자(교장 및 교감), 중간관리자(행정직원) 등이 있고, 교육 대상인 학생이 가장 많은 수를 이루고 있다. 학교 밖에는 시·도교육청과 교육부, 지역사회, 학부모, 졸업생, 시민단체, 사교육기관에 이르기까지 매우 다양한 이해관계자가 존재한다. 이들은 언제나 학교를 관찰하며 학교 정책에 영향을 끼치기를 원한다. 개방체제로서의 학교는 이와 같은 외부 환경 변화로 인해 상당한 영향을 받는다. 사실 일각에서는 학교가 스스로 새로운 변화를 시도하여 추진할 수 있느냐에 대한 강한 의문을 제기하기도 한다. 학교의 구성원과 이해관계자가 다양하기 때문에 조직 목표나 변화의 방향, 구체적인 전략 등에 대한 합의를 이루어 내기가 상당히 어렵기 때문이다(진동섭, 홍창남, 2006).

2) 학교 조직문화와 조직풍토

(1) 학교 조직문화

이와 같은 학교 조직의 특성은 학교만의 독특한 조직문화를 형성한다. 선행연구들은 학교 운영에 중요한 영향을 끼치는 몇 가지 기준을 중심으로 학교 조직문화를 구분하여

8) 물론 이 '느슨한 결합 체제'도 학교의 급별로 차이를 나타낸다. 허은정(2011)은 초등학교가 중등학교에 비해 구성원 간의 보다 단단한 결합체제를 갖추고 있다고 주장했다.

제시해 왔다. 이석열(2005, 2020)은 퀸과 맥그래스(Quinn & McGrath, 1985)의 제안에 따라 외부 환경에 대한 적응과 조직 내부 문제를 해결하는 두 가지 차원을 조합하여 학교 조직 문화 유형을 네 가지로 구분했다. 즉, 외부 환경에 대한 행동이 적극적이냐 소극적이냐, 내부 문제를 해결하는 과정이 유연한가−경직되어 있는가 등을 교차시켜서 혁신문화, 합리문화, 집단문화, 위계문화 등의 네 가지로 분류한 것이다. 이러한 학교 조직문화에 대한 구분은 특히 대내외적 문제를 해결하는 데 있어 학교 조직이 발휘할 수 있는 전략의 적극성과 유연성에 초점을 맞추고 있다.

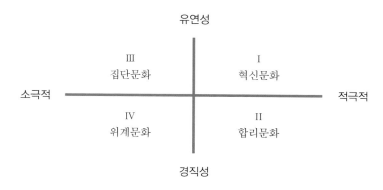

[그림 3-5] 학교 조직문화 유형의 구분

출처: 이석열(2005), p. 75.

그러나 학교의 조직문화가 반드시 문제 해결 방식에만 집중할 필요는 없다. 사실 문제 해결 방식의 기저에는 홉스테드가 제안하는 바와 같이 구성원들 간의 권력 불균형과 불확실성 회피 경향 등 구성원들이 가진 여러 가치와 관계의 특성이 내재되어 있을 것이기 때문이다. 이와 유사한 시각에서 이상철 외(2016)는 다음의 [그림 3-6]과 같이 구성원들의 인간관계(권력거리)의 친화성−위계성과 직무 해결 과정의 자율성−타율성을 기준으로 학교 조직문화의 유형에 대한 선행연구 결과를 관계지향문화, 진취지향문화, 위계지향문화, 합리지향문화 등 네 가지로 구분했다.

사실 학교 조직문화는 비단 교사 집단의 문화에 국한되지 않는다. 학교의 또 다른 구성원인 학생 공동체의 문화(박종효, 최지영, 2014)도 존재하고, 이들을 돌보는 학부모들의 문화(이두휴, 2008)도 존재한다. 실제로 학생 공동체 문화는 '학습문화'라는 용어를 사용해 학교 조직문화의 하위문화로 연구되어 왔다(김영천, 2018; 김진희, 2011; 박종효, 최지영,

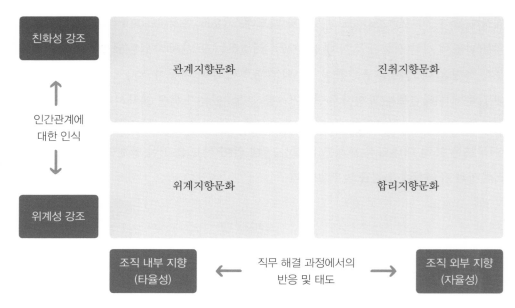

[그림 3-6] 학교 조직문화 유형 분류

출처: 이상철 외(2016), p. 174.

2014). 그러나 미성년자인 학생들이나 그들 부모의 문화적 특성을 직접 조사하기 어려울 뿐만 아니라 이들이 인지하는 문화가 단위 학교의 범위 내에 국한되지 않는 경우가 많아 이들의 문화를 학교 조직문화로 이해하는 데에는 상당한 한계가 있다. 따라서 '조직문화'로서의 학교 문화는 주로 교사가 인지하는 학교 조직의 가치체계와 상호작용 방식들을 의미하는 반면, 학생과 학부모가 인지하는 학교 문화는 인류학 혹은 사회학적 관점에서 접근할 수 있는 사회적 현상일 때가 많다.

(2) 학교 조직풍토

학교의 조직풍토(organizational climate)라는 개념도 조직문화와 더불어 활발하게 연구되고 있다. 일반적으로 '풍토'라는 개념은 지리학 용어로서 특정 지역의 기후와 토지의 상태를 일컫는 단어로 사용되어 왔다. 지리학에서 물리적 자연환경을 뜻하던 이 단어는 르윈(Lewin, 1936)에 의해 심리학에서 사용된 후, 조직의 사회적 환경을 의미하는 용어로 사용되고 있다. 즉, 조직풍토는 특정 조직의 내부에 존재하는 특별한 분위기나 특징을 뜻한다(Hoy & Miskel, 2013). 조직풍토와 조직문화를 엄밀하게 구분하는 것은 불가능하다. 두 개념 모두 구성원의 사고와 행동에 영향을 끼치는 암묵적인 규범을 뜻하기 때문이다. 그러나 조직문화는 말 그대로 '문화'이기 때문에 연구자들은 이를 '좋은 문화'와 '나쁜 문화'로 평가하기보다는, 문화의 질적 내용을 탐색하는 방식을 취한다. 반면 조직 풍토는 마치 지리학에서 풍토의 질을 평가하듯이 규범적 평가의 대상으로 논의되는 경우가 많다. 때문에 연구 방법에서도 조직풍토 연구는 조직문화 연구에 비해 양적 연구를 통해 이루어지는 경우가 많다.

학교의 조직풍토에 대한 연구는 1960년대에 할핀과 크로프트(Halpin & Croft, 1963)에 의해 처음 시작되어 지금까지 학교장의 리더십이나 학교 조직 효과성 등의 관련 개념과 함께 분석되고 있다. 할핀과 크로프트는 학교 조직풍토를 '학교의 인성(organizational personality)'으로 정의하고 교장과 교사의 행동을 기준으로 여섯 가지의 학교 조직풍토 유형을 제시했다. 이들은 학교 조직풍토를 개방풍토(open climate), 자율풍토(autonomous climate), 통제풍토(controlled climate), 친교풍토(familiar climate), 간섭풍토(paternal climate), 폐쇄풍토(closed climate) 등으로 나눌 수 있다고 주장했다. 이후 많은 연구자는 학교를 포함한 다양한 사회 조직의 풍토를 측정할 수 있는 척도를 만들어 조직풍토가 학교의 여러 성과에 끼치는 영향력을 규명했다. 할핀과 크로프트는 자신들의 연구에서 '조직풍토 기술척도(Organizational Climate Description Questionnaire: OCDQ)'를 개발하여 사용했다. 호이와 클로버(Hoy & Clover, 1986)는 이를 보완한 OCDQ-RE 척도를 통해 교사와 교장의 행동을 더 세부적으로 조사함으로써 조직풍토를 더 정확하게 측정하려고 노력했다. 이들은 교사와 교장의 행동으로 표출되는 학교 조직풍토를 개방풍토(open climate), 폐쇄풍토(closed climate), 방관풍토(disengaged climate), 참여풍토(engaged climate) 등 네 가지로 구분했다. 개방풍토(서로를 존중하고 협조하며 친밀한)와 참여풍토(교장은 통제적이나 교사들 사이는 친밀한)는 '좋은 풍토'에 해당되지만, 폐쇄풍토와 방관풍토는 폐쇄적인 태도와 비협조 및 소외(이상 폐쇄풍토), 무관심과 소통 부재(이상 방관풍토: 교장은 지원적이지만 교사는 무관심한) 등이 만연한 '나쁜 풍토'로 평가되었다.

이와 같은 학교의 조직문화와 조직풍토는 학교의 효과성에 큰 영향을 미친다. 학교 조직문화와 학교 조직 효과성 간의 관계에 대한 수십 편의 국내 연구에 대해 메타분석을 실시한 이상철 외(2016)는 학교 조직문화가 학교 조직 효과성에 중간 크기 이상의 정적 효과를 끼친다고 보고했다. 특히 진취지향문화가 구성원의 조직 몰입에 끼치는 영향력의 효과 크기가 가장 컸다. 조직풍토 역시 학교장의 리더십과 더불어 교사들의 직무 만족도(김현진, 전용관, 2011; 이자형 외, 2018), 조직 몰입(이혜란 외, 2011), 직무 스트레스(주동범,

박성찬, 2013; 이경화, 정혜영, 2009), 교사 소진(최현주, 장은비, 2021) 등 교사들의 다양한 심리적 요소와 학생들의 학업적 자기효능감(박용원, 조영하, 2013)에 유의미한 영향력을 끼치는 것으로 보고되었다.

3. 학교 문화는 누가, 어떻게 개선할 수 있나

그렇다면 이러한 학교 조직문화를 누가 어떤 방법으로 개선할 수 있을까? 학교 조직문화를 종속변수로 삼아 이들의 결정요인들을 분석한 선행연구들은 학교장의 리더십과 교사들에 대한 임파워먼트(empowerment)가 학교 조직문화의 변화나 개선의 필수 조건이라고 보고했다.

1) 학교장의 리더십

먼저 학교장의 리더십은 학교 조직문화 변화의 가장 중요한 결정요인으로 널리 연구되어 왔다(학교장의 리더십에 대해서는 이 책의 제8장 참조). 학교장 리더십의 여러 유형, 즉 지원적 리더십, 서번트 리더십, 오센틱 리더십 등이 학교 조직문화에 큰 영향을 끼치는 것으로 보고되었다. 지원적 리더십은 교장과 교감이 교사와 학생의 교수·학습 활동을 인적·물적 자원을 통해 적극 지원하는 자세를 뜻한다. 서번트 리더십도 지원적 리더십과 같은 맥락의 리더십을 말한다. 말 그대로 학교장이 상위의 관리자라기보다는 구성원을 극진히 섬기는 '하인(servant)'처럼 교사들이 자신의 잠재적 가능성과 가치를 자유롭게 발휘할 수 있도록 격려하면서 코칭과 지원을 강화하는 것이다(신재흡, 2012). 마지막으로 오센틱 리더십(authentic leadership)은 긍정적 자기인식과 자기조절이라는 기반 위에서 리더가 추종자들과 함께 일하면서 자신의 가치와 내면의 소리에 충실할 것과 긍정적 자기 계발을 달성할 것을 강조하는 리더십을 뜻한다(류근하, 최은수, 2013, p. 164). 다시 말해 학교장이 특정한 유형의 리더십 스타일을 펼쳐서 학교 조직의 효과성을 증대하기보다는, 학교장을 비롯한 구성원 각자가 긍정적 자기 계발을 위해 각자의 방식으로 자신의 과업을 수행하도록 지원하는 리더십이라고 볼 수 있다. 오센틱 리더십은 자기인식, 내면화된 도덕적 시각, 균형 잡힌 정보처리, 관계의 투명 등 네 가지 요소로 구성된다(Northouse, 2011).

학교장의 리더십이 학교 조직문화 개선과 교육 효과성 향상으로 이어진 사례

스트라한(Strahan, 2003)이 수행한 초등학교 개혁의 역동적 과정을 분석한 연구(North Carolina Lighthouse Project)는 학교장의 상징적 리더십을 통하여 성공한 3개의 초등학교 사례를 잘 보여 주고 있다. 저소득층, 소수민족 학생이 주류를 이룬 연구대상 3개 초등학교는 모두 1997~2002년 사이 노스캐롤라이나주 성취도 검사에서 평균 50% 이하의 성취 수준을 75%까지 끌어올렸다. 이는 학교장이 학교 구성원들로 하여금 수업의 질 개선을 위한 공동의 노력과 전문적인 학습공동체를 강화하도록 하는 지원적인 학교 문화를 형성했기에 가능한 일이었다. 즉, 교사 간 협력을 통하여 협동으로 학습전략을 수립케 하고, 학생들의 학습을 지원해 줄 수 있는 보다 강력한 학습공동체를 형성했기 때문이다. 교사들은 정보지향적인 대화(data-directed dialogue)를 통하여 새로운 아이디어를 공유하고 전문적인 학습공동체를 강화했다. 동 학년 간 모임을 통하여 개선에 필요한 수단들을 확인하고, 개선 전략을 수립하고, 학교 차원의 교사발달을 일상 속으로 연계시켰다. 동 학년 간 모임이 집합적 효율성을 고조시켰다.

출처: 이정선(2007), p. 146.

2) 교사 임파워먼트

이와 같은 학교장의 리더십 유형들은 왜 학교 조직문화의 개선에 영향을 끼칠 수 있을까? 그것은 교수·학습과 같은 핵심 기술(technology)이 불분명한 학교 조직에서 교육의 효과성을 결정짓는 교사들의 헌신과 노력을 이끌어 내는 것이 바로 학교장의 리더십이기 때문이다. 만약 학교장이 강압적 방식으로 교사들의 헌신을 '짜낸다면' 교사들은 학교장의 통제와 강압적 요구를 가능한 한 회피하거나 동조하는 시늉만 내다가 다른 곳으로 이동하려고 할 것이다. 그러나 학교장이 교사들의 활동을 지원하고, 교사의 핵심 업무를 교사 자신의 자아실현으로 만들어 준다면 건강한 학교 조직문화가 형성되고 교육의 효과성은 증대될 것이 명약관화하다.

그러나 교사가 학교의 조직문화 개선에서 늘 수동적 입장에 머무르는 것은 아니다. 학교장의 리더십이 유약하거나 건강하지 않을 때 교사들이 나서서 변화와 혁신을 일으킬 수도 있다. 교사 임파워먼트는 교사를 학교 개혁의 주체로 인식하는 시각이다. 임파워먼트는 조직의 리더가 조직의 목표 달성을 위해 자신의 권한의 일부를 구성원들에게 위임하거나 동기를 유발하고 자기효능감을 촉진하는 행위를 뜻한다(김민환, 2006). 학교의 주요 의사결정 과정에서 임파워먼트를 경험한 교사들은 학교 조직에 더 헌신하고 자신의 전문성을 기르며, 학생들의 학습활동도 향상시키는 것으로 보고되어 왔다(김민환, 2003; Rice & Schneidner, 1994). 교사 임파워먼트는 또한 교사의 자존감 향상, 직무 만족도 증가, 생산성 향상, 교사 동료애 강화, 교과 및 교육학에 대한 교사 지식 증가, 교육 과정 및 수업 개선, 학생의 학업성취도 향상 등과 정적 관계가 있는 것으로 보고되었다(박균열, 2009; 박희경, 이성은, 2014; Marks & Louis, 1997).

교사 임파워먼트는 결국 학교장의 바람직한 리더십의 결과이기도 한데, 학교 조직문화 개선에서는 학교장의 리더십보다 더 직접적인 영향력을 끼칠 수 있다. 교사 자신이 자율성과 책임의식을 가지고 교육에 임할 때 교직에 대한 목적의식이 뚜렷해지고 좋은 교육에 대한 열의가 증가할 것이기 때문이다. 교사 임파워먼트는 학교 조직문화와 깊은 관련이 있고 상호 영향력을 끼치는 것으로 보인다. 김민환(2006)은 교사 임파워먼트가 진취적이고 자율적인 문화에서 특히 교사 헌신에 큰 영향을 끼친다고 보고했다.

3) 한국 사회 속의 학교 조직문화 개선 방법

학교 조직문화는 학교 교육의 성공에 지대한 영향을 끼친다. 상술한 바와 같이 이러한 학교 조직문화는 리더인 학교장의 리더십과 핵심 기술을 수행하는 교사들의 자율적 헌신을 통해 개선될 수 있다. 그러나 매우 지원적인 학교장과 적극적인 교사들만 있다고 해서 학교 조직문화가 자동으로 형성되고 개선되지는 않는다. 앞서 살펴본 문화이론들에 따르면 문화의 상징(symbols)은 역동적으로 변화하지만 그 기저에 있는 신념이나 가치체계는 매우 느리게 변화한다(Samovar et al., 2012, p. 13). 그렇기 때문에 학교 조직문화를 개선하기 위해 리더들은 해당 조직의 가치체계를 보다 면밀하게 관찰하고, 특정한 방향성을 향해 조직문화를 개선하려 노력해야 한다.

우리가 소속된 교육기관의 문화에 홉스테드의 문화 다차원 이론을 적용하자면 한국 학교들이 특히 강하게 표방하는 문화적 특성, 즉 집중적인 개선이 필요한 부분을 먼저 선별해 낼 수 있다. 교육기관은 전반적으로 권력거리가 작은 조직이지만 한국 사회 전반의 권력거리는 미국 등 서구 사회에 비해서는 여전히 크다. 즉, 학교장과 젊은 신임 교사 간의 권력 차이는 상당히 커서 교사 임파워먼트가 원활하게 이루어질 수 없는 문화적 환경이라고 해석할 수 있다. 또한 한국 사회는 불확실성 회피 성향이 세계에서 가장 높은 국가군에 속하며, 학교 조직은 한국 내 다른 사회 조직에 비해 특히나 불확실성 회피 성향이 강하다 볼 수 있다. 수많은 규정과 규칙을 정하고 적용하는 학교 조직은 변화를 추구하려는 진취적인 구성원들의 노력을 가로막을 때가 많다. '안전과 질서(safe and orderly)'의 가치를 강하게 추구하는 학교 문화(Jerald, 2006)는 한국 사회가 공교육기관에게 부여한 공적 책무성의 불가피한 결과이기도 하다. 그러나 안전과 질서만을 학교 조직의 최우선 목표이자 가치로 추구한다면 앞서 살펴본 지원적 리더십이나 교사 임파워먼트는 원활하게 이루어질 수 없다. 따라서 정부 역시 각급 학교들이 보다 적극적인 학교 조직문화를 형성할 수 있도록 학교에 대한 임파워먼트와 규제 완화, 구시대적인 관습 및 제도의 철폐 등을 먼저 추진해 가야 할 것이다.

한국 사회와 마찬가지로 한국 학교도 개인주의와 집단주의가 공존하는 세대 간의 갈등을 해결해야 하는 과제를 안고 있다. 홉스테드의 국제 비교 결과를 보면 놀랍게도 오늘날의 한국은 미국과 비슷한 수준의 개인주의 문화를 가진 사회로 변화했다([그림 3-4] 참조). 그러나 기성세대들은 여전히 강한 집단주의적 신념을 유지하고 있는 것으로 보인다. 이러한 문화적 배경이 학교장과 일반 교사들 간의 관계나 교사-교사 간의 관계 등에 큰 영향을 끼칠 것이다. 교육부와 학교장들은 교사들과 학생들의 개인주의 문화를 이해하고, 이를 기반으로 한 의사소통 및 의사결정체계를 새롭게 수립할 필요가 있다.

모든 학생과 교사는 긍정적이고 합리적이며, 진취적인 조직문화 위에서 풍부한 교육 성과를 내는 '좋은 학교'를 원할 것이다. 이와 같은 조직문화를 형성하는 방법으로 제럴드(Jerald, 2006)는 문화적 요소의 일사불란한 '조율(alignment)'을 주장했다. 학교장이 아무리 학생의 학업적 성공을 촉진하는 문화를 강조해도 그것을 강화하는 후속 조치나 학교의 전통, 각종 의례(rituals)와 의식(ceremonies) 등이 없다면 공식적 메시지는 조직의 변화에 아무런 힘도 발휘하지 못할 것이다. 모든 문화가 그렇듯이 학교 문화도 학교의 각종 상징을 통해 구성원들에게 반복적으로 각인되면서 영향력을 갖기 때문이다. 즉, 강력한 힘을 발휘하는 긍정적 학교 문화를 가지고 싶다면 학교장이 그러한 메시지를 공표한 후 학교의 공간 배치, 구성원의 업무분담, 의사결정구조, 입학식과 졸업식 등 주요 행사의 내용과 진행 방식, 심지어 학교 표어나 학생들의 교복같은 세부적인 요소들까지도 문화의 핵심 가치를 반영하도록 변화시켜야 한다. 이와 같은 문화적 조율에 대해 선행 연구들은 여러 방법을 제안했다. 홉스테드와 동료들(Hofstede et al., 2010)은 조직 구조 변화,

업무 과정 변화, 구성원 변화 순으로 변화를 시도해 간다면 학교 조직에서도 조직문화의 혁신을 가져올 수 있다고 주장했다. 한편 하비(Hobby, 2004)는 의례(rituals), 영웅 만들기(hero making), 스토리텔링(storytelling), 상징의 전시(symbolic display), 그리고 규칙(rules) 등 문화적 메시지를 강화하는 다섯 가지 방법을 제안했다. 홉스테드가 하드웨어적 요소들의 조율을 강조했다면, 하비는 조직 내의 소프트웨어적인 요소들의 촘촘한 조율을 제안했다.

문화는 늘 역동적으로 변화하지만, 문화 변화의 방향을 유도하는 일은 단순하지 않다. 특히 학교 조직문화의 혁신은 본질적으로 학교 재구조화를 의미하기 때문에 매우 힘든 과정일 수밖에 없다. 그러나 학교 문화는 '숨겨진 교육과정(hidden curriculum)'으로서 학교 효과성에 지대한 영향을 끼친다(Jerald, 2006). 따라서 정부와 학교는 '안전과 질서'만을 추구하던 방어적 자세에서 벗어나 보다 긍정적이고 적극적이며 생산적인 학교 문화를 조성하도록 체계적이고 치밀한 노력을 기울여야 할 것이다.

생각해 봅시다

1. 자신이 학생으로 다녔던 학교나 대학교 등 교육기관의 문화를 문화 빙산 이론을 적용하여 표층 문화와 심층 문화로 구분해 보자. 각 영역의 세부적인 요소들을 써 보고 그것들이 서로 어떻게 연결되어 있는지 생각해 보자.

2. 자신이 학생으로 다녔던 학교나 대학교 등 교육기관의 문화를 문화 다차원 이론을 적용하여 보다 세부적으로 구분해 보자. 각 영역의 요소들을 써 보고 그것들이 현실의 학교 구성원들의 행동이나 제도에서 어떻게 발현되는지 생각해 보자. 혹은 거꾸로 현실에서 발견하는 학교 구성원들의 전형적인 행동이나 학교 제도의 근원적인 신념을 홉스테드의 6차원에서 발견해 보자.

🌐 참고문헌

김민조, 이현명(2015). 학교문화에 관한 국내 연구 동향 분석. **열린교육연구**, 23(4), 255-284.

김민환(2003). 학교장의 리더십 유형에 따른 교사 임파워먼트가 교사들의 교직 활동 성향에 미치는 영향. **한국교원교육연구**. 20(3), 89-115.

김민환(2006). 교사들의 임파워먼트와 학교 및 교직 헌신간의 관계에 관한 학교문화의 조절 효과. **학습자중심교과교육연구**. 9(1), 45-65.

김언기(2022).참여적 학교풍토와 교사의 효능감 간의 관계. 박사학위논문. 한양대학교.

김영천(2018). 학교교육과 그림자교육(shadow education) 사이에서: 한국 학생들의 탈경계적 학습문화. **열린교육연구**. 26(4), 23-46.

김진희(2011). Self-study를 통한 실천공동체의 학습문화. **교육문화연구**, 17(3), 59-86.

김현진, 전용관(2011). 학교조직풍토와 교사효능감을 매개로 학교장의 과업지도성과 인화지도성이 교사만족도에 미치는 영향. **한국교원교육연구**, 28(3), 79-99.

류근하, 최은수(2013). 학교장의 오센틱 리더십, 학교조직문화, 교사효능감 및 교직헌신 변인 간의 구조적 관계. Andragogy Today, 16(3), 161-184.

박균열(2009). 교사의 임파워먼트와 교사헌신 및 학교조직 효과성 간의 공분산구조 분석. **한국교원교육연구**. 26(1), 315-341.

박영신(2011). 유아교사의 직무만족에 대한 원장 변혁적 리더십, 교사 임파워먼트 및 조직문화의 영향력 연구. **열린유아교육연구**, 16(3), 207-229.

박용원, 조영하(2013). 자율형고등학교와 혁신고등학교의 조직풍토 및 학업적 자기효능감 수준 비교 연구. **교육정치학연구**, 20(3), 107-127.

박종효, 최지영(2014). 초등학생의 사회역량 발달에 영향을 미치는 개인 및 학교 요인 탐색: 학습문화와 학교폭력을 중심으로. **교육학연구**. 52(1), 89-116.

박희경, 이성은(2014). 초등학교의 분산적 지도성, 교사 임파워먼트, 학교조직 효과성 간의 구조 관계. **열린교육연구**, 22(2), 145-163.

신재흡(2012). 학교장의 서번트 리더십과 학교 조직문화가 학교 조직효과성에 미치는 영향 분석. **교육종합연구**, 10(1), 19-41.

이경화, 정혜영(2009). 학교조직풍토와 교사의 직무스트레스의 관계. **수산해양교육연구**, 21(1), 121-133.

이동엽, 함은혜, 함승환(2019). 한국에서 교사의 효능감은 왜 낮은가? 학교자율성 제도화의 중요성. **교육행정학연구**, 37(1), 63-81.

이동현, 조순정, 김보라(2022). 국내 대학생의 문화적 가치관이 시간제 근로 기간에 주는 영향: Hofstede 문화차원을 활용한 예비 연구. **경영컨설팅연구**, 22(1), 245-255.

이두휴(2008). 자녀교육지원활동에 나타난 학부모 문화 연구. 교육사회학연구, 18(3), 135-165.

이상철, 임우섭, 김용주(2016). 학교조직문화와 학교조직효과성의 관계에 관한 메타분석. 교육행
　　정학연구, 34(2), 171-196.

이석열(2005). 학교조직문화와 도덕적 지도성이 교사의 전문적 수용권에 미치는 영향 분석. 교육
　　행정학연구, 23(1), 71-92.

이석열(2020). 교사가 지각한 학교조직문화와 전문학습공동체가 학교조직효과성에 미치는 영향
　　분석. 교육행정학연구, 38(4), 133-156.

이자형, 이기혜, 원효헌(2018). 교사의 교직만족도 영향요인에 관한 구조분석: 학교 내 학습조직
　　풍토 효과를 중심으로. 평생교육 · HRD 연구, 14(1), 23-53.

이정선(2007). 학교변화의 방법으로서 학교문화 변화전략. 교육인류학연구, 10(1), 127-154.

이혜란, 김아영, 차정은(2011). 학교조직풍토와 교수몰입 간의 관계에서 교수효능감의 매개효과.
　　교육심리연구, 25(3), 671-691.

주동범, 박성찬(2013). 학교 조직풍토가 교사의 직무스트레스에 미치는 영향-부산지역 고등학교
　　를 중심으로. 한국자치행정학보, 27(3), 71-92.

진동섭, 홍창남(2006). 학교조직의 특성에 비추어 본 학교 컨설팅의 가능성 탐색. 한국교원교육연
　　구, 23(1), 373-396.

최경준, 함승환(2016). 학교장 교수지도성에 대한 학교장-교사 평가 일치도에 미치는 문화적 맥
　　락의 효과: 권력거리와 개인주의 문화 차원을 중심으로. 교육행정학연구, 34(1), 311-334.

최현주, 장은비(2021). 학교조직풍토와 교사 소진의 관계: 특수교사가 지각한 학교조직풍토의 잠
　　재프로파일을 중심으로. 한국심리학회지: 학교, 18(3), 291-316.

한국학중앙연구원(1991). 한국민족문화대백과사전. https://encykorea.aks.ac.kr/Article/
　　E0030523

한유경(2006). 학교조직문화와 성과관리 간의 관계 연구. KEDI 한국교육, 33(1), 53-80.

함승환, 최경준, 한재범, 곽현주, 이전이, 최민선, 최연뢰(2015). 학교장의 교사전문성 향상 촉진
　　행위의 효과에 대한 비교문화적 재조명: 권력거리와 개인주의 문화차원을 중심으로. 교육행정
　　학연구, 33(3), 163-187.

허은정(2011). 학습조직이 교사전문성에 미치는 효과 연구. 한국교원교육학연구, 28(3), 29-53.

Badham, R., Bridgman, T., & Cummings, S. (2020). The organization-as-iceberg as a
　　counter-metaphor. In M. Maclean, S. R. Clegg, R. Suddaby, & C. Harvey (Eds.), *Historical
　　organization studies* (pp. 57-76). Routledge.

Badri, R., Amani-Saribaglou, J., Ahrari, G., Jahadi, N., & Mahmoudi, H. (2014). School
　　culture, basic psychological needs, intrinsic motivation and academic achievement: Testing

a casual model. *Mathematics Education Trends and Research, 4*, 1–13.

Chinese Culture Connection. (1987). Chinese values and the search for culture-free dimensions of culture. *Journal of Cross-Cultural Psychology, 18*, 143–164.

Cortina, K. S., Arel, S., & Smith-Darden, J. P. (2017). School belonging in different cultures: The effects of individualism and power distance. In A. Horn (Ed.), *Frontiers in education* (Vol. 2, Article 56). Frontiers Media SA.

Greenwood, D. J. & Stini, W. A. (1977). *Nature, culture, and human history*. Harper and Row.

Hall, E. T. (1959). *The silent language*. Doubleday.

Hall, E. T. (1976). *Beyond culture*. Doubleday.

Halpin, A. W., & Croft, D. W. (1963). *The organizational climate of schools*. Midwest Administration Center of the University of Chicago.

Hellriegel, D., & Slocum, J. (2011). *Organizational behavior* (13th ed.). Mason, Cengage Learning.

Hobby, R. (2004). *A culture for learning: An investigation into the values and beliefs associated with effective schools*(p. 9). Hay Group Management. Retrieved October 3, 2006, from http://www.haygroup.co.uk/downloads/Culture_for_Learning.pdf

Hofstede, G. (1991). *Cultures and organizations: Software of the mind*. McGraw-Hill.

Hofstede, G. (2011). Dimensionalizing cultures: The Hofstede model in context. *Online Readings in Psychology and Culture, 2*(1), 8. https://doi.org/10.9707/2307-0919.1014

Hofstede, G. & Bond, M. H. (1988). The confucius connection: From cultural roots to economic growth. *Organizational Dynamics, 16*, 4–21.

Hofstede, G., Hofstede, G. J., & Minkov, M. (2010). *Cultures and organizations: Software of the mind* (3rd ed.). McGraw-Hill.

Hoy, W. K., & Clover, S. I. (1986). Elementary school climate: A revision of the OCDQ. *Educational Administration Quarterly, 22*(1), 93–110.

Hoy, W. K. & Miskel, C. G. (2013). *Educational administration* (9th Edition). Random House.

Jerald, C. D. (2006). *School culture: "The hidden curriculum"*. The Center for Comprehensive School Reform and Improvement.

Kaur, A., & Noman, M. (2015). *Exploring classroom practices in collectivist cultures through the lens of Hofstede's model*. The Qualitative Report.

Lewin, K. (1936). *A dynamic theory of personality: Selected papers* (D. E. Adams & K. E. Zener, Trans.). McGraw-Hill.

Marks, H. M., & Louis, K. S. (1997). Does teacher empowerment affect the classroom? The implications of teacher empowerment for instructional practice and student academic performance. *Educational Evaluation and Policy Analysis, 19*, 245-275.

Northouse, P. G. (2011). *Leadership: Theory and practice* (5th ed.). Sage Publications.

Peterson, B. (2004). *Cultural intelligence*. Nicholas Brealey Publishing.

Quinn, R. E., & McGrath M. R. (1985). The transformation of organizational cultures : A competing values perspective. In P. Frost, L. F. Moore, M. R. Louis, C. C. Lundberg, & J. Martin (Eds.), *Organizational culture*. Sage Publications.

Rice, M. E., & Schneidner, G. T. (1994). A decade of teacher empowerment: An empirical analysisof teacher involvement in decision-making, 1980-1991. *Journal of Educational Administration, 32*, 43-58.

Samovar, L. A., Porter, R. E., McDaniel, E. R., & Roy, C. S. (2012). *Intercultural communication: A reader* (13th ed.). Cengage Learning.

Strahan, D. (2003). Promoting a collaborative professional culture in three elementary schools that have beaten the odds. *The Elementary School Journal, 104*(2), 127-146.

Walker, A., & Dimmock, C. (2002). Moving school leadership beyond its narrow boundaries: Developing a cross-cultural approach. In T. Leithwood & P. Hallinger (Eds.), *Second international handbook of educational leadership and administration* (pp.167-202). Springer Netherlands.

Weick, K. E. (1976). Educational organizations as loosely coupled systems. *Administrative Science Quarterly, 2*(1), 1-19.

개요

다문화사회로의 진전 속에서 학교를 더욱 다문화 포용적으로 만들어야 할 필요성도 커지고 있다. 이 장에서는 다문화 포용적 학교의 특징을 종합적으로 이해하는 것을 목표로 한다. 이를 위해 학교를 '사회체제'로 바라보고 학교의 여러 측면을 다문화 포용성의 기준에서 살펴본다. 또한 다문화 포용적 학교 구축을 위해 요구되는 교사의 역할과 '전문적 학습공동체'의 중요성을 검토한다. 나아가 학교 리더의 '문화감응적 리더십'의 중요성에 대해서도 살펴본다.

학습목표

1. 다문화 포용적 학교의 특징을 종합적으로 묘사할 수 있다.
2. 교사의 다문화적 전문성이 무엇이며, 왜 중요한지 설명할 수 있다.
3. 학교의 다문화 포용성 제고 방안을 모색할 수 있다.

제**4**장

학교를 다문화 포용적으로 만들려면[1]

함승환

1. 다문화 포용적 학교는 뭔가 다르다
2. 학교의 다문화 포용성을 위해 교사는 무엇을 할 수 있나
3. 학교의 다문화 포용성을 위해 학교 리더는 무엇을 할 수 있나

1) 이 장의 일부 내용은 저자의 다른 글(차윤경 외, 2016; 함승환, 2022; 함승환, 이승현, 2023)을 수정 및 보완한 것임. 이 장은 2022년 대한민국 교육부와 한국연구재단의 지원을 받아 집필됨(NRF-2022S1A5A2A01044979).

EDUCATIONAL ADMINISTRATION
EDUCATIONAL MANAGEMENT

1. 다문화 포용적 학교는 뭔가 다르다

다문화사회로의 진전 속에서 학교를 더욱 다문화 포용적으로 만들어야 할 필요성도 커지고 있다. 학교는 문화적 소수자 배경의 학생을 포함한 모든 학생이 학업적으로 성공할 수 있도록 노력해야 한다. 오늘날 "국가와 지방자치단체는 다문화가족 구성원인 아동·청소년이 학교생활에 신속히 적응할 수 있도록 교육지원 대책을 마련"해야 한다(「다문화가족지원법」 제10조). "귀국학생 및 다문화학생 등의 입학·전학 및 편입학" 관련 편의 보장(「초·중등교육법 시행령」 제75조 등) 및 "재한외국인 또는 그 자녀에 대한 불합리한 차별 방지"(「재한외국인 처우 기본법」 제10조) 등 학교의 다문화 포용성을 위한 최소한의 노력의 필요성은 이미 법적 근거를 갖추고 있다. 교육행정을 교육에 '관한' 정부의 '행정분과적' 관리로 이해하는 관점에서 볼 때, 학교의 다문화 포용성 확보는 이미 국가와 지방자치단체의 중요한 책무이다.

교육행정을 교육을 '위한' 더 나은 여건 조성으로 이해하는 '조건정비적' 관점에서 보면, 학교의 다문화 포용성 강화는 '행정분과적' 관점이 상정하는 것 이상의 적극적이고 포괄적인 의미를 지닌다. 학교를 다문화 포용적으로 만든다는 것은 문화적 소수자 학생의 학습권을 다수자 학생의 학습권과 마찬가지로 적극적으로 보호함으로써 모든 학생의 학업적 성공을 효과적으로 지원할 수 있도록 학교의 여건을 종합적으로 점검하고 개선하는 것이다. 이는 결국 "모든 집단에서 온 학생이 평등한 성공의 기회를 가질 수 있도록 학교를 변화의 단위로 개념화하고 학교환경을 구조적으로 변화시키는 것"(Banks, 2014/2016, p. 73)을 뜻한다.

이러한 학교 변화는 결코 쉬운 과정이 아니다. 학교를 '사회체제'로 이해하고 "학교 환경 전체를 개혁할 수 있는 변화 전략"(Banks, 2010/2011, p. 29)을 만들어 내야 하기 때문이다. 사회체제로서의 학교가 포함하는 다양한 측면이 동시에 변화해야 하는 것이다. 학교를 다문화 포용적으로 만들기 위해서는 "교육과정이나 교육과정 자료 등을 개혁하는 것도 필요하지만 …… 학교에서의 권력의 역학 관계, 교사와 학생 사이의 언어적 상호작용, 학교의 문화, …… 학교의 제도적 규범"(Banks, 2010/2011, pp. 30-31) 등이 함께 변화해야 한다. 결국 학교의 다문화 포용적 재구조화는 "포괄적인 학교 개혁으로의 노력"(Nieto & Bode, 2010/2011, p. 482)을 요구한다.

이러한 포괄적 학교 개혁을 위한 기본 방향성 면에서 니에토와 보드(Nieto & Bode, 2010, 2011)는 다음과 같은 몇 가지를 강조했다. 첫째, 학교 개혁은 반인종차별적이고 반편견적이어야 한다. 둘째, 학교 개혁은 모든 학생이 나름대로 다양한 재능과 강점을 지닌다는 관점에 기초하여 이루어져야 한다. 셋째, 학교 개혁은 학생들이 비판적 사고 능력을 개발할 수 있도록 하는 교육을 지향해야 한다. 넷째, 교수 및 학습에 밀접하게 관련된 당사자인 교사, 학생, 학부모가 학교 개혁의 논의와 실행 과정에 의미 있게 참여할 수 있어야 한다. 다섯째, 학교 개혁은 모든 학습자에 대한 높은 수준의 기대를 바탕으로 해야 한다.

이와 더불어 뱅크스(Banks, 2014/2016, pp. 74-78)도 어떠한 특징이 학교를 다문화 포용적으로 만드는지 몇 가지로 정리하여 제시한 바 있다. 첫째, 교직원은 모든 학생에게 높은 기대 수준을 가지고 그들을 사려 깊게 대한다. 둘째, 공식 교육과정은 다양한 인종·민족·언어·성·사회계층 집단의 경험, 문화, 관점을 반영한다. 셋째, 교사의 수업은 학생들의 학습 스타일, 문화적 특징, 관심사 등에 부합하는 방식으로 이루어진다. 넷째, 교직원은 학생들이 사용하는 다양한 언어와 방언을 존중한다. 다섯째, 학교에서 사용하는 수업 교재는 다양한 문화적 관점에서 사건, 상황, 개념을 조명한다. 여섯째, 학교에서 사용되는 평가 기법과 절차가 학생들의 문화적 다양성을 적절히 반영하여 학생들이 문화적으로 공정하게 평가받도록 한다. 일곱째, 학교의 문화와 잠재적 교육과정이 문화적 다양성을 반영한다. 여덟째, 학교 상담교사들은 다양한 인종·민족·언어 집단에서 온 모든 학생이 도전적인 진로 목표를 설정하고 그것을 달성할 수 있도록 돕는다.

학교가 더욱 진정성 있게 다문화 포용성을 갖추기 위해서는 학교 울타리 밖의 가정 및 지역사회와 긴밀한 파트너십을 구축해야 한다는 관점에도 주목할 필요가 있다. 학교와 가정 및 지역사회가 함께 협력할 때 보다 실질적이고 지속가능한 학교 개선이 가능하다(함승환, 이승현, 2023). 따라서 학교장 등 학교 리더는 학교 안팎을 연결하는 가교 역할을 함으로써 포괄적인 변화의 동인을 만들 수 있어야 한다(Ham et al., 2020; Khalifa, 2018). 조직을 '개방체제'로 이해하는 관점에 따르면, 조직은 외부 환경과 상호작용하면서 적응적으로 자신의 생존 가능성을 높일 수 있다. 이러한 관점은 학교 울타리 내에서 관찰되는 다양한 현상(학교의 조직 구조와 활동 모두)이 학교 울타리 안팎의 다양한 요인과 복잡하게 연결되어 있는 현상이라는 점을 상기시킨다(개방적 사회체제로서의 학교에 대해서는 이 책의 제1장 참조). 지역사회의 사회인구학적 구성이나 문화적 배경을 고려하여 학교가 가정 및 지역사회로부터 구할 수 있는 유용한 인적·물적·상징적 자원을 교육적으로 적절히 활용하는 것은 다문화 포용적 학교의 중요한 특징이다.

　앞서 개괄한 다문화 포용적 학교의 주요 특징을 종합하여 요약하면 〈표 4-1〉과 같이 정리될 수 있다. 〈표 4-1〉은 학교 사회체제의 구성 측면별로 다문화 포용적 학교가 어떤 특징을 나타내는지 보여 준다. 다문화 포용적 학교는 다양한 문화적 자산이 존중되는 교수·학습, 문화적으로 공정한 평가, 반편견적이고 반차별적인 규정과 규칙, 다양하고

표 4-1　학교 사회체제의 구성 측면별 다문화 포용적 학교의 특징

측면		특징
중핵 활동	다양한 문화적 자산이 존중되는 교수·학습	• 교사는 학생들의 다양한 경험, 언어, 학습양식을 포용하고 이를 수업에 활용함. • 교사는 개별 학생이 지닌 재능과 강점을 이해하고 이를 수업에 활용함.
	문화적으로 공정한 평가	• 평가 도구가 그 내용과 형식 면에서 문화적으로 치우침이 없도록 개발됨. • 평가가 문화적으로 공정한 기법과 절차에 따라 적절히 진행됨.
공식 구조	반편견적이고 반차별적인 규정과 규칙	• 어떠한 규정과 규칙도 명시적으로나 암묵적으로 문화적 편견이나 차별을 정당화하지 않음. • 규정과 규칙이 모든 학생의 학업적 성공을 위해 공평하게 작동하는지 점검함.
	다양하고 균형 잡힌 관점을 반영하는 공식 교육과정	• 공식 교육과정이 다양한 문화집단의 관점을 반영하는 방식으로 구성됨. • 반편견적·반차별적 교육을 통해 비판적 사고 능력 개발을 지향함.
개별 구성원	모든 학생에 대해 높은 기대를 지닌 교직원	• 개별 교직원이 모든 학생에 대해 높은 기대와 관심을 지님. • 진로지도·상담 교사는 모든 학생이 도전적인 진로 목표를 추구할 수 있도록 학생을 지원함.
문화와 풍토	문화적 다양성을 포용하는 문화와 풍토	• 학교의 인적·물적·상징적 자원이 문화적 다양성을 반영함. • 잠재적 교육과정인 교내의 일상적 활동이 학생 간 긍정적 접촉을 촉진함.
권력관계	개방적 소통과 수평적 협력의 관계	• 교내 각종 사안에 대해 교사 간 소통이 원활하게 이루어지고 전문성이 공유됨. • 학부모와 지역사회의 다양한 의견이 청취되고 이것이 학교 개선에 반영됨.

출처: 함승환(2022), pp. 249-250의 표를 수정 및 보완함.

균형 잡힌 관점을 반영하는 공식 교육과정, 모든 학생에 대해 높은 기대를 지닌 교직원, 문화적 다양성을 포용하는 문화와 풍토, 개방적 소통과 수평적 협력의 관계 등을 주된 특징으로 한다.

2. 학교의 다문화 포용성을 위해 교사는 무엇을 할 수 있나

학교를 다문화 포용적으로 만들고 유지하는 데 있어서 교사의 역할은 매우 중요하다. 앞서 〈표 4-1〉에 요약된 다문화 포용적 학교의 주요 특징들은 교사의 역할이 얼마나 중요한지를 뚜렷하게 보여 준다. 특히 학교 교육의 중핵 활동인 교수활동의 담당자로서 교사는 모든 학생에 대한 높은 기대를 바탕으로 학생들의 다양한 경험을 포용하고 모든 학생의 학업적 성공을 위해 섬세한 관심을 기울여야 한다. 이러한 실천적 접근은 '형평성 교육(equity pedagogy)'으로 불리기도 한다. 형평성 교육은 "교사가 다양한 인종·민족·사회계층 집단에서 온 학생들의 학업성취도를 향상시키기 위하여 사용하는 교수법을 통칭"(Banks, 2014/2016, p. 71)하는데, "특히 소수민족이나 경제적으로 불리한 조건에 있는 아동·청소년에게 교육기회를 공평하고 동등하게 제공하는 것을 목적으로 하고 있다" (Bennett, 2006/2009, p. 25).

표 4-2 **교사 전문성 표준(호주)에 명시된 다문화적 전문성**

경력 단계	요구되는 전문성
초임교사	다양한 언어적·문화적·종교적·경제적 배경의 학생들이 지닌 학습측면의 강점과 요구에 섬세하게 대응하는 교수 전략에 관한 지식을 갖추고 있다.
숙련교사	다양한 언어적·문화적·종교적·경제적 배경의 학생들이 지닌 학습측면의 강점과 요구에 섬세하게 대응하는 교수 전략을 설계하고 실행할 수 있다.
우수교사	동료들이 다양한 언어적·문화적·종교적·경제적 배경의 학생들이 지닌 학습측면의 강점과 요구를 고려한 효과적인 교수 전략을 개발하는 데 도움을 제공할 수 있다.
선도교사	전문가와 지역사회의 지식과 경험을 활용하여 학교의 교수·학습 프로그램들을 평가하고 보완함으로써 다양한 언어적·문화적·종교적·경제적 배경의 학생들이 지닌 요구를 충족시킬 수 있다.

출처: Australian Institute for Teaching and School Leadership (2011), p. 10.

형평성 교육의 효과적 구현을 위해서는 다양한 학생이 교실로 가져온 여러 형태의 문화적 자본이 교수·학습 과정에서 유용한 지적 자산이자 학습의 자원으로 적절히 활용될 수 있도록 교사가 다문화적 전문성을 갖추는 것이 중요하다(Gay, 2002; González et al., 2005). 특히 문화적 다양성 정도가 큰 국가에서는 교사에게 높은 수준의 다문화적 전문성을 기대하는 것이 일반적이다. 일례로, 〈표 4-2〉에 제시된 호주의 교사 전문성 표준 (Australian Professional Standards for Teachers)은 교사에 대한 다문화적 전문성 기대 수준을 교사의 경력 단계별로 구분하여 명시하고 있다. 이 전문성 표준에 따르면, 가장 저경력의 교사도 다양한 학생의 "강점과 요구에 섬세하게 대응하는 교수 전략에 관한 지식"을 갖추고 있는 것이 기대되며, 가장 고경력의 교사는 "전문가와 지역사회의 지식과 경험"까지 폭넓게 활용하여 학교 전반의 교수·학습 실천을 다문화 포용적으로 개선하도록 기대된다.

서울 남부권의 한 중학교는 이주민 밀집지역에 소재해 있다. 전체 재학생 중 약 18%가 이주배경 학생이다. '드러나지 않는' 이주배경 학생을 포함하면 실제 이주배경 학생 비율은 20% 정도일 것으로 추산된다. 해마다 이 학교의 이주배경 학생 비율은 점차 높아지고 있다. 고학년보다 저학년에서 이주배경 학생 비율이 더 높다는 것은 이러한 추세를 보여 준다. 이 학교의 한 교사는 수업에서 모든 학생을 아우르기 위해서는 "수업에 우리 동네가 들어와야 한다"고 말한다. 이 말은 무슨 뜻일까? 교사의 말을 끝까지 들어보자.

제 생각에 정말 중요한 것은 수업에 우리 동네가 들어와야 된다는 점인 것 같아요. 그게 무슨 이야기냐면, 우리가 학생들에게 교과서를 가르치잖아요. 그런데 엄밀히 말하면 교과서를 가르치는 게 아니라 교과서를 활용해서 교육과정 내용을 가르치는 거죠. 교과서가 교육과정을 잘 구현하고 있는 하나의 학습 자료이기는 한데, 교과서는 지역을 반영하고 있지는 않아요. 선생님들이 교과서를 그냥 금과옥조식으로 가르치면 실상은 많은 학생이 공부에서 소외되거든요. 똑같은 교육과정 내용을 가르치더라도 동네의 사례를 끌고 들어오면 학생들이 훨씬 더 뭐랄까 눈빛이 살아나죠.

출처: 김명희 외(2022)의 연구 p. 131에 인용된 교사 면담 내용임.

교사의 교수활동은 늘 어느 정도의 '교수학적 **불확실성**(pedagogical uncertainty)'을 동반하는 활동이다. 이는 교수활동이 매 순간 전문적 판단을 끊임없이 요구하는 어려운 활동이며, 구체적인 학교 및 교실 상황 속에서 전개되는 복잡한 활동이라는 것을 의미한다. 다문화적 학교 맥락에서 교사의 직무는 더욱 높은 수준의 교수학적 불확실성을 동반할 가능성이 크다(Ham et al., 2020). 예컨대, 교사와 학생 간의 언어적 · 문화적 차이로 인해 교사는 학생의 학습 과정과 성과를 정확히 진단하는 데 어려움을 겪을 수 있다. 또한 학교 내 학생 구성의 인구학적 다양성 증대는 교사가 자신이 그간 사용해 온 익숙한 교수 방법에 변화를 요구할 수 있으며, 이는 교사에게 중대한 도전이 될 수 있다. 특히 국가 교육과정 성취 기준 달성이라는 책무성은 교사에게는 큰 부담이 되기도 한다. 성취 기준을 성공적으로 달성하는 것은 교사에게 공식적으로 주어진 핵심적 과업이지만, 일부 학교 에서는 이러한 외적인 성취 기준과 학교 내적인 여건 사이에 큰 간극이 존재하기도 한다 (이은지 외, 2018).

이러한 불확실성 증대는 그것이 어떻게 해석되고 관리되느냐에 따라 교수활동의 역동에 긍정적으로 작용할 수도 있고 부정적으로 작용할 수도 있다. 예컨대, 학교 내 이주배경 학생의 증가 역시 학교에 새로운 변화를 가져올 수 있는 기회로 인식될 수도 있고, 학교에 도전을 안겨 주는 어려운 문제로 인식될 수도 있다. 이러한 증대된 불확실성에 노출될 때 일부 교사는 기존의 방식을 고수함으로써 불확실성을 간단히 '외면'하는 선택을 하곤 한다. 하지만 많은 교사는 동료 교사들과의 협력적 상호작용을 통해 자신이 직면한 불확실성을 효과적으로 '관리'하는 선택을 취한다(Ham et al., 2019). 이러한 선택의 갈림 길에서 중요하게 작용하는 것은 교수활동상의 이러한 불확실성이 전문적 실천으로서의 교수활동을 더욱 풍부하게 하는 생산적인 힘의 원천으로 작용할 수 있다는 점을 분명히 인식하는 것이다(Floden & Buchmann, 1993).

다문화 포용적 학교의 구축과 유지는 협력의 문화 속에서 더욱 촉진될 수 있다. 동료 교사들과의 협력적 상호작용을 통해 자신이 직면한 불확실성을 정면으로 직시하고 이를 효과적으로 관리할 수 있기 때문이다. 실제로 교수활동이 높은 불확실성을 띠는 전문적 실천으로 이해되는 학교일수록 보다 유기적인 교사 간 협력관계가 발견되는 경향이 있다(Cha & Ham, 2012; Rowan et al., 1993). 교수활동이 창의적 활기로 채워지기 위해서는 교사의 전문적 자율성이 충분히 보호되는 것이 중요하다. 하지만 교사의 전문적 자율성이 교사 개인의 교실 수업 자율성 그 이상이라는 점을 인식하는 것 역시 중요하다. 모든 학습자의 유의미한 학습 경험을 촉진하기 위해 교사가 상호 신뢰를 바탕으로 집단적 책임 의식을 공유하는 것이 건강하고 생산적인 학교 공동체의 핵심적 특징이다(Bryk &

표 4-3 교사의 전문적 학습공동체가 관심을 기울여야 할 다문화적 질문들

대질문	세부 질문
학생 모두에게 무엇을 가르칠 것인가?	• 학생들에게 가르치고자 하는 것에 소수자 지역사회의 지식도 포함시켰는가? 학생들이 무엇을 배워야 하는지 지역사회의 의견을 청취했는가? • 그 지식이 소수자 학생들의 경험 및 그들의 지역사회 맥락과 연결되어 있는가? • 그 지식이 소수자 지역사회에 유익한 지식인가?
학생들이 그것을 제대로 그리고 언제 학습했는지 어떻게 확인할 수 있는가?	• 평가의 기준과 세부 준거가 문화감응적인가? 평가 문항이 문화적으로 편향되어 있지는 않은가? • 소수자 학생들의 지식을 제대로 측정하기 위한 대안적 방법들은 무엇인가? • 평가 방식에 대한 지역사회의 견해들을 어떻게 청취하고 반영할 것인가? • 소수자 학생들이 자신의 지식을 제대로 보여 줄 수 있도록 하는 최선의 방법은 무엇인가?
그것을 어떻게 가르칠 것인가?	• 교수방법이 문화감응적이고 포용적인가? • 수업이 학생의 지역사회 생활과 잘 연결되도록 하려면 학부모와 지역사회 관계자에게 어떤 도움을 구해야 하는가?
제대로 학습하지 않는 학생이 있다면 어떻게 할 것인가?	• 일부 소수자 학생이 언제 그리고 왜 수업시간에 반응하지 않는지 이해하기 위해 교사는 비판적 자기성찰 기회를 어떻게 가질 것인가? • 소수자 학생들이 제대로 학습하지 못할 경우 교사 개별적으로나 집단적으로 어떻게 책임 있게 대응할 것인가?

출처: Khalifa (2018), p. 144.

Schneider, 2002; Hargreaves & Fullan, 2012).

학교가 협력의 문화를 특징으로 하는 유기적 공동체의 성격을 띨 때 이것이 다양한 형태의 긍정적 효과를 낳는다는 점은 널리 알려져 있다. 특히 이러한 학교 환경이 교사의 교수실천의 질을 개선하고 학습자의 학습에 대한 책무성을 확보하는 데 긍정적으로 기여한다는 광범위한 연구결과는 학교의 다문화 포용성을 제고하기 위해 어떠한 노력이 필요한지에 대해서도 중요한 통찰을 제공한다. 구체적으로 〈표 4-3〉은 교사 간 협력에 기반한 전문적 학습공동체(professional learning community)가 심도 있게 탐구해야 할 주요 다문화적 질문들의 예시를 보여 준다. 다문화 맥락의 학교에서 유능한 학교 리더들은

교사들이 전문적 학습공동체를 통해 동료 교사들과 자발적으로 협력할 수 있도록 관심을 기울인다(송효준 외, 2019; 한재범, 김효정, 2021). "전문적 학습공동체는 단순히 즐겁고 마음이 맞는 것이 다가 아니다. 오히려 이것은 학생의 학습을 둘러싼 까다롭고 어려운 문제를 해결하기 위해 끝장 토론을 할 만큼 헌신적이고 과도하게 협력적인 특징이 있다"(Hargreaves & Fink, 2006/2024, p. 174). 앨더퍼(Alderfer, 1972)의 **생존−관계−성장이론**에 비추어 볼 때, 전문적 학습공동체는 교사들에게 사회적 '관계'의 욕구와 개인적 '성장'의 욕구를 동시에 충족시켜 줄 수 있다. 전문적 학습공동체의 교사들은 자신과 동료의 교수실천에 대한 집단적 성찰과 협력적 개선의 기회를 통해 전문성을 강화할 수 있다(교사의 전문성에 대해서는 제5장을 참고할 것).

전문적 학습공동체란 무엇일까? 전문적 학습공동체는 "교사가 학생들의 성장과 학습 증진에 목표를 두고 동료 교사와 능동적 학습과 협력을 통해서 교수·학습 활동을 위한 제반 영역을 탐구하고 지속적으로 개선해 나가는 공동체"로서 다음과 같은 주요 특징을 지닌다.

- 학생의 성장과 학습 증진 추구: 학생의 성장과 학습 증진에 가치를 두고 이를 효과적으로 구현하기 위해 노력한다.
- 협력적 문화 구축: 공동의 목표를 달성하기 위해 지식과 정보 등을 공유하며 서로 협력적으로 도움을 주고받는다.
- 집단적 탐구 실행: 팀 학습이나 공동 연구를 통해 전문성을 심화 및 확장하며, 전문가적 역량을 집단적으로 발전시켜 나간다.
- 실천 및 지속적 개선: 지식을 실천으로 옮기며 더 나은 결과를 위해 반성적 검토와 지속적 개선 노력을 기울인다.

출처: 이석열(2018)이 요약 및 정리한 것을 수정 및 보완함.

앨더퍼의 생존−관계−성장이론은 ERG이론으로도 불린다. 이는 생존(Existence), 관계(Relatedness), 성장(Growth)의 첫 글자들을 딴 것이다. 이 이론은 매슬로(Maslow, 1943)가 제시한 욕구위계이론의 여러 단계(생리적 욕구, 안전의 욕구, 소속과 사랑의 욕구, 존경의 욕구, 자아실현의 욕구)를 3개 단계(생존의 욕구, 관계의 욕구, 성장의 욕구)로 단순화한 것이다. 엘더퍼가 제시한 각 욕구는 다음과 같다.

- 생존의 욕구: 기본적 생존과 생활에 관련된 욕구(매슬로 욕구위계이론의 '생리적 욕구'와 '안전의 욕구')
- 관계의 욕구: 사람들과 관계를 맺고자 하는 욕구[매슬로 욕구위계이론의 '소속과 사랑의 욕구'와 '존경의 욕구' 일부(사회적 인정 등)]
- 성장의 욕구: 자신의 능력을 개발하고 발휘하고자 하는 욕구[매슬로 욕구위계이론의 '존경의 욕구' 일부(자기 존중 등)와 '자아실현의 욕구']

매슬로는 하위 욕구의 충족이 상위 욕구로의 이동을 위한 필요조건이라고 보았으나, 앨더퍼는 여러 욕구가 동시에 추구될 수 있다고 보았다. 또한 앨더퍼는 상위 욕구(예: 성장의 욕구)의 충족이 어려운 상황이거나 해당 욕구의 충족이 좌절될 때 개인은 그보다 충족이 쉬운 낮은 단계의 욕구(예: 관계의 욕구)를 키워 그것을 충족하고자 하는 동기를 확대할 가능성(욕구의 '좌절'과 '퇴행')을 제시했다.

3. 학교의 다문화 포용성을 위해 학교 리더는 무엇을 할 수 있나

다문화 포용적 학교 구축을 위해서는 학교장 등 학교 리더의 역할도 매우 중요하다(학교장 역할의 중요성에 대해서는 이 책의 제8장 참조). 학교는 교육적 실천뿐만 아니라 행정적 과정 면에서도 포용적인 공간이어야 하는 것이다. 학교 리더의 핵심 역할 가운데 하나는 학교의 비전과 관련된 것이다. 리더의 '행정적' 실천의 상당 부분은 본질적으로 '담화적' 실천의 성격을 띤다. 여러 조직이론은 조직을 사회인지적 구성체로 보고 의미의 구성과 공유를 조직 역동의 주요 동인으로 이해한다. 의미 구성은 조직 내 특정인에 의해 독점되기보다는 사회적으로 협상되고 조정되는데, 학교장 등 학교의 중심적 리더는 상황을 정의하고 의미를 생산하는 데 있어서 학내 다른 구성원보다 더 큰 권한을 가진다(Riehl, 2000). 학교 내에서 다문화 포용적인 실천 양식들이 생겨나고 그것이 지속 가능성을 갖기 위해서는 학교 리더가 이와 관련한 새로운 의미 구성 노력에 적극 참여해야 한다.

표준	형평성과 문화감응성
개요	효과적인 교육 리더는 각 학생의 학업적 성공과 안녕을 도모하기 위해 교육기회의 형평성과 문화감응적 실천을 지향한다.
세부 내용	효과적인 리더는 ① 각 학생의 문화와 환경 맥락에 대한 이해를 바탕으로 모두가 공정하고 정중하게 대우받을 수 있도록 보장한다. ② 각 학생의 강점, 다양성, 문화를 교수·학습의 자산으로 인식, 존중, 활용한다. ③ 각 학생이 유능한 교사, 학습기회, 학업적·사회적 지지, 기타 성공에 필요한 자원에 공평하게 접근할 수 있도록 보장한다. ④ 학생 지도 지침을 마련하고 학생의 잘못된 행동에 대해 열린 자세에서 공정하며 편견 없는 방식으로 처리한다. ⑤ 인종, 계층, 문화, 언어, 성정체성, 성지향성, 장애, 특수학생의 지위에 따른 제도적 편향(학생 주변화, 결핍모형 기반 학교 교육, 낮은 기대 등)에 맞서고 이를 바로잡는다. ⑥ 학생들이 세계사회의 다양한 문화적 맥락에서 생산적으로 활동하고 공헌할 수 있도록 이들을 준비시키는 것을 지원한다. ⑦ 리더로서의 상호작용, 의사결정, 실천에 있어서 문화적 역량과 문화감응성을 갖추고 행동한다. ⑧ 리더십의 모든 측면에서 형평성과 문화감응성의 문제를 살핀다.

표 4-4 교육 리더 전문성 표준(미국)에 명시된 문화감응적 리더십

출처: National Policy Board for Educational Administration (2015), p. 11.

학교의 다문화 포용성이 제고되기 위해서는 반드시 이에 대한 "비전을 지닌 변혁 지향적인 교육 지도자들이 필요"(Banks, 2014/2016, p. 188)하며, 단위 학교의 최고 리더인 학교장은 높은 수준의 **문화감응성**(cultural responsiveness)을 지녀야 한다. 학교 리더는 학교의 모든 측면이 학교와 사회의 문화적 다양성을 반영하도록 해야 할 뿐만 아니라 학교의 모든 측면에서 명시적·암묵적 차별을 제거하기 위해 노력해야 한다(Capper, 2019). 미국의 교육 리더 전문성 표준(Professional Standards for Educational Leaders)도 학교장 등 학교 리더가 높은 수준의 문화감응성을 갖추어야 함을 분명하게 강조한다(National Policy Board for Educational Administration, 2015). 〈표 4-4〉는 이 전문성 표준 가운데 문화감응성을 설명하는 내용이다. 이에 따르면, 학교 리더는 "각 학생의 학업적 성공과 안녕을 도모하기 위해 교육기회의 형평성과 문화감응적 실천을 지향"해야 하며, "인종, 계층, 문화, 언어, 성정체성, 성지향성, 장애, 특수학생의 지위에 따른 제도적 편향(학생 주변화, 결핍모형 기반 학교 교육, 낮은 기대 등)에 맞서고 이를 바로잡는" 등 다양한 노력을 기울여야 한다.

　문화감응적 학교 리더는 다양한 배경의 학생들에게 공평하고 유의미한 학습 참여의 기회를 제공함으로써 모두가 성공적인 학습 경험을 할 수 있는 학교 환경을 조성하는 데 다각도로 힘쓴다(Khalifa, 2018; Riehl, 2000). 예컨대, 문화감응적 학교장은 다양한 배경을 지닌 학생들이 모두 유의미한 학습 경험을 할 수 있도록 교육목표나 교육과정의 보완과 개선을 위해 노력하고, 그러한 방향에 맞추어 교사의 전문성 개발을 독려하고 지원한다. 또한 문화감응적 학교장은 교내 학생 구성의 이질성으로 인해 교사가 겪을 수 있는 어려움에 대해 열린 자세로 도움을 제공하고자 노력한다. 나아가 학교장의 역할은 학교 울타리 바깥으로도 확대된다. 다문화적 지역사회 맥락을 특징으로 하는 학교에서 유능한 학교장은 가정 및 지역사회와도 적극적으로 소통하고 협력한다. 이를 통해 학교 공동체의 '관계적 신뢰(relational trust)'를 강화하고, 그러한 신뢰에 기초하여 모든 학생의 교육적

학교-가정-지역사회 연계는 왜 중요할까? 공교육은 대표적인 공공 서비스이며, 공공 서비스의 질적 향상은 행정학 분야의 오랜 관심사이다. 학교-가정-지역사회 연계가 왜 중요한지에 대한 단서를 행정학 이론의 발달 과정 속에서 찾아보자.

　　베버의 관료제론에 뿌리를 두고 있는 전통적 공공행정론은 명령과 통제의 위계적 관리 모형에 기초하고 있는 만큼 공공 서비스의 전달에 있어서 시민의 역할이나 공동 생산의 가능성에 대해 특별히 관심을 기울이지 않았다. 이후 전통적 공공행정론의 경직성과 비효율성을 비판하며 1980년대부터 본격적으로 등장한 신공공관리론(new public management)은 서비스 제공자 간의 경쟁 구도를 조장하고 사용자의 선택권을 확대하는 데 관심을 두었다는 점에서 사용자로서의 시민의 역할에 주목했다. 하지만 시민은 서비스의 공동 생산자로서 참여하도록 기대되기보다는 서비스의 소비자로서 기능하도록 기대되었다. …… 반면, 신공공거버넌스론(new public governance)은 참여적 민주주의의 가치에 기초하여 …… 오늘날 지속적으로 증대되는 사회적 복잡성과 불확실성을 효과적으로 관리하기 위해 정부의 역할뿐만 아니라 시민 참여가 필수적이라고 보며, 따라서 시민이 공공 서비스의 적극적 공동 생산자로서 이해되어야 할 필요성을 제기한다. …… 이는 공공 부문의 재정적 취약성을 지역사회의 자원이 보완할 수 있을 것이라는 기대와도 맞닿아 있다.

출처: 함승환, 이승현(2023), pp. 64-65에서 발췌함.

성공을 보다 효과적으로 도모한다(Bryk & Schneider, 2002).

　교사의 교수활동은 전문적 판단을 수시로 요구하는 복잡하고 어려운 활동이다. 특히 다문화적 맥락의 학교에 근무하는 많은 교사는 문화감응적이며 혁신적인 교수활동을 위한 다양한 노력을 기울인다. 이는 교사가 더욱 증대된 교수학적 불확실성에 노출되도록 한다. 학교 리더의 문화감응적 리더십은 다문화적 맥락 속에서 교사가 마주하게 되는 증대된 교수학적 불확실성을 교사가 효과적으로 관리할 수 있도록 다각도로 지원하는 리더십이기도 하다(Ham et al., 2020). 교사의 입장에서 이러한 불확실성을 제대로 직면하고 효과적으로 관리하는 것은 학교장 등 학교 리더가 리더십을 적절히 발휘할 때 더욱 용이하다. 유능한 학교장은 개혁이 학교 내부에서 자생적으로 일어날 수 있도록 돕고, 교사가 협력적으로 상호작용하며 성장할 수 있는 여건을 마련한다. 또한 문화감응적 리더로서 학교장은 가정 및 지역사회와 소통하고 협력하는 데 각별한 관심을 기울인다. "학부모와 지역사회 구성원은 교육변화를 위한 협력관계에 필수적인 자산과 전문지식을 지닌(또는 지니도록 도울 수 있는) 미개발 자원과도 같은 중요한 존재"(Fullan, 2015/2017, p. 276)라는 인식을 바탕으로 학교장이 학교 안팎을 아우르는 접근을 통해 교사의 교수학적 불확실성 관리를 효과적으로 지원하는 것이다.

　최근에는 리더십을 학교장 등 중심적 리더에 의해 독점적으로 수행되는 역할이나 과업이 아닌, 학교장과 교사 사이의 상호작용을 통해 전개되는 일종의 '사회적 과정'으로 보아야 한다는 시각도 주목받고 있다. 효과적 리더십이란 학교장의 일방적인 영향력이라기보다는 학교장과 구성원 간의 긴밀한 상호작용 과정이라는 것이다. 예컨대, **분산적 리더십**(distributed leadership) 관점은 리더십이 '분산되어' 있다고 보는데, 이는 리더십을 리더 개인의 특성과 행동에 따른 개인적인 현상이 아니라 조직 내외부의 상황과 맥락 속에서 이루어지는 사회적 상호작용으로 이해해야 한다는 점을 강조한다(Spillane et al., 2001). 리더십 실행을 제대로 진단하기 위해서는 리더, 구성원, 상황 간의 역동적 관계를 종합적으로 분석할 필요가 있다.

리더십을 분산적 관점에서 이해하고 분석한다는 것은 무슨 뜻일까? 분산적 리더십 관점을 정교화한 대표적 학자 중 하나인 스필레인과 동료들(Spillane et al., 2001)은 「학교 리더십 실행을 탐구하기: 분산적 관점」이라는 제목의 논문에서 리더십에 대한 자신의 관점을 다음과 같이 설명했다.

> 리더십 실행은 단순히 개별 리더의 능력, 기술, 카리스마, 인지능력 등의 산물이 아니다. 개별 리더와 그들의 특성은 리더십 실행을 구성하는 데 중요하기는 하지만, 그것이 전부는 아니다. 학교의 다른 리더들과 구성원들도 리더십 실행을 결정하는 데 중요하게 기여한다. 더 나아가 리더의 실행을 둘러싼 상황, 즉 물질적 인공물, 도구, 언어 등도 그 실행의 구성 요소이며 단순히 주변적 요소가 아니다. 리더십 실행(사고와 활동 모두)은 리더, 구성원, 그리고 상황의 상호작용을 통해 나타난다. 우리는 상황이라는 것이 리더의 실행이 담긴 빈 상자 그 이상의 의미를 지닌다는 데 주목하며, 사회문화적 맥락이 리더십 실행의 구성 요소로 작용하여 그 형태를 근본적으로 형성한다고 주장한다. 우리의 분산적 관점에서 볼 때, 리더십 실행은 리더와 그들의 사회적 및 물질적 상황 간의 상호작용 과정에서 형성된다(p. 27).

분산적 리더십 관점을 국내에 소개한 바 있는 박선형은 그의 한 논문(박선형, 2018)에서 이 관점을 다음과 같이 평가했다(일부 문구를 수정함).

> 분산적 리더십 관점은 탁월한 개인이 성취한 지도자 특성과 행위를 강조하던 기존의 '영웅적 리더십 관점'에서 벗어나 리더십 실행에 기여하는 모든 조직 구성원과 인공도구물(예: 교수·학습안, 교무회의, 조직 구조)의 '사회적 영향력과 역동적 관계성'에 관심의 초점을 둔다. 이 시각은 교육학 분야에서 2000년대 초 서구의 일부 학자를 중심으로 연구되면서 전통적 리더십 연구에 대한 대안적인 이론적 시각으로서 주목받은 바 있다. 그러다가 그간 이론적 성숙성과 경험적 증거에 대한 학문 공동체의 검증 과정을 거치면서 리더십 연구의 새로운 시대적 패러다임으로 교육행정·정책 분야에서 확고하게 자리 잡고 있다. 최근 들어서는 사회과학 분야 전반으로 적용 범위를 확장해 가고 있다. 특히 공공 서비스 분야와 경영학 분야에서 분산적 리더십은 복잡하고 불확실한 세계에서 분권화와 집단적 의사결정을 대변하는 21세기의 대표 이론 중 하나로 주목받고 있다(p. 2).

이러한 관점에서 볼 때, 문화감응적 리더십이란 '학교의 다문화 포용성 제고를 유도하는 방식으로 학교 사회체제의 역동을 분산적으로 관리하는 리더십'이라고 할 수 있다. 리더십이 리더, 구성원, 상황 간에 이루어지는 '상호작용'의 총체를 의미한다고 본다면, 리더와 구성원이 상호작용하고 있는 상황과 그 상호작용을 만들어 내는 조직 구조, 그리고 그 상황과 조직 구조가 뿌리 내리고 있는 제도적 맥락 등이 모두 리더십 실행의 중요한 구성 요소가 된다. 분산적 리더십 관점이 학교장 등 공식적 학교 리더의 역할을 과소평가하는 것으로 자칫 오해되어서는 안 된다. 오히려 "집중된 형태와 분산된 형태의 리더십 실행을 함께 고려하는 혼합 관점"(Gronn, 2008, p. 143)이 필요하다. 학교 리더는 학교 및 지역사회의 다층적 맥락 속에서 일어나는 복잡한 사회적 상호작용을 예민하게 관찰하고, 이것이 학교의 다문화 포용적 변화를 어떻게 촉진하거나 방해하는지 섬세하게 살펴봄으로써 더 나은 리더십 실행 가능성을 모색해야 한다.

 생각해 봅시다

1. 내가 다녔던 학교는 다문화 포용적이었는가?

2. 왜 여전히 많은 학교는 다문화 포용적이지 않은가?

3. 학교를 다문화 포용적으로 만들기 위한 실천적 전략은 무엇인가?

 참고문헌

김명희, 양영자, 조주희, 박범철, 이보람, 박에스더(2022). 다문화 친화적인 교육환경 조성을 위한 다문화교육 정책 개선방안 연구. 서울특별시교육청 교육연구정보원.

박선형(2018). 분산적 지도성: 학문토대와 개념정의 및 국내 연구동향 분석. 교육행정학연구, 36(3), 1-35.

송효준, 김지현, 함승환(2019). 학교장의 문화감응적 교수리더십과 교사의 다문화적 교수효능감: 전문적 협력문화의 매개효과. 교육행정학연구, 37(3), 167-192.

이석열(2018). 교사의 전문학습공동체 진단 척도 개발 및 적용. 교육행정학연구, 36(2), 201-227.

이은지, 김세현, 함승환, 이현주(2018). 이주민 밀집지역 학교 교사가 경험하는 어려움의 성격:

개방체제 학교조직과 교사의 정치적 딜레마. 교육문화연구, 24(4), 171-193.

차윤경, 안성호, 주미경, 함승환(2016). 융복합교육의 확장적 재개념화 가능성 탐색. 다문화교육연구, 9(1), 153-183.

한재범, 김효정(2021). 다문화교육정책 실행의 일관성 분석: 다문화이해교육을 중심으로. 초등교육연구, 34(1), 291-315.

함승환(2022). 다문화 친화적 학교 구축. 장인실, 모경환, 김윤주, 박철희, 임은미, 조현희, 함승환, 다문화교육(pp. 245-265). 학지사.

함승환, 이승현(2023). 학교혁신의 '공동생산': 학교-가정-지역사회 협력 파트너십의 효과 재고찰. 교육행정학연구, 41(1), 63-88.

함승환, 이승현, 이성호(2022). 다문화교육에 대한 다문화주의적 재고찰: 다문화교육 개념의 지형. 한국이민정책학보, 5(1), 1-17.

Alderfer, C. P. (1972). *Existence, relatedness, and growth: Human needs in organizational settings*. Free Press.

Australian Institute for Teaching and School Leadership. (2011). *Australian professional standards for teachers*. AITSL.

Banks, J. A. (2016). 다문화교육 입문. [*An introduction to multicultural education* (5th ed.)]. (모경환, 최충옥, 김명정, 임정수 공역). 아카데미프레스. (원저는 2014년에 출판).

Banks, J. A., & Banks, C. A. M. (2011). 다문화교육: 특성과 목표. [*Multicultural education: Issues and perspectives* (7th ed.)]. (차윤경, 부향숙, 윤용경 공역). 박학사. (원저는 2010년에 출판).

Bennett, C. I. (2009). 다문화교육: 이론과 실제. (*Comprehensive multicultural education: Theory and practice*). (김옥순, 김진호, 신인순, 안선영, 이경화, 이채식, 전성민, 조아미, 최상호, 최순종 공역). 학지사. (원저는 2006년에 출판).

Bryk, A., & Schneider, B. (2002). *Trust in schools: A core resource for improvement*. Russel Sage Foundation.

Capper, C. A. (2019). *Organizational theory for equity and diversity: Leading integrated, socially just education*. Routledge.

Cha, Y-K., & Ham, S-H. (2012). Constructivist teaching and intra-school collaboration among teachers in South Korea: An uncertainty management perspective. *Asia Pacific Education Review, 13*(4), 635-647.

Floden, R. E., & Buchmann, M. (1993). Between routines and anarchy: Preparing teachers for uncertainty. *Oxford Review of Education, 19*(3), 373-382.

Fullan, M. (2017). 학교개혁은 왜 실패하는가. (*The new meaning of educational change*). (이찬

승, 은수진 공역). 교육을바꾸는사람들. (원저는 2015년에 출판).

Gay, G. (2002). Preparing for culturally responsive teaching. *Journal of Teacher Education,* *53*(2), 106-116.

González, N., Moll, L. C., & Amanti, C. (Eds.). (2005). *Funds of knowledge: Theorizing practices in households, communities, and classrooms.* Lawrence Erlbaum Associates.

Gronn, P. (2008). The future of distributed leadership. *Journal of Educational Administration,* *46*(2), 141-158.

Ham, S-H., Kim B. C., & Kim, W. J. (2019). Leadership for instructional uncertainty management: Revisiting school leadership in South Korea's context of educational reform. In S. Hairon & J. W. P. Goh (Eds.), *Perspectives on school leadership in Asia Pacific contexts* (pp. 133-148). Springer.

Ham, S-H., Kim, J., & Lee, S. (2020). Which schools are in greater need of culturally responsive leaders? A pedagogical uncertainty management perspective. *Multicultural Education Review, 12*(4), 250-266.

Hargreaves, A., & Fink, D. (2006). 지속가능한 리더십. (*Sustainable leadership*). (정바울, 양성관, 이경호, 김재희 공역). 살림터. (원저는 2024년 출판).

Hargreaves, A., & Fullan, M. (2012). *Professional capital: Transforming teaching in every school.* Routledge.

Khalifa, M. A. (2018). *Culturally responsive school leadership.* Harvard Education Press.

Maslow, A. H. (1943). A theory of human motivation. *Psychological Review, 50*(4), 370-396.

National Policy Board for Educational Administration. (2015). *Professional standards for educational leaders.* NPBEA.

Nieto, S., & Bode, P. (2011). 학교 개혁과 학생의 학습: 다문화적 전망. In J. A. Banks & C. A. M. Banks (편저). 다문화교육: 현황과 전망. [*Multicultural education: Issues and perspectives* (7th ed.)]. (차윤경, 부향숙, 윤용경 공역, pp. 479-503). 박학사. (원저는 2010년에 출판).

Riehl, C. J. (2000). The principal's role in creating inclusive schools for diverse students: A review of normative, empirical, and critical literature on the practice of educational administration. *Review of Educational Research, 70*, 55-81.

Rowan, B., Raudenbush, S. W., & Cheong, Y. F. (1993). Teaching as a nonroutine task: Implications for the management of schools. *Educational Administration Quarterly, 29*(4), 479-500.

Spillane, J. P., Halverson, R., & Diamond, J. B. (2001). Investigating school leadership practice: A distributed perspective. *Educational Researcher, 30*(3), 23-28.

개요 ....

미래 교육 환경 변화에 따라 그 무엇보다 교사의 전문성이 요구됨과 동시에 그 어느때보다 전문성에 대한 위기감이 높다. 이 장에서는 교사의 전문성과 관련된 다양한 개념적·실천적 논의를 통해 교사 전문성에 대한 이해를 높이고자 한다. 이를 위해 전문직으로서의 교직의 특성을 이해하기 위해 다양한 교직관을 살펴보고, 교사의 전문성에 대한 개념을 고찰한다. 이러한 논의를 토대로 교사의 전문성을 구성하는 3요소(전문적 지식, 자율적인 의사결정, 동료 네트워크)가 무엇이며, 그것이 어떻게 유지, 발전될 수 있는지를 살펴본다.

학습목표 ....

1. 교직이 전문직임을 이해할 수 있다.
2. 교사의 전문성을 구성하는 전문적 지식, 자율적인 의사결정, 동료 네트워크의 중요성을 이해할 수 있다.
3. 교사의 전문성을 유지, 발전시킬 수 있는 교원정책의 개선 방안을 제시할 수 있다.

제 **5** 장

교사의 전문성은 어디서 오는가

이동엽

EDUCATIONAL ADMINISTRATION
EDUCATIONAL MANAGEMENT

1. 교직은 전문직인가

'교사의 전문성은 어디서 오는가?'라는 질문보다 앞선 보다 근본적 질문은 '교직은 전문직인가?'라는 물음이다. 교사를 희망하는 학생과 현직 교사 모두는 교직이 전문직이라는 어느 정도의 신념을 가지고 있다. 이와 관련하여 교직관을 먼저 살펴볼 필요가 있다. 교직관이란 교사가 어떠해야 하며, 어떠한 역할을 해야 하는지에 대한 일종의 '역할 기대'라고 할 수 있다. 우리나라에서는 일반적으로 성직관, 공직관, 노동직관, 전문직관 등이 논의된다(고전, 2000; 김달효, 2011; 주삼환 외, 2015; 한유경 외, 2018).

성직관에서는 교직을 학생의 인격 형성과 성장, 행복한 삶을 위해 헌신하는 고도의 봉사활동이라고 생각한다. 성직관을 구성하는 요소는 청빈 사상, 엄격한 도덕성, 자기희생과 헌신, 학생에 대한 무한한 애정이라고 할 수 있다. 반면, 노동직관은 성직관과 대조되는 관점이다. 성직관에서의 교직은 다른 직업과는 다른 고귀한 것이지만 노동직관하에서의 교직은 다른 직업과 큰 차이가 없다. 교원은 학교라는 직장에 고용되어 정신적·육체적 노동을 제공한 대가로 보수를 받는다는 점에서 노동자로 볼 수 있으며, 법에서 보장하고 있는 노동자로서의 제반 권리를 누릴 수 있어야 한다. 1999년 「교원의 노동조합 설립 및 운영 등에 관한 법률」의 제정은 노동직관이 반영된 결과라고 할 수 있다. 노동직관을 구성하는 요소는 정치활동 보장, 권리 강화, 지위 향상 등이라고 할 수 있다.

공직관은 '교육의 공공성'과 밀접한 관련을 맺는다. 공직이란 국가기관으로부터 임금을 받고 일하는 직업을 의미하며, 교직의 목적은 국민의 교육기본권을 보장하는 것이다. 공직관을 구성하는 요소로서는 국민에 대한 봉사, 공무적 사명감, 교육의 공공성 등이 거론된다. 특별히 공직으로서의 교직은 공공성을 가지기 때문에 권리와 의무가 법령으로 규정되고 있다. 교사는 교육의 자주권, 생활보장권, 신분보장권, 청구권 등의 권리가 있는 반면에 공무원으로서 선서의 의무, 성실의 의무, 복종의 의무, 친절공정의 의무, 비밀엄수의 의무, 청렴의 의무, 품위 유지의 의무가 있으며, 신분상 직장 이탈 금지, 정치운동의 금지, 집단 행위 금지, 영리 업무의 금지, 겸직 금지 등의 의무가 있다.

전문직관은 교직의 특수성과 전문성을 강조하여 전통적 전문직인 의사와 변호사 같은 직업으로 인식하는 관점이다. 전문직관을 이루는 구성 요소로는 교직의 특수성, 교직의 전문성, 진문 지식 및 기술, 자율성 등이 있다. 교직을 전문직으로 보는 관점은 1966년 유네스코에서 '교사의 지위에 관한 권고(Recommendation Concerning the Status of Teachers)'가 채택되면서 본격적으로 부상했다(UNESCO, 1966). 이 권고에서 "교육은 전문직으로 간주되어야 한다. 그것은 엄격하고도 계속적인 연구를 통하여 습득 유지되는 전문적 지식과 전문화된 기술을 필요로 하는 공공적 업무의 하나이다. 또한 그것은 교원들에 대하여 그들이 담당하고 있는 학생들의 교육과 복지를 위하여 개인적 · 집단적인 책임감을 요구한다."라고 명시함으로써 교직의 전문직관을 확고히 했다.

교직을 어떠한 관점으로 바라보느냐에 따라 교원정책의 방향은 달라질 수밖에 없다. 일반적으로 전문직의 특성에는 다음과 같은 것들이 포함된다. ① 특수한 지식과 기술을 가지고 있다. ② 직무 자체에 보람과 즐거움이 크다. ③ 업무 수행에 자율성이 많다. ④ 사회에서 권위 있는 직업으로 인정 받는다. ⑤ 직업을 대표하는 단체가 있다. 교직을 전문직으로 생각한다면 앞과 같은 특성들이 교직 안에서 발현될 수 있도록 해야 한다.

2. 교사의 전문성이란 무엇인가

미래 사회에 필요한 개인의 역량이 무엇인가에 대한 논의를 분석해 보면 공통적으로 의사소통 능력, 협업 능력, 창의성, 비판적 사고 등이 강조되고 있다(최수진 외, 2017). 교사는 이러한 역량을 갖춘 미래 인재를 양성하는 데 있어서 가장 중요한 책임을 맡고 있다. 이에 따라 교사에게도 새로운 역할과 역량이 요구되고 있다. 교사의 역할은 더 이상 지식 전달에만 국한되지 않으며, 교육과정 코디네이터 및 코치, 학습관리자, 교과 개발자, 현장 연구자, 개별 맞춤형 교수, 학습전문가 등과 같은 역할이 강조되고 있다(손찬희 외, 2017; 이동엽 외, 2020).

교사 전문성은 교사로서의 자질이라고 할 수 있다. 그것은 교육활동을 위해 필요한 지식(교육학 지식, 교과내용 지식, 교과수업 지식), 능력(수업 수행 능력, 학급경영 능력, 학생 상담 능력), 신념(교직 적 · 인성, 교직관, 소명의식) 등을 포괄한다(김혜숙, 2003; 이전이 외, 2022). 최근에는 전문성이라는 용어와 함께 역량이라는 개념이 자주 사용된다. 역량이란 조직 성과에 기여하는 개인의 행동 특성과 태도를 의미한다. 교사의 전문성은 학생의 성장에 긍정적인 영향을 주고, 궁극적으로 학교 조직 성과에 기여한다는 측면에서 역량의 개념과 일맥상통한다.

표 5-1 미래 교육환경 변화에 따른 교사 역량

역량군	역량
1. 융합교육 역량	교육과정 재구성 역량 (학생들의 융합적 사고와 창의적 역량을 길러 주기 위하여 교육과정을 탄력적으로 재조정, 재구성, 융합할 수 있는 역량)
2. 학생 개별화 교육 역량	데이터 기반 학습자 진단 역량 (데이터로부터 학습자 특성을 진단할 수 있는 역량)
	개별화 학습설계 역량 (학습자 특성을 고려하여 맞춤형 학습을 설계할 수 있는 능력)
	퍼실리테이션 역량 (학습을 안내하고 촉진할 수 있는 능력)
3. 지능 정보 활용 역량	테크놀로지 활용 역량 (수업을 기획하고 설계할 때, 최적의 테크놀로지를 선택하고 테크놀로지를 교수·학습 전략으로 활용할 수 있는 역량)
	정보 윤리 역량 (수업 개선과 학생 지도에 필요한 각종 정보를 적절하고 윤리적인 방식으로 수집하고 활용하는 역량)
4. 네트워크 역량	공동체 참여 역량 (교사로서 전문성을 강화하기 위하여 동료 교사 및 학부모, 교내외 전문가들과 공동체를 구성하고 적극적으로 활용하는 역량)
	의사소통 역량 (학생을 포함한 학교 구성원, 학교 외부의 교육관계자, 타 분야의 전문가 등과 효과적으로 의사소통할 수 있는 역량)

출처: 김기수 외(2018), p. 48.

미래 교육환경 변화에 따라 〈표 5-1〉과 같은 융합교육 역량, 학생 개별화 교육 역량, 지능 정보 활용 역량, 네트워크 역량 등이 요구된다. 이를 함양하기 위해서는 지속적으로 전문성 개발 활동에 참여하는 것이 필요하다. 복잡한 기술과 지식을 전문적으로 습득하는 것은 개인의 자기주도 학습을 통한 장기적이고 지속적인 과정이며, 최신의 것을 알기 위해 꾸준하게 학습해야만 해당 분야의 전문가로서 인정받을 수 있다(Ingersoll & Collins, 2018).

3. 교사의 전문성은 어디서 오는가

OECD(2016)에서는 [그림 5-1]과 같이 교사의 전문성을 크게 세 가지 요소로 구분했다. 전문적 지식, 자율적인 의사결정, 동료 네트워크이다. 이 세 가지 요소가 어디서부터 유래하는지 살펴보는 것이 '교사의 전문성은 어디서 오는가?'에 대한 질문에 답을 찾는 과정이 될 것이다. 첫 번째 요소인 전문적 지식은 교원 양성 교육과정과 현직 교사의 전문성 개발 기회를 통해 함양될 수 있다. 두 번째 요소인 자율적인 의사결정은 학교자치 및 자기주도적인 전문성 개발을 통해 담보될 수 있다. 마지막 요소인 동료 네트워크는 신규교사 멘토링과 전문적 학습공동체를 통해 갖춰질 수 있다.

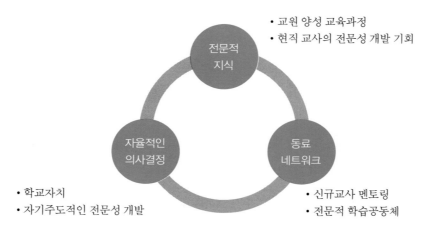

[그림 5-1] 교사 전문성의 3요소

출처: OECD (2016)를 바탕으로 구성함.

1) 전문적 지식

전문적 지식은 교과내용 및 교과교육 지식, 교육학 지식, 수업 및 학급경영 지식 등을 의미한다. 교사는 전문적 지식을 활용 및 적용하여 효과적으로 학생을 교육하고, 교수·학습 환경을 개선할 수 있다. 전문적 지식은 최근 강조되고 있는 '연구자로서의 교사'가 갖추어야 할 가장 기본적인 전문성이라고 할 수 있다. 연구자로서의 교사는 교육과정을 체계적으로 연구하고, 학습조건을 개선하는 교육 전문가이자 과학자라고 할 수 있다

(Autio, 2015). 이를 위해 교사들은 교사 양성 교육과정에서 배운 지식을 기반으로 수업 실천을 개선하고, 지식을 심화시키는 과정에 참여해야 한다. 교사는 현장 연구를 통해 직관적, 경험적으로 판단을 하지 않고, 자신의 교육활동에 대해 반성적으로 사고하고 연구함으로써 자신의 교육활동을 능동적으로 개선해 나갈 수 있다(박선형 외, 2023). 전문적 지식을 함양하기 위해서는 질 높은 교원 양성 교육과정이 개발 및 적용되어야 하며, 지속적으로 자기 성장을 할 수 있도록 현직교사의 전문성 개발 기회가 다양하게 제공되어야 한다.

(1) 교원 양성 교육과정

우리나라는 사범대학, 교육대학, 교직 과정, 교육대학원 등에서 교원 양성 교육과정을

표 5-2 현 교원 양성 교육과정의 문제점

영역	범주	하위 범주
교육 과정	시대가 요구하는 교사 역량 함양 교육과정의 부족	• 미래 사회 대비 및 교사 적·인성 함양 교육과정 부족 • 교양 교육과정 운영 부족 • 전문성 함양을 가로막는 초등 심화 과정
	현장과 유리된 교육과정	• 현장 연계 교육과정의 부족 • 교육실습 기간 부족 • 현장과 동떨어진 교과목 및 교육학 교직이론·교직실무 과목의 교육내용
	교육과정의 불균형, 경직성 및 연계성 부족	• 임용고시 준비를 위해 1, 2, 3학년에 집중된 교대 수업 시수 • 교육학, 교과내용학, 교과교육학 간의 불균형과 연계 부족 • 교원양성기관 간 교육과정 연계 부족 및 경직성
교수· 학습 방법	시대 변화를 반영하지 못하는 일방적인 교수자 중심의 이론 강의	• 시대와 학습환경 변화를 반영한 교수·학습 방법의 다원화 필요 • 단순 지식 및 이론 전달, 임용시험 대비 족집게 수업 방식
	학습자 요구를 반영한 교수 피드백 부족	• 수업 실연, 과제 등에 대한 피드백 부족 • 교수자와 학습자의 성찰 없는 교수·학습 과정
	교수·학습 방법의 습득 기회 부족과 현장과의 괴리	• 교수·학습 방법 습득 기회 자체의 부족 • 원론적인 소개에 불과한 교수·학습 방법 강의 • 현장과 동떨어지거나 현장에서 적용하지 않는 교수·학습 방법 강의

출처: 박선형 외(2023), pp. 217-218.

운영한다. 예비교사로서 충실히 준비된 학생들은 교사가 된 이후에도 더 자신감 있고, 성공적으로 교직 업무를 수행하며, 교직에 오래 머물 수 있는 튼튼한 기반을 갖게 된다. 미래 교육환경의 급격한 변화에 따라 최근 교원 양성 교육과정의 변화는 연구자로서의 교사 양성(현장 연구를 통한 실천의 지속적 개선이 가능한 교사의 양성)과 현장 적합성의 강화(학교 현장에서 필요로 하는 전문성 갖춘 교사를 양성)라고 할 수 있다. 교사는 기존의 지식 전달자라는 역할에서 벗어나 새로운 지식과 기술을 능동적으로 받아들이고, 이를 수업에 활용하여 학생들에게 창의성과 비판적 능력을 길러 주어야 한다.

　이러한 관점에서 현재의 우리나라의 교원 양성 교육과정은 〈표 5-2〉와 같이 여러 면에서 개선의 여지가 있다(박선형 외, 2023). 기존의 이론 중심의 지식만으로는 미래 교육이 요구하는 교사의 역할을 충실히 수행할 수 없다. 이론에 더하여 실용적·실천적 지식이 교원 양성 교육과정 안에서 균형 있게 제공되는 방향으로 점차 개선의 노력을 기울이고 있다.

(2) 현직 교사의 전문성 개발 기회

　교원 양성 교육과정을 통해 완성된 전문성을 기대하기는 힘들다. 교사는 학교 현장에서 실무 경험을 쌓으면서 자신의 부족한 점을 발견하고, 이를 개선하기 위해 지속적인 전문성 개발 활동에 참여할 수 있도록 다양한 기회를 가져야 한다. 데시몬(Desimone, 2009)은 효과적인 전문성 개발의 특징을 다음의 네 가지로 제시했다. 첫째, 교과내용 중심(content focus)으로, 전문성 개발 활동은 교과내용 중심이어야 하고 어떻게 학생들이 그 내용을 배우는가에 집중되어야 한다. 둘째, 능동적 학습(active learning)으로, 효과적인 전문성 개발을 위해서 교사들은 강의 수강과 같은 수동적 학습에서 벗어나 참여의 학습기회를 보장받아야 한다. 셋째, 일관성(coherence)으로, 교사들이 전문성 개발에서 접하는 내용이 다른 전문성 개발, 그들의 지식과 신념, 학교, 지역, 그리고 국가의 교육정책과 일관성을 갖고 있어야 한다. 넷째, 공동 참여(collective participation)로, 전문적 학습공동체를 만들기 위해 같은 학년, 같은 과목 혹은 같은 학교의 교사들이 전문성 개발 활동에 함께 참여해야 한다. 교사가 이러한 특성을 가진 전문성 개발 활동을 경험할 경우, [그림 5-2]와 같이 지식과 기술의 향상과 함께 태도 및 신념의 변화를 경험하게 되고, 이는 수업의 변화를 가져오게 하여 궁극적으로는 학생의 학습활동에 긍정적인 영향을 줄 수 있다.

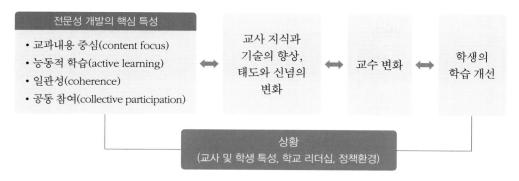

[그림 5-2] 학생 학습의 개선으로 이어지는 효과적인 전문성 개발의 특징
출처: Desimone (2009), p. 158.

우리나라는 교원의 지속적인 전문성 개발 노력을 법적 의무로 규정하고 있다. 이는 교원의 전문성을 제고하고자 하는 강한 국가적 의지의 표현이라고 할 수 있다. 예를 들어,「교육기본법」제14조 제2항에서 "교원은 교육자로서 갖추어야 할 품성과 자질을 향상시키기 위하여 노력하여야 한다."라고 규정하고 있으며,「교육공무원법」제38조 제1항에서는 "교육공무원은 그 직책을 수행하기 위하여 끊임없이 연구와 수양에 힘써야 한다."라는 명확한 의무 조항이 존재한다.

우리나라 교원 연수제도는 [그림 5-3]과 같다. 법정 연수는 연수기관 중심의 연수로서 '교원 등의 연수에 관한 규정'에 명시된 자격연수, 직무연수, 특별연수로 구성된다. 비법

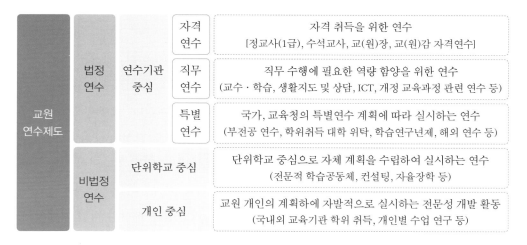

[그림 5-3] 교원 연수제도의 분류
출처: 이동엽 외(2023), p. 50.

표 5-3	전문성 개발 방해 요인 주요국 비교						(단위: %)
구분	선수 요건들을 갖고 있지 않다	비용이 너무 많이 든다	학교 차원의 지원이 부족하다	업무 일정과 겹친다	가정 일로 시간이 부족하다	적합한 활동을 찾지 못했다	인센티브가 없다
한국 평균	40.4	57.3	71.3	88.1	64.5	39.5	65.9
OECD 평균	10.8	45.1	31.4	53.8	37.1	37.9	46.7

주: 긍정 응답 비율(동의함, 매우 동의함).
출처: 이동엽 외(2019), p. 112.

정 연수와 비교했을 때 공식적, 의무적이라고 할 수 있다. 비법정 연수는 단위학교 및 개인 중심의 다양한 연수를 의미하며, 법정 연수에 비해 상대적으로 비공식적이고 교원의 자발성에 근거한 연수라는 특징을 가진다.

한편, 교사의 전문성 개발을 지원하는 학교 및 정책 환경이 조성될 필요가 있다. 이는 전문성 개발 활동에 참여할 수 있는 시간의 확보, 재정적 지원, 인센티브 등 다양한 형태를 취할 수 있다. OECD가 수행한 국제 비교 연구인 TALIS(Teaching and Learning International Survey)의 분석 결과(〈표 5-3〉 참조)에서 OECD의 평균과 비교할 때 전문성 개발에 방해가 될 수 있는 요인에 대해 더 높은 비율로 방해가 된다고 응답했다(이동엽 외, 2019, p. 112). 향후 이러한 전문성 개발 방해 요인을 개선하기 위한 적극적 노력이 요구된다.

2) 자율적인 의사결정

자율성은 자신의 일에 대한 결정을 내릴 수 있는 자유를 의미한다. 인간은 자율 욕구를 가지고 있다. 이는 외부의 압력이나 보상에 의해서 행위 혹은 의사결정을 하기보다는 내재적 동기에 의해 주체적으로 행동하려는 욕구라고 할 수 있다. 교원은 교육활동에서 고도의 전문성과 자율성을 가지고 교육의 목적을 효과적으로 달성해야 하며, 이를 위해서 수업할 권리, 교육과정 편성권, 교재 선택권, 교육방법 결정권, 평가권이 보장되며, 이러한 권리를 자율성을 가지고 행사해야 한다(Pearson & Moomaw, 2005). 자율성의 전제는 교사의 전문적 판단 능력을 인정한다는 것이다. 자율성은 자신의 직업 내에서 성장하고 더 높은 책임을 추구하는 것을 목표로 하는 주인의식과 임파워먼트로 이어진다(Dondero, 1997). 교사의 자율성 신장을 위해서는 학교자치가 활성화되고 자기주도적인 전문성 개발 체제가 마련될 필요가 있다.

(1) 학교자치

교사의 자율성이 단위학교 차원으로 확대된 것이 학교자치라고 할 수 있다. 학교자치란 단위학교가 학교 운영(인사, 재정, 학생 방침, 교수 · 학습 활동, 교육과정)의 자율성과 권한을 갖는 것을 핵심으로 하는 학교 운영 원리이다(이동엽 외, 2021). 그 주요 특징은 다음과 같다.

- 학교 운영의 의사결정이 구성원(학교장, 교사, 학생, 학부모, 지역사회)의 참여를 통해 민주적으로 이루어진다.
- 개별 학교의 문제는 그 구성원들이 가장 잘 해결할 수 있다는 믿음과 함께 학교 구성원들의 전문성이 존중된다.
- 단위학교의 자율성이 보장됨과 동시에 그 결과에 대한 책임도 단위학교가 가진다.

학교자치는 교사가 집단적인 의사결정에 참여할 수 있는 '협력적 자율성'을 보장하는 것이다. 교사들은 자신의 업무와 관련된 사안에 대한 의사결정 과정에 직접 참여하여 자신들의 의견을 나타낼 수 있다. 교사가 교육과정, 수업 등과 관련된 결정을 내리는 데 있어서 관리자와 함께 참여할 수 있는 기회를 가질 때 협력적 자율성이 생겨난다.

과거 교사의 역할은 지식 전달자로서 국가 교육과정이 제시하는 틀 안에서 효율적으로 가르치는 것이 전문성으로 인식되었다. 그러나 학교자치하에서는 보다 적극적인 역할이 요구된다. 학생들이 갖추어야 할 미래 핵심 역량을 함양하기 위해 새로운 교수방법과 교육과정 재구성을 시도하고, 교사 스스로 네트워크와 팀, 공동체 속에서 지속적인 전문적 학습을 추구하며, 사회 변화에 적극적으로 대응해야 한다. 학교자치하에서의 교사는 학급의 범위를 넘어서 학교 교육의 비전 설정과 학교의 주요 의사결정 과정에 참여함으로써 학교 경영의 주체로서 역할을 수행하게 된다.

(2) 자기주도적인 전문성 개발

교사의 자율성은 전문성 개발의 영역에서 자기주도성을 인정하는 전문성 개발 시스템을 통해 함양될 수 있다. 우리나라는 교사의 전문성 개발을 교사의 의무로 인식하고,

공식 기관에서 제공하는 각종 자격연수와 직무연수가 활성화된 '국가 주도의 전문성 개발 체제'를 가지고 있다. 그러나 최근에는 단위 학교 및 교사 개인 중심 연수가 주목을 받고 있다. 이는 전문성 개발을 교사의 권리로 인식하고, 다양한 비공식적인 전문성 개발 활동이 활성화되는 '교사 주도 전문성 개발 체제'의 특징을 보이는 것이다(허주 외, 2018). 특별히 단위학교 교사들을 주축으로 운영되는 전문적 학습공동체의 경우에는 교사의 전문성 개발과 성장에 실질적 효과가 있는 것으로 밝혀졌다(김성천 외, 2019; 현성혜, 2018).

교사의 자기주도성이 인정되는 전문성 개발 체제는 평생학습자로서의 교사를 상정한다. 평생학습자로서의 교사란 "학생 교육과 직간접적으로 연계된 다양한 삶의 영역에서 전 경력 동안 개별적 · 공동체적인 평생학습을 생활화하고, 이를 학생 교육과 동료, 자신을 위해 창조적으로 활용하고자 노력하는 자기주도적 성장의 주체자"(이동엽 외, 2022, p. 16)라고 할 수 있다. 학습자의 자유의지와 능동적 태도에서 비롯되는 자기주도학습은 가장 효과적인 학습양식이다. 삶의 과정 안에서 이루어지는 다양한 학습의 맥락에서 자신만의 의미를 발견하고, 자기주도적으로 학습하면서 만족과 행복을 느끼는 것이 평생학습자의 이상적인 모습이라고 할 수 있다. 교사가 평생학습자로서 성장할 수 있도록 자기주도적 전문성 개발 체제를 구축하고, 지원하는 것이 필요하다.

3) 동료 네트워크

전통적으로 전문가로 인식되는 직업은 외부의 감시와 통제보다는 동료 집단의 내부 규제가 강하다. 전문가들은 스스로 높은 기준을 설정하고, 그 구성원들은 그러한 기준을 충족해야 할 책무성을 가진다. 교사들이 높은 전문성을 유지하기 위해서는 관점의 전환이 필요하다. 가르치는 것을 개인적이고, 고립된 활동으로 보는 것에서 벗어나 협동적인 관찰과 연구를 통해 개선의 가능성이 열려 있는 전문적인 활동으로 바라보아야 한다. 교사들은 지식 공유, 협업과 지원의 동료 네트워크(peer networks)를 구축함으로써 높은 전문성을 유지할 수 있다. 하그리브스(Hargreaves, 2000)는 교사의 개인적 고립이 어떠한 문제를 야기하는지 다음과 같이 제시했다.

- 성과에 대한 제한된 피드백으로 인해 효과에 대한 자신감과 확실성이 부족하다.
- 동료로부터 배울 수 있는 기회가 부족하여 교사로서의 능력 향상이 저해된다.

- 피드백과 지원 부족으로 인해 학생들의 삶과 미래를 바꿀 수 있는 능력과 효능감이 제한된다.
- 보다 근본적인 형태의 장기적 또는 학교 전체의 개선보다는 자신의 교실과 학생의 단기적 개선에만 초점을 맞추는 경향이 있다.
- 특히 매우 헌신적인 교사들이 죄책감과 좌절감을 느끼기 쉽다.
- 교사가 학생들에게 더 나은 교육을 제공할 수 있는 방식으로 자신의 업무를 반성하고 재구성하게 할 수 있는 전문적인 대화가 부족하다.
- 고립이 교사 수업에서 개성을 만들어 내는 것이 아니라, 지루한 일상과 동질성을 만들어 낸다.
- 교사들이 학생과 관련된 정보를 공유하지 않기 때문에 학생들의 필요에 대해 무관심하게 된다.

이러한 고립을 극복하고, 교사 간의 지식의 공유와 협력을 강화하기 위해서는 신규교사 멘토링과 전문적 학습공동체를 활성화시킬 필요가 있다.

(1) 신규교사 멘토링

신규교사 멘토링은 경력 교사의 정서적 · 기술적 지원을 통해 신규교사의 교직 적응과 전문적 성장을 촉진한다. 멘토교사는 신규교사에게 교사의 역할이 무엇인지 안내하고, 교수법 개선을 위한 구체적 노하우를 제공하며 평가와 피드백에 참여하게 된다.

우리나라 신규교사들은 다른 국가와 비교했을 때 심리적 어려움을 더욱 많이 경험하고 있는 것으로 보인다. OECD의 TALIS 2018 분석 결과에 따르면 신규교사(경력 5년 이하)의 스트레스 인식이 OECD 평균보다 높게 나타났으며, 현재 근무 중인 학교에 대한 만족도 역시 우리나라 신규교사들이 상대적으로 낮은 수준을 보였다(김혜진 외, 2020; 이동엽 외, 2019). 신규교사들은 타인과의 갈등 및 관계 형성의 어려움, 업무 수행의 어려움과 실패에 따른 낮은 자존감, 신규교사에 대한 배려가 없는 학교 문화 등을 경험하고 있었으며, 〈표 5-4〉와 같이 교수 · 학습 지도를 포함한 다양한 부문에서 적응 곤란을 경험하고 있다.

표 5-4 신규교사의 적응 곤란 요인과 현상

영역	관련 요인	적응 곤란 현상
교수 · 학습 지도	• 가르치는 일 자체 • 수업 내용 • 수업 시수 • 수업 분량 • 수업 조직	• 불안감 • 혼란스러움 • 부담 • 스트레스 • 허둥지둥, 즉흥적임
생활지도	• 수업 중 문제행동 • 왕따, 학교폭력, 안전사고 • 기피 학급 또는 학년 배치	• 부끄럼, 무력감, 두려움 • 화, 후회, 사기 저하, 죄책감 • 불만
행정 업무	• 긴급한 업무 또는 업무 가중 • 업무에 의한 수업 방해 • 과다한 업무처리	• 조급함, 부담, 고민 • 불편함, 죄책감 • 수업 열정 약화
학교지원제도 및 문화	• 동료 교사의 지원 부족 • 자질구레한 일 처리 • 시행착오의 당연시 • 권위주의, 보수주의, 개인주의 • 강제적 학년, 업무 배정	• 고립감, 좌절 • 억울함, 부담스러움 • 불만, 안타까움 • 사기 저하, 불만, 무력감 • 불만, 서러움, 차별

출처: 조영재(2015), p. 138.

어느 학교나 매년 신규교사가 있기 마련이다. 모든 경력교사가 신규교사의 적응과 역량 함양에 동참할 필요가 있다. 특별히 신규교사의 어려움을 명확히 알고, 그들을 도와줄 수 있는 다양한 방법에 대한 이해가 높아야 한다. 이를 위해서는 경력교사의 멘토링 역량 강화가 필요하다. 멘토링 프로그램은 멘토에게도 긍정적인 효과를 가져다준다. 멘토교사는 교직은 물론 자신에 대한 이해를 확장시킬 수 있다. 또한 교수 · 학습에 대한 이해를 심화할 수 있으며, 교사 리더십 발달에도 기여한다. 멘토링을 경험한 경력교사들은 교사로서, 지도자로서, 동료로서 수업 혁신을 실천하고, 전문성을 개발하기 위한 협력과 탐구를 위해 노력하게 된다(곽영순, 2011; 이동엽 외, 2023).

(2) 전문적 학습공동체

동료 교사와 협업하지 않고 교사 혼자서 자신의 지식과 기술을 발전시키는 속도로는 급변하는 사회적 및 교육적 요구에 적절히 대응할 수 없다. 따라서 '협력적 전문성' 개발

| 표 5-5 | 교원의 전문적 학습공동체의 특징 |

특성	내용
집단 전문성 개발	• 교사 개인의 전문성 신장뿐 아니라 동료 집단의 전문성 신장을 목적으로 함
협력학습	• 다양한 경력과 능력을 가진 교사들이 서로 동등한 관계에서 전문성을 자유롭게 공유하며, 서로 가르치고 배움
비판적 탐구와 지속적 혁신	• 동료의 교육 실천에 대해 비판적으로 탐구하고, 기존의 교육 실천을 분석, 평가하여 이를 토대로 지속적 혁신을 추구
학생의 학습 보장	• 학생의 학습 증진을 최우선으로 함(교사의 책무는 학생들을 가르치는 것으로 끝나는 것이 아닌 학생들이 배우는 것까지 책임져야 한다는 가정에 기초)

출처: Sergiovanni (1994); 서경혜(2009)와 현성혜(2018)의 내용을 바탕으로 재구성함.

이 필요하다고 할 수 있다. 이러한 관점에서 교원의 전문적 학습공동체가 큰 주목을 받고 있다.

교사의 전문적 학습공동체(professional learning community)란 교사의 전문성 신장과 학생의 학습 증진을 위해 교사들 스스로 협력적으로 배우고, 이를 실천하며, 실천의 과정과 결과에 대해 공동으로 성찰하는 교사 집단이라고 할 수 있다(서경혜, 2009; 현성혜, 2018; Sergiovanni, 1994). 교사들 간의 협력이 교사 개인의 전문성으로 이어지기 위해서는 전문적 학습공동체가 효과적으로 기능해야 한다. 효과적인 전문적 학습공동체는 〈표 5-5〉와 같이 집단 전문성 개발, 협력학습, 비판적 탐구와 지속적 혁신, 학생의 학습 보장이라는 특징을 가진다.

전문적 학습공동체를 통해 교사들은 복잡하고, 혼란스러운 교실 및 학습 상황에 대한 공유된 이해를 갖게 되고, 주요 교육성과에 대해서도 공동의 책임을 지게 된다. 또한 학교와 지역의 맥락 하에서 교사들 간의 유대를 통해 학교가 당면한 공동의 문제를 해결하며, 일상적인 업무와 직접적으로 관계된 전문성 개발 활동에 참여할 수 있다. 전문적 학습공동체는 혼자서는 할 수 없다는 것을 깨닫고, 미래 교육환경에 대처하기 위한 교사 협력 네트워크의 열망을 나타내며, 동시에 교사를 전문가로 만드는 지식과 규범, 신념을 만들어 낸다. 교사들은 협력함으로써 더 큰 전문성을 경험하게 된다.

한편, 전문적 학습공동체의 활성화를 위해서는 무엇보다도 시간 확보가 중요하다. 우리나라는 전보제도가 있기 때문에 단위 학교에서는 매년 상당수의 교원이 교체되고 있다. 이러한 교원의 잦은 이동은 라포 형성에 어려움을 가져오며, 공동체 활동에 장애 요인이 되고 있다. 이를 극복하기 위해서는 교사 간 라포 형성 및 교류를 할 수 있는 충분한 시간이 확보되어야 한다. 정기적인 전문적 학습공동체의 날을 지정하고, 교사들이 불필요한 행정 업무에서 벗어날 수 있도록 지원하는 체제를 마련해야 한다.

 생각해 봅시다

1. 최근 이슈가 되고 있는 교권의 문제는 교사의 전문성과 어떠한 관련성이 있는가?

2. 교사의 자율적인 의사결정과 학생 및 학부모가 학교 의사결정에 참여하는 것이 상호 충돌, 갈등할 가능성은 없는가?

3. 학교 안에서 전문적 학습공동체를 유지 및 발전시키기 위한 방안은 무엇인가?

 참고문헌

고전(2000). 교직관의 법제적 수용과 과제. 교육행정학연구, 18(3), 209-242.

곽영순(2011). 교사의 전문성 개발을 위한 교사 학습연구년제의 운영 방안. 제5회 청람교육포럼 자료집. 59-99.

김기수, 강호수, 김갑성, 김성기, 김정민, 전제상, 손다정(2018). 4차 산업혁명 대응 역량 강화를 위한 교원 교육 시스템 재정비에 관한 연구. 4차산업혁명위원회.

김달효(2011). 교원양성기관 학생들의 교직관 분석. 코기토, 70, 427-451.

김성천, 김요섭, 김인엽, 김진화, 김혁동, 오수정, 이경아, 이영희, 임재일, 홍섭근(2019). 학교자치. 2, 교육공동체가 함께 만들어가는 학교민주주의. 테크빌교육.

김혜숙(2003). 교원 '전문성'과 '질'이 개념 및 개선전략 탐색. 교육학연구, 41(2), 93-114.

김혜진, 박효원, 박희진, 이동엽, 이승호, 최인희, 길혜지, 김정현, 이호준(2020). 교원 및 교직환경 국제 비교 연구: TALIS 2018 결과를 중심으로(II). 한국교육개발원.

박선형, 김갑성, 김병찬, 김이경, 주영효, 주현준, 전제상, 황준성(2023). 교원양성 고도화 지원 사업 추진 기초 연구. 한국교육개발원.

손찬희, 정광희, 박경호, 최수진, 양희준, 전제상, 류호섭(2017). 학생 맞춤형 선택학습 실현을 위한 고등학교 학점제 도입 방안 연구. 한국교육개발원.

이동엽, 김혜진, 이승호, 강호수, 박희진(2021). 학교자치 관점에서 본 교원정책의 쟁점과 과제. 한국 교육개발원.

이동엽, 김혜진, 김정아, 송효준, 이주연(2022). 평생학습자로서의 교사를 위한 교원능력개발평가 개선 방안 연구. 한국교육개발원.

이동엽, 김혜진, 이주연, 박효원, 김랑(2023). 수업 혁신 지원을 위한 교원인사제도 개선 방안 연구. 한국교육개발원.

이동엽, 박영숙, 박희진, 최수진, 김혜진, 이승호, 김보미(2020). 미래교육환경 변화에 따른 교사자격제도 개선 방안 연구. 한국교육개발원.

이동엽, 허주, 박영숙, 김혜진, 이승호, 최원석, 함승환, 함은혜(2019). 교원 및 교직환경 국제 비교 연구: TALIS 2018 결과를 중심으로(Ⅰ). 한국교육개발원.

이전이, 오춘식, 신동훈, 김지현(2022). 미래교육을 위한 중등교사 역할 수행 지원 방안: 담론에서 실천으로. 한국교육개발원.

서경혜(2009). 교사 전문성 개발을 위한 대안적 접근으로서 교사학습공동체의 가능성과 한계. 한국교원교육연구, 26(2), 243-276.

조영재(2015). 초등 초임교사 교직적응곤란 영향 요인 분석. 초등교육연구, 28(1), 133-157.

주삼환, 천세영, 김태균, 신붕섭, 이석열, 김용남, 이미라, 이선호, 정일화, 김미정, 조성만(2015). 교육행정 및 교육경영. 학지사.

최수진, 이재덕, 김은영, 김혜진, 백남진, 김정민(2017). OECD 교육 2030 참여 연구: 역량 개념틀 타당성 분석 및 역량 개발을 위한 교육체제 탐색. 한국교육개발원.

한유경, 임현식, 김병찬, 김성기, 정제영, 이희숙, 임소현, 김은영, 윤수경, 이윤희, 김화영, 김경애, 정현주(2018). 교육행정 및 교육경영. 학지사

허주, 이동엽, 김소아, 이상은, 최원석, 이희현, 김갑성, 김민규(2018). 교직환경 변화에 따른 교원정책 혁신 과제(Ⅱ): 교사전문성 개발 지원 체제 구축 방안 연구. 한국교육개발원.

현성혜(2018). 학교교육과정 개발 사례에 나타난 교사학습공동체의 전문적 자본 구축에 대한 연구. 박사학위논문. 이화여자대학교.

Autio, T. (2015). The present educational imaginary in Finland: Only Finnish?. *Journal of Curriculum and Pedagogy, 3*(2), 67-71.

Desimone, L. M. (2009). Improving impact studies of teachers' professional development: Toward better conceptualizations and measures. *Educational Researcher, 38*(3), 181-199.

Dondero, G. M. (1997). Organizational climate and teacher autonomy: Implications for educational reform. *International Journal of Educational Management, 11*(5), 218-221.

Hargreaves, A. (2000). Four ages of professionalism and professional learning. *Teachers and*

Teaching, 6(2), 151–182.

OECD. (2016). Supporting teacher professionalism: Insights from TALIS 2013. OECD.

Pearson, L. C., & Moomaw, W. (2005). The relationship between teacher autonomy and stress, work satisfaction, empowerment, and professionalism. Educational Research Quarterly, 29(1), 38–54.

Sergiovanni, T. J. (1994). Organizations or communities? Changing the metaphor changes the Metaphor Changes the theory. Educational Administration Quarterly, 30(2), 214–226.

UNESCO. (1966). Recommendation concerning the status of teachers. UNESCO.

개요 ···

이 장에서는 교사의 특성과 교직 직무의 특성, 교사의 동기와 직무상의 어려움에 대한 이해를 바탕으로 교사들로 하여금 높은 직무 동기를 가질 수 있도록 지원하기 위한 방안을 모색해 보고자 한다. 이 장의 핵심적인 질문은 다음의 세 가지로 요약해 볼 수 있다. 첫째, 교사는 어떠한 사람들이며, 어떠한 직무를 수행하는가? 둘째, 교사들은 어디에서 보상과 동기를 얻는가? 셋째, 교사들은 어떤 점에서 스트레스와 소진을 느끼는가?

학습목표 ···

1. 교사의 일반적 특성과 교직 직무의 특성을 설명할 수 있다.
2. 교사의 동기 요인과 스트레스 요인, 소진 요인을 설명할 수 있다.
3. 교사와 교직 직무의 특성과 동기 요인, 스트레스 요인, 소진 요인에 대한 내용을 바탕으로 교사를 지원하기 위한 방안을 도출해 낼 수 있다.

제**6**장

교사는 무엇으로 사는가

김지현

EDUCATIONAL ADMINISTRATION
EDUCATIONAL MANAGEMENT

1. 왜 교사인가

교사는 학생의 교육적 경험을 결정하는 다양한 학교 관련 요인 중 가장 중요한 투입이다(Hattie, 2008). 학생들은 교사와의 만남을 통해 학문의 세계를 접하고, 자신이 미래에 경험하게 될 어른들의 세계 또한 간접적으로 경험한다. 교육학 연구 전반에서 교사는 그들의 중요한 역할에 비해 늦게 주목을 받기 시작했다. 1960년대까지 교사의 이미지는 사회시스템의 기대에 무기력하게 반응하는, 학교와 사회라는 시스템의 작은 톱니바퀴와 같은 존재로 그려졌다. 더 나아가 사회의 뿌리 깊은 불평등을 학교 내에서 재생산 또는 심화시키는 존재로서 일종의 '빌런'으로 그려지기도 했다(Apple, 1987; Ball & Goodson, 1985; Delamont, 1980). 즉, 사회의 뿌리 깊은 불평등을 큰 비판 없이 학생들에게 전달하는 존재로 그려진 것이다. 그러나 동시에 교사의 일과 업무환경에 대한 연구 결과들이 축적되면서 교사는 다양한 문화적 · 환경적 영향으로 인해 그들의 직무를 수행하는 데 있어 어쩔 수 없는 제한을 가지는 일종의 피해자로 특징 지어졌고, 이러한 어려운 환경 속에서 교사들의 생존 자체가 근본적인 문제로 인식되기도 했다(Woods, 1979).

그러나 이러한 상황적 제약 속에서도 학생들과의 상호작용을 통해 창의적이며 전략적인 교육적 대응을 하는 것도 교사이며(Pollad, 1982), 특히 교육정책의 실행 측면에서 교육혁신의 성패를 최종적으로 결정하는 **일선관료**의 역할을 하는 것도 교사이다(Lipsky, 2010, 교육정책의 전개에 대해서는 이 책의 제12장 참조). 이러한 능동적인 관점에서 교사는 학교 조직의 효과성을 결정하는 **전문적 관료제**의 중추적인 역할을 하는 전문가로서 인식되기도 하지만, 이 때문에 교육의 외부 **책무성** 관점에서 학교의 문제점으로 지목되는 것도 교사들이다(효과적인 학교에 대해서는 이 책의 제2장 참조). 종합하면 역사적으로 교사는 사회적 헤게모니를 학생들에게 그대로 전달하는 거대한 제도의 일부로 인식되었지만 점차 나름의 자발성과 목적, 정체성을 가지고 있는 교육의 중요한 요소이자, 현재 교육 시스템의 문제인 동시에 문제 해결을 위한 실마리를 쥐고 있는 존재로 개념화할 수 있다.

그렇다면 현재 한국 사회에서 교사는 어떻게 인식되는가? 교사의 사회적 지위에 대한 국제 비교 연구에 따르면, 2018년 기준 한국의 교사 위상 지수(teacher status index)는 중국, 말레이시아, 대만, 러시아, 인도네시아에 이어 35개국 중 6번째를 기록했다(Varkey Foundation, 2018; [그림 6-1] 참조). 이는 35개국 1,000명을 대상으로 한 설문조사를 바탕

(단위: 점)

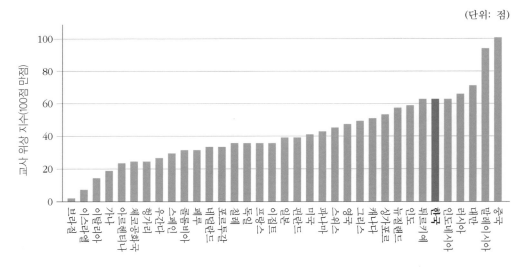

[그림 6-1] 교사 위상 지수

출처: Varkey Foundation (2018).

으로 한 결과로, 한국에서 교사가 가진 사회적 위상이 비교적 높다는 점을 시사한다. 하지만 우리나라에서 자신의 자녀가 교사가 되도록 권장하겠다는 학부모의 비율은 36%로, 이전 조사인 2013년의 46%에 비해 크게 낮아졌다. 더욱이 설문 응답자 중 21%만이 일반적으로 학생들이 교사를 존경한다고 답했다. 즉, 우리나라에서 교사의 사회적 지위는 여전히 비교적 높은 편에 속하지만, 과거에 비해 그 위상이 크게 떨어지고 있다. 더불어 교사의 **직무 동기 하락**, **스트레스와 소진**(burnout)은 많은 연구에서 공통적으로 지적하고 있는 뿌리 깊은 문제이다. 교사는 대표적인 감정노동자이며, 일상적으로 수업 활동의 불확실성에 시달리는 동시에 각종 교육정책의 일선관료로서 학생과 학부모를 직접 상대하는 최전선에서 일한다. 최근 불거진 교권 침해와 관련된 논란은 교사의 직무환경이 얼마나 열악한지를 단적으로 보여 주는 예이다. 교사의 동기 하락과 심리적 어려움은 직접적으로는 매일 이들과 함께 생활하는 학생들의 정신적·인지적 성장에 악영향을 끼치며, 더 나아가 교사의 이직률을 높이고 향후 교사의 질을 떨어뜨릴 수 있다. 따라서 이러한 문제는 교육 조직 전체의 차원에서 접근하여 해결되어야 하는 문제이다.

이 장에서는 교사와 교직 직무의 특성과 동기, 직무상의 어려움에 대한 이해를 바탕으로 교사들로 하여금 높은 직무 동기를 유지할 수 있도록 지원하기 방안을 모색해 보고자 한다. 이 장의 핵심적인 질문은 다음의 세 가지로 요약해 볼 수 있다. 첫째, 교사는 어떠한 사람들이며, 어떠한 직무를 수행하는가? 둘째, 교사들은 어디에서 보상과 동기를 얻는가? 셋째, 교사들은 어떤 점에서 스트레스와 소진을 느끼는가?

2. 교사는 어떠한 사람들이며, 어떠한 직무를 수행하는가

어떤 사람들이 왜 교사가 되는가? 교사들의 입직 동기는 대부분 직무 내재적인 가치인 "가르치는 일 자체에 대한 즐거움 혹은 사명" "학생들의 성장과 발달을 돕고 싶어서" 혹은 외재적 가치인 "직업적 안정성" "타인으로부터의 존경" "일과 삶의 균형" 등으로 나타난다(박희진, 이문수, 2019; 이쌍철 외, 2012). 연구에 따라 그 비율은 다르지만 대체적으로 내재적 동기가 높은 교사와 외재적 동기가 높은 교사의 비율은 비슷한 것으로 보인다. 최근 연구에 따르면, MZ세대 교사들은 특히 일과 삶의 균형을 가장 중요한 입직 동기로 꼽았다(구하라 외, 2023). 경제적 보수의 측면에서 우리나라 교원의 보수는 일반직 공무원(경찰, 군인 등)의 보수와는 비슷하지만 법관, 검사와 같은 전문직의 보수나 민간기업에 비해서는 낮은 편이고 교사들도 보수 수준에 대한 불만을 가지고 있는 것으로 나타났다(고전, 2012; 신현석, 이경호, 2008; 주철안, 2001). 그러나 교사들은 보수가 현재보다 훨씬 낮은 수준이 되어야 이직을 하겠다는 의견을 밝히기도 했다(Varkey Foundation, 2018). 종합하면 교직을 선택하는 이들은 학생의 성장을 돕고 가르치는 일 그 자체에 대한 흥미나 적성이 있거나, 교직이 가진 안정적이고 일과 삶의 균형을 가지기 용이한 특성을 중요하게 여기며, 이들에게 경제적인 보상은 상대적으로 그 중요성이 떨어지는 것으로 보인다.

현재까지도 교사와 교직을 설명할 때 가장 많이 언급되는 기념비적인 책인 로티(Lortie, 1975)의 『학교교사: 사회학적 연구(School Teacher: A Sociological Study)』는 교직의 특성에 기반하여 교직을 선택하는 사람들을 크게 두 가지로 설명했다. 첫째, 교직의 특성은 남성에 비해 여성이 더 매력적으로 느낀다. 이는 적은 경제적 보상과 일과 가정의 양립이 비교적 쉬운 근무시간에 기반한다. 실제로 교직의 여성화는 전 세계적인 현상이며, 우리나라도 초등학교와 중학교의 여성 교사의 비율이 2023년 기준 70%를 넘고 고등학교도 58%에 이른다(교육부, 2023). 둘째로, 교직의 특성은 교직에 진입하는 사람들의 보수주의적 성향을 더욱 높이는 경향이 있다. 교직에 관심을 보이는 학생들은 대체로 기존의 학교 시스템에 대한 호감을 가지고 있는 경우가 많으며, 사회적, 역사적, 문화적으로 인정받은 기존의 지식을 잘 전달하는 데 흥미와 적성을 가지는 경우가 많기 때문에 현재의 교육 상황을 단시간에 급격하게 변화시키는 것을 기대하기는 어렵다는 것이다. 여기에 더해 또 한 가지 중요하게 지적되는 현상이 바로 **관찰식 도제제도**(apprenticeship of observation)이다(Lortie, 1975, p. 61). 다른 직종에 입문하는 이들과는 달리, 교사에 입문하는 이들은 최소 10년 이상 실제 교사가 자신의 직무를 수행하는 모습을 학생으로서 관찰해 왔다. 이러한 직업적 특성은 일반 대중이 교사의 일을 '아무나 할 수 있는 일'로 여길 수 있도록 하는 동시에 교사가 되려는 이들이 자신이 관찰한 교사가 했던 교육의 방식을 의식적으로, 또 무의식적으로 따라하게 되는 현상을 설명해 준다. 실제로 많은 교사가 자신의 직업적 사회화 과정에서 옛 은사의 강력한 영향력에 대해 언급했다(부기원 외, 1990; 우현실, 2022). 하지만 중요한 점은 이렇게 관찰식 도제제도를 통해 얻은 교직에 대한 지식은 대부분 단편적이며 실제 교직을 수행하는 데 큰 도움을 주지는 않는, 학생의 관점을 통해 얻은 지식이라는 점이다. 이러한 부정확한 기존의 지식은 효과적인 교사를 양성하는 데 걸림돌로 작용하고, 새로운 교육개혁을 어렵게 한다(Lortie, 1975).

　이러한 특성을 가진 이들이 교직에 입직하게 되면 그들을 기다리는 것은 불확실하면서도 계속적인 결정이 필요한, 매우 복잡한 업무이다. **교직의 불확실성**에 대한 많은 연구에서 공통적으로 지적하고 있는 사항은 무엇이 좋은 교육인가에 대한 합의된 전문적 지식의 기반이나 기술적 문화가 부족하고, 교육의 효과성 평가도 제한되어 있기 때문에 교직은 불확실성을 띨 수밖에 없다는 점이다(Elmore, 2004; Lortie, 1975). 즉, 무엇이 좋은 교육인가, 어떻게 좋은 교육을 제공할 것인가, 어떻게 이를 평가할 것인가가 모든 상황에 맞게 명확히 정해지지 않는 이상 교직의 불확실성은 피할 수 없다는 것이다. 더욱이 교육이 교사와 학생 간의 관계를 기반으로 하며, 예측하기 어려운 학생의 감정과 생각을 다룬다는 점도 교직의 불확실성을 더한다(Helsing, 2007). 이러한 불확실성은 교사로 하여금 새로운 방식을 시도하여 성장하도록 하는 촉매제 역할을 하기도 하지만, 불안과 스트레스를 불러일으키고 효과적이지 않은 교육방식을 고수하는 **보수주의**를 띠게 하기도 한다. 교직의 불확실성이 불가피한 것이라면 그 다음 논의점은 어떻게 하면 교사들이 이러한 불확실성을 잘 관리하고, 이에 대해 효과적으로 대응하여 전문성을 높일지에 대한 성찰이다(교사의 전문성에 대해서는 이 책의 제5장 참조). 다음 절에서는 교사의 동기에 대해 살펴보며 이 질문에 대한 답을 얻고자 한다.

3. 교사들은 어디에서 보상과 동기를 얻는가

교사는 명확한 결과가 보이지 않는 상황에서 학생들에 대한 중요한 결정을 홀로 내려야 하는 상황에 끊임없이 놓인다. 이러한 교직의 불확실성과 연관지어 볼 때 교사의 동기는 매우 강력한 영향력을 가진다. 예를 들어, 수업을 방해하는 학생이 있을 때 이러한 상황을 외면하고 적당히 시간을 때우고 수업을 마치는 교사가 있는가 하면, 이 상황을 교육적으로 해결하기 위해 본인의 시간과 자원을 써서 큰 노력을 기울이는 교사가 있다. 매년 같은 수업을 반복적으로 하며 수업의 전문성을 높이기 위한 노력을 아예 하지 않는 교사가 있는가 하면, 매번 더 나은 수업을 위해 끊임없이 노력하는 교사가 있다. 이러한 동기의 차이는 어디서 오는가?

앞서 언급한 대로 교직은 높은 경제적 보상과는 거리가 있다. 성과급 제도가 있으나 대부분 업무의 난이도에 따라 배분되는 경우가 많고, 수업을 더 잘한다고 해서, 전문성 신장에 더 많은 노력을 기울인다고 해서 더 많은 경제적 보상이 따라오지는 않는다(변기용 외, 2018; 전제상, 2010). 승진 체계 또한 마찬가지이다. 교사는 경력이 높아지며 올라갈 직위의 단계가 거의 없고, 보수의 변화도 크지 않으며, 교장, 교감으로 승진하게 되면 본래 하던 일인 가르치는 일에서 멀어지게 된다. 이러한 교직의 특성은 교사들이 미래에 올 경제적 또는 사회적 보상보다는 현재의 심리적인 보상에 더욱 큰 가치를 두도록 한다(Lortie, 1975). 즉, 수업 상황에서의 만족과 학생들과의 상호작용은 교사들에게 가장 강한 보상을 준다.

이와 관련된 주요 동기 이론 중 하나가 바로 허즈버그와 동료들(Herzberg et al., 1959)이 제시한 동기-위생이론이다. 이 이론은 조직 구성원의 동기를 의료활동에 빗대어 묘사했다. 위생 요인은 의료적으로 전염병의 전파를 예방하는 차원에서 의미가 있지만 이미 병에 걸린 사람을 치료하거나, 건강한 사람의 상태를 더 개선하지는 못한다. 이와 마찬가지로 동기의 측면에서 위생 요인은 일반적으로 직무 외적인 요인으로 불만족을 줄일 수는 있지만, 동기를 높이기는 힘들다. 이러한 요건에는 조직의 규칙, 급여 조건, 작업환경, 감독적 행동 등이 예시로 제시된다. 반대로 동기 요인은 직무 내적인 요인으로 조직의 구성원에게 진정한 의미의 직무 만족을 주고, 동기를 불러일으키는 요인이며, 일에서의 성취, 인정, 책임, 승진, 개인적 성장 등이 포함된다(Hackman, 1980). 물론 언급된 예

시 중 급여 조건은 개인의 성취, 인정과 연결될 수 있으므로 개인에 따라 그 의미가 달라
질 수 있다. 그러나 일에서의 성취와 전혀 관련이 없는 근무 조건, 예를 들어 교무실의 복
사기를 개선하거나 교직원 화장실을 고친다고 해서 교사들의 동기가 높아지지 않으리라
는 점은 이 이론을 통해 명확히 설명이 가능하다. 반면, 교사들의 동기를 높이기 위해서
는 교사들이 직무 자체에서 만족감을 느끼고 개인의 성장을 직접적으로 느낄 수 있도록
하는 방안이 필요하다는 점을 시사한다.

이와 비슷한 맥락에서 교사의 동기와 관련하여 적용가능한 이론이 **직무특성이론**이다.
직무특성이론은 개인이 본인의 직무를 의미 있다고 느낄 때, 그 결과에 대한 책임감을
느끼며 직무의 결과에 대한 명확한 정보를 규칙적으로 얻을 때 큰 동기를 느낀다고 설명
한다(Turner & Lawrence, 1965). 이러한 상황을 만들어 내기 위한 조건으로는 기술의 다
양성, 과업의 정체성, 과업의 중요성, 자율성, 직무 자체에서의 피드백이 있다(Hackman
& Oldham, 1976). 특히 교사의 직무 자체에서의 긍정적인 피드백은 개인의 성취감과
효능감에 영향을 주며, 이는 교사로 하여금 더욱 더 직무와 조직에 몰입하도록 한다
(Hackman & Oldham, 1976). 즉, 직무특성이론은 교사가 학생들과의 상호작용을 통해 알
게 되는 본인의 직무 결과에 대한 긍정적인 피드백이 교사의 동기에 결정적인 역할을 하
게 된다는 점을 효과적으로 설명한다.

긍정적인 피드백과 연관지어 교사의 동기 이론 중에 빼놓을 수 없는 것이 **교사효능감
이론**이다. 교사효능감은 교사 스스로가 아무리 어렵고, 동기가 없는 학생도 수업에 참여
시킬 수 있고, 학습을 시킬 수 있다고 생각하는 자신의 능력에 대한 판단이다(Armor et
al., 1976; Bandura, 1977). 교사효능감이 높은 교사는 대체로 동기가 높고, 어려운 상황 속
에서도 자신의 목표를 달성하기 위해 더 노력하고, 새로운 수업방법에 대해 더 도전적
인 자세를 가지고 있으며, 이러한 교사효능감은 학생의 학업성취도와 학생 자신의 효능
감과도 연관이 있는 것으로 나타났다(Tschannen-Moran & Hoy, 2001). 교사효능감은 상
황과 과목에 특정하게 나타나는 것으로, 한 분야에 대한 교사효능감이 높다고 해서 모든
분야에 높은 교사효능감을 나타내는 것은 아니다. 예를 들어, 내가 선수 학습이 부족한
학생들에게 분수의 개념을 잘 가르칠 수 있다고 생각한다고 해서 선수 학습이 완료된 학
생들에게 광합성을 가르칠 때 효능감이 높지 않을 수 있다. 밴듀라(Bandura, 1977)가 제
시한 효능감의 근원은 총 네 가지로, 숙련 경험, 대리 경험, 언어적 설득, 생리적 자극이
다. 숙련 경험은 가장 강력한 효능감의 근원으로, 과거에 본인이 경험한 성공 혹은 실패

를 뜻하며, 대리 경험은 다른 사람이 비슷한 상황에서 과업을 수행하는 모습을 보거나, 이야기를 들음으로써 효능감이 높아지거나 낮아지는 상황을 뜻한다. 언어적 설득은 다른 사람의 피드백이나 격려 등을 통해 효능감이 높아지거나 낮아지는 것이며, 생리적 자극은 특정한 상황에서 특정한 과업을 하게 되었을 때 개인의 몸과 마음에 느껴지는 자극이다. 예를 들어, 교사가 수학에서 특정한 단원을 가르칠 때 긍정적이며 안정적인 마음이 든다면 해당 상황에 대한 교사효능감이 높아진다고 볼 수 있다. 차넨-모란과 동료들(Tschannen-Moran et al., 1998)이 제시한 순환적인 교사효능감 모델에 따르면, 이러한 근원들은 교사 자신의 효능감에 대한 인지적인 과정에 영향을 주고, 교사의 상황에 대한 판단, 직무에 대한 판단의 근거가 된다. 이러한 과정을 통해 교사의 효능감이 형성되고, 이러한 효능감은 교사의 동기와 행동에 영향을 주게 되는 것이다(그림 6-2] 참조).

이러한 이론들을 종합하면 교사들은 대부분 직업 외적인 부분보다는 직무 자체, 즉 교수·학습과 학생과의 상호작용을 통해서 그들의 목표인 학생들의 전인적인 성장을 경험하며 동기를 느끼고, 이러한 경험이 쌓이면서 그들의 능력에 대한 자신감을 가지고 더욱 더 높은 동기를 느끼게 된다.

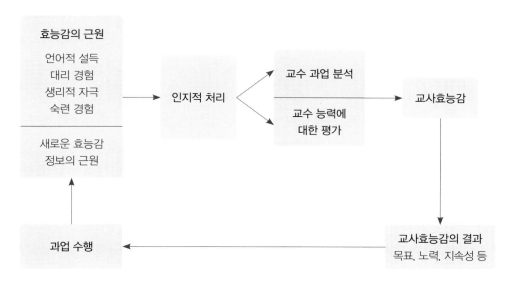

[그림 6-2] 교사효능감의 순환적 모델

출처: Tschannen-Moran et al. (1998).

4. 교사들은 어떤 점에서 스트레스와 소진을 느끼는가

교사는 일반적으로 매우 높은 스트레스를 경험하는 직업군 중 하나이다(Kyriacou, 2001). 전 세계 46개국의 교사들을 대상으로 직무 스트레스에 대한 설문을 실시한 TALIS 2018 결과에 따르면, OECD 평균으로 보았을 때 스트레스를 전혀 느끼지 않는다고 답한 교사는 9.1%에 불과했고, 18.1%의 교사들은 아주 많이, 30% 정도의 교사들도 상당한 정도로 스트레스를 경험한다고 답했다. 우리나라도 41.5%의 교사가 아주 많이 혹은 상당한 정도로 스트레스를 경험한다고 밝혔다. 최근 우리나라의 교사 3,500여 명을 대상으로 한 '직무 관련 마음 건강 실태 조사'에 따르면, 전체 응답 교사 중 25%는 경도 우울 증상, 38%는 중증도의 우울 증상을 보였고, 이는 일반인보다 4배나 높은 정도이다(김창훈, 2023).

교사의 동기가 교사로 하여금 직무를 더 열심히 수행하고 전문성을 높이고자 하는 동력이 되는 반면, 교사의 스트레스와 소진은 이를 방해하는 요소로서 직무 만족과 교사효능감을 낮추고 우울감과 이직률을 높이는 요소이다(박희진, 이호준, 2018). 교사의 직무 스트레스는 교사가 직무 수행 중 느끼게 되는 부정적이거나 불쾌한 감정(분노, 불안, 긴장, 좌절, 혹은 우울)으로, 그들의 안녕이나 효능감에 위협이 되는 부정적인 상황에 놓일 때 주로 발생한다(Kyriacou, 2001). 우리나라 교사의 직무 스트레스의 유형으로는 과도한 직무 요구로 인한 스트레스가 가장 빈도가 높았고, 직무 자율성의 부재, 존중 및 내적 동기를 높일 만한 기회의 부족, 조직 내의 체계 및 갈등, 집단주의적이고 관료적인 직장 문화 등으로 인한 스트레스 순으로 나타났다(이희현, 2017; 〈표 6-1〉 참조).

소진은 교사와 같이 사람을 지속적으로 대하는 직업을 가진 사람들에게 주로 발생하는 현상으로, 부정적 스트레스에 적절하게 대처하지 못하는 상황이 지속될 경우에 발생하는 정서적, 육체적인 심한 탈진 증상을 말한다(Farber, 1991). 즉, 일시적인 부정적 스트레스가 직접적으로 소진을 불러일으킨다기보다는 부정적 스트레스 상황에 대응할 만한 수단이 없는 경우의 만성적 스트레스가 소진을 불러올 수 있다. 소진은 정서적 고갈, 비인간화, 성취감 결여 등으로 나타나는데, 우리나라 교사들의 경우에는 비인간화와 성취감 결여보다는 정서적 고갈이 상대적으로 높은 수치로 나타났다(이희현, 2017). 일반적으로 정서적 고갈이 세 가지 소진의 유형 중 가장 먼저 나타나기 때문에 소진의 첫 단계를

표 6-1 직무 스트레스 유형

구분	주요 내용	문항 예시
직무 요구	시간적 압박, 업무량 증가, 과도한 직무 부담 등	• 나는 일이 많아 항상 시간에 쫓기며 일한다. • 업무량이 현저하게 증가했다.
직무 자율	직무 관련 재량 및 자율성, 직무 수행 권한, 업무 예측 가능성 등	• 작업시간, 업무 수행 과정에서 어떤 사안에 대해 결정할 권한이 주어지며, 나의 업무량과 작업 스케줄을 스스로 조절할 수 있다.
관계 갈등	상사, 동료의 업무 관련 도움 등	• 직장에서 내가 힘들 때 내가 힘들다는 것을 알아 주고 이해해 주는 사람이 있다. • 나의 상사는 업무를 완료하는 데 도움을 준다.
직무 불안정	고용 및 근무 조건 등의 불안정성 등	• 직장 사정이 불안하여 미래가 불확실하다. 나의 근무 조건이나 상황에 바람직하지 못한 변화(예: 구조조정)가 있었거나 있을 것으로 예상된다
조직체계	조직의 운영체계 및 자원, 조직 내 갈등, 합리적 의사소통 등	• 우리 학교는 근무평가나 승진, 부서 배치 등 인사제도가 공정하고 합리적이다. • 일에 대한 나의 생각을 반영할 수 있는 기회와 통로가 있다.
보상 부적절	존중 및 내적 동기, 능력 개발 및 발휘 기회 제공 등	• 나의 모든 노력과 업적을 고려할 때, 나는 직장에서 제대로 존중과 신임을 받고 있다. • 나의 능력을 개발하고 발휘할 수 있는 기회가 주어진다.
직장 문화	집단주의적·관료적인 직장 문화 등	• 나는 기준이나 일관성이 없는 상태로 업무 지시를 받는다. • 직장의 분위기가 권위적이고 수직적이다.

출처: 이희현(2017), p. 200.

경험하고 있는 교사들이 상대적으로 많다는 점을 시사한다.

물론 스트레스와 소진은 개인의 특성에 따라 양상이 다르게 나타난다. 예를 들어, 교직 만족도가 높은 경우, 교사의 사회적 지위를 높게 인식하는 경우, 교직 경력이 높은 경우에 교사들은 더 적은 스트레스 수준을 보였다(박희진, 이호준, 2021). 그러나 학교의 풍토나 직무의 특성과 같이, 교사 개인의 차원을 넘어 학교 조직, 혹은 교직 전체의 변화가 필요한 요소 또한 스트레스와 소진에 큰 영향을 끼친다.

이러한 관점에서 중요한 함의를 갖는 이론이 바로 **직무 요구-자원 모델**(Job Demands-Resources Model: JD-R)이다(Demerouti et al., 2001). 직무 요구는 직무를 수행하기 위해

표 6-2 소진의 유형

구분	주요 내용	문항 예시
정서적 고갈	일에 대한 과도한 심리적 부담 또는 요구로 인하여 정서적으로 부담을 느끼고 감정이 고갈되는 상태	• 교사의 일 때문에 정서적으로 메마른 느낌이다. • 나는 하루 일과를 마칠 때 진이 다 빠졌다는 느낌이 든다. • 나는 업무로 인해 좌절감을 느낀다.
비인간화	타인에게 무관심하게 되며, 냉소적이고 비인간적인 태도를 보이는 것	• 종종 학생들을 마치 생명이 없는 물건처럼 대한다는 느낌이다. • 나는 학생들에게 어떤 개인적인 일이 일어났는지에 대해 정말 관심이 없다.
성취감 결여	일의 성취에서 부족함과 무능력감을 느끼는 것	• 나는 학생들의 문제를 매우 효과적으로 다룬다(역코딩). • 나는 교사의 일을 통해 학생들의 인생에 긍정적인 영향을 미치고 있다고 느낀다(역코딩).

출처: 이희현(2017), p. 202.

필요한 지속적인 신체적 · 정신적 노력과 이를 위한 생리학적 · 심리적 비용을 뜻한다. 이때 직무 요구가 높을수록 개인은 더 많은 에너지를 쓰게 된다. 자원은 직무 목표를 성취하는 데 도움을 주거나, 직무 요구에 따르는 생리적 · 심리적 비용을 줄이는 데 도움을 주거나, 개인의 성장과 발전을 자극하는 요소이다. 예를 들어, 직무에서의 자율성이나 직무 다양성, 의사결정에의 참여, 혹은 동료나 가족의 지원 등이 있다. 이러한 자원이 부족한 경우에 개인은 환경적 요구가 가진 부정적인 영향에 적절히 대응하지 못하게 되고, 이에 따라 그들의 목표를 성취하기가 어렵게 된다. 예를 들어, 과도한 업무 요구가 있을 때 직무에서의 자율성을 충분히 발휘할 수 있다거나 주변 동료의 도움을 받는다면 과도한 업무에 수반하는 생리적 · 심리적 비용에도 흔들리지 않고 직무를 수행할 수 있지만, 그렇지 않은 경우에는 동기가 떨어지거나 아예 직무를 수행하는 것을 포기하게 된다는 것이다. 과도한 직무 요구는 소진으로 이어지고, 이에 대응할 자원이 없다면 이는 직무 이탈로 이어지게 된다.

JD-R이 시사하는 바는 분명하다. 교사의 소진을 줄이기 위해서는 가장 먼저 직무의 요구가 적정하게 조정되어야 할 필요가 있다. 그러나 직무의 요구가 어쩔 수 없이 높은 경우도 존재한다. 예를 들어, 일시적으로 담당해야 할 학생의 숫자가 많거나, 짧은 기간

내에 처리해야 하는 업무가 많은 경우에 직무의 요구가 높아지는 것은 불가피하다. 이때 교사에게 적절한 피드백이나 동료와의 협력 등 자원이 적절하게 제공되어야 교사의 소진을 막을 수 있다. 즉, 스트레스와 소진의 문제는 교사 개인의 문제라기보다는 교사의 직무설계와 학교 조직의 차원에서의 지원을 통해 충분히 예방이 가능한 문제이다.

5. 어떻게 교사를 지원할 것인가

교사는 학생들과 하루의 대부분을 함께하며, 이들의 인지적·정서적·사회적 성장에 절대적 영향을 끼치는 존재이다. 그렇기에 교육의 문제점을 논할 때 빠짐없이 등장하는 존재가 바로 교사이다. 때로 교사는 거대한 교육 시스템의 톱니바퀴로 여겨지거나, 새로운 변화에 대한 의욕 없이 타성에 젖은 무기력한 존재로 그려지기도 한다. 그러나 교사는 문제 해결의 키를 쥐고 있는 주체이자 교육에 있어 가장 중요한 투입임에 틀림없다. 끊임없이 자신을 성찰하고, 전문성 신장을 위해 부단히 노력하는, 자신의 직무에 열정을 가진 교사들 또한 많다. 어느 직종이나 개인에 따른 차이는 존재한다. 그러나 이러한 개인 차이를 떠나 교직 전체적으로 높은 전문성과 교직에 적합한 인성과 적성을 갖춘 교사를 훈련하고, 임용하며, 경력 전체를 통틀어 부단히 자기 연찬의 노력을 하도록 이끄는 것은 시스템의 역할이다. 이러한 점에서 소진이 자신의 직무에 열정적인 사람들에게서 더 흔히 나타난다는 연구 결과는 주목할 만하다(Farber, 1991). 즉, 열정을 가지고 교직에 입직하는 이들을 효과적으로 지원하는 시스템의 부재는 결국 교사로 하여금 소진을 경험하게 하고, 본인의 직무를 그저 형식적으로 수행하거나 이직을 희망하게 할 수 있다. 교사를 효과적으로 지원하기 위한 시스템을 갖추기 위해서는 먼저 교사를 단순히 학교 시스템의 부속품으로 볼 것이 아니라 개개인의 특성과 이상, 목표와 동기를 가진 전문가로 인식해야 한다. 또한 이들이 어떠한 특성을 가지며 어떠한 업무를 하는지, 어디에서 동기와 보상을 얻는지, 어디에서 스트레스와 소진을 느끼는지에 대해 성찰해야 할 필요가 있다.

구체적으로 교사들의 효과적인 업무 수행을 위하여 중요한 자원은 무엇인지(예를 들어, 시간, 재정적 자원 혹은 전문성이 필요한지), 이러한 자원에 대한 접근이 충분한지에 대한 고려가 지속적으로 이루어져야 한다. 특히 새로운 정책이 시작될 때, 교사들이 수행

중인 기존의 업무와 각 학교에서 활용이 가능한 자원의 수준에 대한 고려가 선행적으로 이루어져야 한다.

이 장에서는 교사와 교사 업무의 일반적 특성, 교사의 동기 관련 이론, 교사의 스트레스와 소진 관련 이론을 살펴보았다. 결론적으로 교사의 동기와 행복은 교사 본연의 직무인 학생들과의 교류, 교과지도에서 온다(조용환, 1995). 교과지도를 더 잘할 수 있도록 돕는 지원, 즉 교사의 전문성을 높일 수 있도록 하는 연수, 동료와의 협력 기회, 교장의 지원(교장의 리더십에 대해서는 이 책의 제8장 참조)과 교과지도에 집중을 방해하는 과도한 업무의 방지가 교사의 동기를 높이며 스트레스를 낮추어 그들의 효과성을 높인다. 교사의 효과성이 수업의 효과성을 결정하고, 결국 이러한 수업의 경험이 학생들의 학업적·인격적 성장에 큰 영향을 끼친다는 사실을 고려한다면, 학교는 교사 본연의 업무를 잘 수행할 수 있도록 효과적인 지원을 아끼지 말아야 한다는 점은 매우 명확한 사실이다.

 생각해 봅시다

1. 나를 가르쳤던 선생님 가운데 가장 열정적이었던 선생님과 가장 그렇지 않았던 선생님을 떠올려 보고 그 선생님들을 묘사해 보자.

2. 그 선생님들은 왜 그러한 모습으로 직무를 수행하게 되었는가?

3. 어떻게 하면 선생님들이 직무에 더욱 충실하게 임할 수 있도록 도울 수 있는가?

 참고문헌

고전(2012). 교원 보수의 특별한 우대 입법 정신과 과제. 교육법학연구. 24(3). 1-26.
교육부(2023). 2023년 교육기본통계. 교육부.
구하라, 김종훈, 이승현(2023). 'MZ 세대'교사의 특성 연구. 경기도교육연구원.
김창훈(2023). 교사들 우울증 일반인 4배 수준… 6명 중 1명은 극단적 생각도. 한국일보. https://m.hankookilbo.com/News/Read/A2023090516410005176
박희진, 이문수(2019). 중학교 교사의 입직 동기에 따른 교직 만족도와 효능감이 교사의 헌신에 미치는 영향. 한국교원교육연구, 36(1), 304-330.

박희진, 이호준(2021). 교사의 직무 스트레스 현황 및 영향요인 분석: TALIS 2018 분석을 중심으로. 한국교원교육연구, 38(3). 1-28.

변기용, 정양순, 신범철, 윤지희, 이예슬(2018). 교원성과급 제도의 이론적 · 실천적 문제점과 발전방향 탐색: 3개 초등학교 사례 분석. 교육정치학연구, 25(2). 111-140.

부기원, 박기동, 유근직(1990). 체육교사의 직업적 사회화에 관한 조사(Ⅱ) -경기도내 체육교사를 중심으로-. 강원대학교부설체육과학연구소논문집, 15, 23-35.

신현석, 이경호(2008). 합리적 보수체계 수립을 위한 교원보수 정책의 쟁점과 과제 탐색. 교육정치학연구, 15(2), 101-125.

우현실(2022). 초등학교 초임교사의 교직사회화 연구. 국내석사학위논문. 서울교육대학교 교육전문대학원.

이쌍철, 김혜영, 홍창남(2012). 초등학교 교사의 교직 선택 동기가 직무수행 및 교사만족에 주는 영향 분석. 초등교육연구, 25(4), 239-260.

이희현(2017). 교사 직무 스트레스 실태 분석 및 해소 방안 연구 (OR2017-08). 한국교육개발원.

전제상(2010). 교원성과상여금제도의 운영실태 평가. 한국교원교육연구, 27(3), 69-92.

주철안(2001). 초 · 중등교원의 보수제도의 관한 연구. 교육재정경제연구, 10(2), 189-220.

조용환(1995). 학교 구성원의 삶과 문화. 교육학연구, 33(4), 77-101.

Apple, M. W. (1987). *Teachers and texts: A political economy of class and gender relations in education*. Routledge.

Armor, D., Conroy-Oseguera, P., Cox, M., King, N., McDonnell, L., Pascal, A., Pauly, E., & Zellman, G. (1976). *Analysis of the school preferred reading program in selected Los Angeles minority schools* (ERIC Document Reproduction No. 130 243; No. R-2007-LAUSD). Rand Corporation.

Ball, S. J., & Goodson, I. (Eds.). (1985). *Teachers' lives and careers*. Routledge.

Bandura, A. (1977). Self-efficacy: Toward a unifying theory of behavioral change. *Psychological Review, 84*(2), 191.

Delamont, S. (1980). *Sex roles and the school*. Routledge.

Demerouti, E., Bakker, A. B., Nachreiner, F., & Schaufeli, W. B. (2001). The job demands-resources model of burnout. *Journal of Applied Psychology, 86*, 499-512.

Elmore, R. F. (2004). *School reform from the inside out: Policy, practice, and performance*. Harvard Education Press.

Farber, B. A. (1991). *Crisis in education: Stress and burnout in the American teacher*. Jossey-

Bass.

Hackman, J. R. (1980). Work redesign and motivation. *Professional Psychology, 11*(3), 445.

Hackman, J. R., & Oldham, G. R. (1976). Motivation through the design of work: Test of a theory. *Organizational Behavior and Human Performance, 16*(2), 250-279.

Hattie, J. (2008). *Visible learning: A synthesis of over 800 meta-analyses relating to achievement.* Routledge.

Helsing, D. (2007). Regarding uncertainty in teachers and teaching. *Teaching and Teacher Education, 23*(8), 1317-1333.

Herzberg. F., Mausner, B., & Snyderman. B. (1959). *The motivation to work.* Wiley.

Kyriacou, C. (2001). Teacher stress: Directions for future research. *Educational Review, 53*(1), 27-35.

Lipsky, M. (2010). *Street-level bureaucracy: Dilemmas of the individual in public service.* Russell Sage Foundation.

Lortie, D. C. (1975). *Schoolteacher: A sociological study.* University of Chicago Press.

Pollard, A. (1982). A model of classroom coping strategies. *British Journal of Sociology of Education, 3*(1), 19-37.

Tschannen-Moran, M., & Hoy, A. W. (2001). Teacher efficacy: Capturing an elusive construct. *Teaching and Teacher Education, 17*(7), 783-805.

Tschannen-Moran, M., Hoy, A. W., & Hoy, W. K. (1998). Teacher efficacy: Its meaning and measure. *Review of Educational Research, 68*(2), 202-248.

Turner, A. N., & Lawrence, P. R. (1965). *Industrial jobs and the worker.* Harvard University Press.

Varkey Foundation. (2018). *South Korea GTSI statistics.* Varkey Foundation.

Woods, P. (1979). *Divided school.* Routledge.

개요 ....

국가적 차원이나 개인적 차원에서 교육은 본질적으로 미래 사회를 대비하는 주요한 과업 중의 하나이다. 이 장에서는 미래 사회의 결정 요인이 무엇이며, 각 요인이 우리의 삶에 어떤 영향을 줄 것인지 예상해 본다. 또한 미래 사회의 변화에 대응하기 위해 학교는 무엇을 해야 하는가를 탐색한다. 결론으로 최근 논의되고 있는 교사의 역량에 대해 분석하고, 미래 사회에 필요한 교사의 역량을 비판적으로 살펴본다.

학습목표 ....

1. 미래 사회의 결정 요인을 정의하고 삶에 대한 영향을 분석할 수 있다.
2. 미래 사회에 적합한 학교의 역할을 정의할 수 있다.
3. 교사의 역량에 대해 비판적으로 검토하고, 미래 사회에 적합한 교사의 역량을 정의할 수 있다.

미래 사회는 어떤 교사를 요구하나

김왕준

EDUCATIONAL ADMINISTRATION
EDUCATIONAL MANAGEMENT

1. 미래 사회에 인간의 삶은 어떻게 변화할 것인가

1) 미래 사회의 결정 요인

인간의 삶에서 특정 시점을 기준으로 언제나 과거, 현재, 미래가 있다. 또한 시간이 지남에 따라 현재가 과거가 되고, 미래가 현재가 된다. 현재 시점에서 미래는 후세의 누군가에게는 현재이고, 과거일 수가 있다. 따라서 미래 사회에 대한 예측과 대비는 후에 이를 현재로 맞이하는 사람들을 위한 것이고, 과거와 현재에 그러했듯이 미래에도 여전히 그 다음 미래에 대한 예측과 대비를 논하게 될 것이다.

미래에 사회가 어떻게 변화될 것인가에 대한 관심은 어떠한 요인들이 얼마나 인간의 삶에 영향을 줄 것인가로 볼 수 있다. 따라서 미래 사회에 영향을 주는 요인을 탐색하기 위해서는 현재도 우리의 삶에 영향을 주고 있으며, 미래에는 더 큰 영향을 줄 수 있는 도전적인 요인들을 탐색할 필요가 있다. 지금 우리 사회가 직면하고 있는 문제는 크게 경제와 산업의 측면에서 인공지능을 중심으로 한 기술 진보, 환경의 측면에서 지구의 물리적 지속 가능성, 사회구조의 측면에서 사회계층의 양극화, 인구의 측면에서 저출생으로 인한 인구 감소와 사회의 초고령화, 개인의 측면에서 적응 등을 들 수 있다.

현재와 미래의 삶에 영향을 주는 여러 요인은 개별적으로 작용하는 것보다는 서로 복잡하게 영향을 미친다. 예를 들어, 인공지능을 중심으로 한 기술 진보는 생산성 향상을 통해 노동력 수요를 줄일 뿐만 아니라, 노동시장의 구조를 변화시키고, 지구환경의 지속 가능성에도 영향을 미치며, 개인의 가치관과 적응 방식에도 영향을 미칠 수 있다.

2) 삶의 변화

(1) 강한 인공지능과 인간성

우리 사회에서 인공지능이 사용되는 예는 무수히 많으며, 인공지능이 사용되는 특정 영역에서는 인간의 지능보다 우월하다는 평가가 나온다. '인간'이 기본적인 정보를 제공 (또는 인간이 규정한 방식대로 정보를 수집)한 후에 '인간이 미리 규정한 방식'으로 이를 종합하고 분석하여 의도한 결과를 산출하는 의미로서의 인공지능[약한 인공지능(김대식,

2016)]은 이미 여러 곳에서 사용되고 있다. 단적인 예로는 우리가 거의 매일 사용하는 전자기기와 산업현장에서의 자동화기기 등을 들 수 있다. 인공지능 기술은 보다 진보하여 예술의 영역에서도 활용되고 있다. 인간과 로봇의 피아노 연주 경연이 있었고(정원, 2016), 인공지능을 활용하여 작곡하는 예술가도 있다(이정은, 2016).

인공지능에 대한 보통 사람의 희망적인 기대는 '인간을 위해서' 인간이 어려워하거나 기피하는 일을 대신해 주는 것이다. 예를 들어, 우리가 자가용 차량을 이용하여 장거리 출장을 가거나 여행하고 싶은데, 운전하기에는 몸이 너무 피곤하거나 대리운전을 이용하기에는 비용이 과다하거나 또는 혼자 있고 싶을 때 인공지능을 활용한 자율주행차의 보급을 바라게 된다.

학교 교육의 맥락에서 개별화교육이 어려운 상황에서 인공지능의 도움을 받아 학생의 수준에 적합한 교육을 가능하게 할 수도 있다. 또는 인공지능 기술이 진화하여 학생들의 성취 수준이나 정서적인 문제를 뇌파 또는 다른 신체의 변화를 감지하여 파악한다면, 교사의 수고를 상당 부분 줄일 수 있을 것이다.

그러나 인공지능에 대한 희망적인 기대는 논리적으로 볼 때, 오직 약한 인공지능에서나 가능하다. 강한 인공지능(strong artificial intelligence) 또는 인공 일반 지능(artificial general intelligence)의 경우에는 전혀 다른 상황에 직면할 수밖에 없다. 강한 인공지능은 인간이 수행할 수 있는 모든 지적 작업을 할 수 있는 기계의 지능이다(Kurzweil, 2005, p. 260).

강한 인공지능의 발명이 가능한지에 대해서는 학자에 따라 이견이 있다. 강한 인공지능의 발명이 불가능하다고 보는 주요 이유는 인간의 이성에는 단계적 절차(알고리즘)를 따를 때 도달할 수 없는 수학적 또는 논리적 진실이 있다는 것이다(Penrose, 1989; Anderson, 1964; Whitby, 2003에서 재인용). 분명한 것은 인공지능을 연구하는 학자의 목표임은 분명하다. 컴퓨터 과학자 리처드 서튼(Richard S. Sutton)은 2015년에 인공지능에 대한 전문가들을 대상으로 한 최근의 조사를 종합하여 2030년에 강한 인공지능이 실현될 수 있을 확률을 25%로 예측하고, 전혀 실현이 불가능할 확률을 10%로 예측했다.

만약 강한 인공지능이 보편화된다면 지적인 측면에서 인간의 지능보다 열등한 생물의 하나인 인간의 존재는 어떠한 의미를 갖게 되는가에 대한 성찰이 필요하다. 또한 강한 인공지능이 보편화된 시점에 지성 함양을 위한 교육이 필요한지에 대한 냉철한 성찰이 필요하다.

(2) 노동시장의 불균형과 노동의 절대 공급 과잉

인공지능을 활용한 산업(생산)체제의 혁신은 제4차 산업혁명으로 불린다. 산업혁명은 생산 방식의 획기적인 변화를 의미한다. 제1차 산업혁명은 1760~1840년경 증기기관이 발명되고, 이를 활용한 생산 그리고 철도를 중심으로 한 교통의 혁신으로 인한 생산 방식의 변경이었다. 제2차 산업혁명은 19세 말부터 20세기 초 석유와 전기, 내연기관 등 다양한 분야에서 대량생산의 기법인 분업체제를 활용한 생산 방식의 혁명이었다. 제3차 산업혁명은 반도체, 컴퓨터, 인터넷을 기반으로 한 생산 방식의 변화를 의미하며, 디지털 혁명 또는 컴퓨터 혁명이라고 부른다. 제4차 산업혁명은 21세기부터라고 명명하는데, 컴퓨터 혁명을 기반으로 모바일 인터넷과 인공지능이 발달하여 이를 활용한 생산 방식의 변화를 의미한다(Schwab, 2016).

제3차 산업혁명과 제4차 산업혁명은 시기적 구분보다는 질적 속성에서 '인공지능'의 활용 여부로 이해할 수 있다. 하지만 제3차 산업혁명과 제4차 산업혁명을 구별할 필요 여부에 대한 심층 분석이 필요하며, 보다 근본적으로 제4차 산업혁명이 무엇을, 또는 누구를 위한 것인지에 대한 비판적 검토가 필요하다.

지능 정보 사회의 도래는 자연스럽게 노동시장의 변화를 초래한다. 지능 정보 기술은 특정 직업의 중요성을 높이거나 낮출 수 있으며, 전반적인 노동 수요에도 변화를 초래한다. 프레이와 오스본(Frey & Osborne, 2013)은 컴퓨터를 활용한 기계에 의한 직무 자동화를 컴퓨터화(computerization)라고 정의하고, 702개의 직업군에 대해서 컴퓨터화에 의해서 영향을 받을 가능성을 분석했다. 분석 결과, 미국 전체의 고용에서 47%는 컴퓨터화에 의해 위험에 처할 것으로 나타났으며, 임금과 학력이 자동화와 상당히 부정적인 관련이 있다는 것을 발견했다.

노동시장의 불균형에서 심각하게 고려할 사항은 직종의 불일치가 아니라 절대적인 공급 과잉이다. 그러나 교육계의 관심은 직종 간의 변화에 초점을 두고 있다. 지능 정보 사회에 대한 우리 사회의 접근은 지능 정보 사회를 선도할 인재의 양성에 초점이 맞추어져 있다. 특히 새로운 정보기술의 개발이나 활용에 필요한 인력을 어떻게 양성할 것인가에 초점을 두고 있다. 그러나 더욱 깊이 생각해 볼 문제는 약한 인공지능에 토대를 둔 지능 정보 사회에서도 노동시장 수급에 심각한 불균형을 가져오고 있다는 점이다. 인공지능에 토대를 둔 산업인력은 사회의 극소수를 차지하며, 이들의 양성에 교육계가 전면적으로 나서야 하는 문제도 아니다. 고등교육의 정책에 한정하여도 충분하다.

(3) 프리 에이전트 시대의 불완전 고용

전통적인 조직 속에서의 노동자뿐만 아니라 새로운 고용체제는 근로자와 기업의 지속적인 고용관계가 아닌 일련의 거래관계로 이루어지는 프리 에이전트(프리랜서)의 시대 (Pink, 2001)에서 성과주체로서의 노동자에 대한 관심이 더욱 필요하다. 프리 에이전트의 활용은 기업의 입장에서 볼 때, 근로자의 장기 계약에 따른 지속적인 역량 개발, 단체 협약, 단체 행동, 복지 등 노동권과 관련한 여러 가지 문제로부터 해방될 수 있다. 우리 사회에는 이미 여러 종류의 프리 에이전트가 있다. 가장 쉽게 떠오르는 대상은 아마도 프리랜서 예능인일 것이다. 그러나 우리의 일상에서 만나는 다양한 일용직 노동자나 시간제 근로자, 기간제 교사와 대학 강사 등도 모두 프리 에이전트이다.

기업이 생산에 필요한 요소인 자본과 원재료뿐만 아니라 노동력도 필요에 따라 구매해서 쓸 수 있는 시대에서는 상당수의 노동자가 프리 에이전트가 될 것이다. 영국의 컨설팅 회사 MBA & Company의 최고경영자는 『파이낸셜 타임스(Financial Times)』와의 인터뷰에서 다음과 같이 말했다. "당신은 이제 원하는 사람을, 원하는 때에, 원하는 방식으로 고용할 수 있습니다. 그리고 그들은 피고용자가 아니기 때문에 당신은 그들의 고용과 관련된 규정이나 문제를 신경쓸 필요가 없습니다."(O'Connor, 2015)

휴먼 클라우드(human cloud)는 과업이나 사업이 특정 조직에 고용된 근로자가 아니라 독립된 근로자에 의해 수행되는 작업장이다. 휴먼 클라우드는 주로 사무직의 업무 중에서 명확히 구분할 수 있고, 인터넷이 연결된 곳에서는 어디에서나 할 수 있는 일로부터 시작되었다. 휴먼 클라우드의 활용은 단순한 자료 검색부터 전문가 자문까지 다양하다. 인터넷 상에서 휴먼 클라우드 서비스를 제공하는 여러 회사(예: 크몽, 숨고, 클래스101)를 검색할 수 있다.

교육계에서 해야 할 일은 지능 정보 사회가 인간의 삶에 주는 영향을 심층적으로 모색하고 이를 위해 학교가 해야 할 일을 규정하는 것이다. 교육이 지능 정보 산업에 필요한 인력을 양성하는 일에만 집중하고 매몰된다면 그 역할이 매우 제한적일 수밖에 없게 된다. 우리의 삶은 근본적으로 생산활동을 하고, 그 대가로 받은 임금에 의해 나머지 생활을 영위한다. 즉, 생산활동에 참여하지 않으면 나머지 생활을 위한 기본적인 수단이 마련되지 않는 것이다. 생산활동은 생계를 위한 수단의 측면에서뿐만 아니라 본질적인 측면에서 인간의 존재 의의이기도 하다. 특정 인간의 정체성 또는 자아는 그가 하는 일과 관련되어 의미를 갖는 측면이 있기 때문이다.

(4) 부의 불평등

　지능 정보 사회 또는 제4차 산업혁명의 시대에 부의 불평등이 심화될 가능성이 있다. 기업들이 생산체제에서 인공지능을 활용하는 가장 큰 목적은 새로운 상품의 개발 및 생산 비용의 절감일 것이다. 인공지능을 활용한 생산 비용의 절감은 곧 노동 수요의 감소로 이루어지고, 자본 투자에 대한 가치가 높아지게 된다. 노동의 가치 절하는 대부분 임금노동자의 소득에 부정적인 영향을 주는 반면, 자본을 가진 사람들에게는 긍정적인 영향을 준다. 결과적으로 현재의 소득 불평등이 심화된다.

　노동자 사이에서도 소득의 격차가 심화될 수 있다. 휴먼 클라우드 서비스와 프리 에이전트가 보편화되면서 일부 상대적 경쟁력이 있는 근로자는 이전보다 높은 수입을 얻을 수 있다. 반면에 그렇지 못한 대다수의 근로자는 이전보다 못한 대우를 받게 된다.

　현재 전 세계적으로 부의 불평등은 심각한 상황이다. 토마스 피케티(Thomas Piketty) 등 세계 유수의 경제학자들이 참여하는 세계불평등연구소(World Inequality Lab)의 「세계 불평등보고서 2022(World Inequality Report 2022)」에 따르면 코로나 팬데믹을 거치면서 세계 불평등은 악화되었다. 세계 상위 10%는 전 세계 자산의 75.5%를 차지한 반면, 하위 50%가 차지한 비율은 2%에 그쳤다. 그리고 상위 10%와 하위 50%의 자산 차이는 190배에 달했다. 소득 불평등 또한 심화되었다. 상위 1%는 전 세계 소득의 19.3%를, 상위 10%는 52.2%를 차지했다. 하지만 하위 50%가 차지한 소득 비율은 8.4%에 불과했다.

　국제구호개발기구 옥스팜(Oxfam)도 2024년 스위스 다보스에서 열리는 세계경제포럼 연차총회를 앞두고 발표한 「불평등주식회사(Inequality Inc.)」 보고서를 통해 가속화되는 부의 불평등을 지적했다. 보고서에 따르면 세계 인구의 21%에 불과한 북반구의 부유한 국가들은 세계 부의 69%를 소유하고 있으며, 세계 억만장자 부의 74%를 소유하고 있다. 세계 최대 기업 10곳 중 7곳의 CEO나 대주주가 억만장자이며, 이들 기업의 가치는 10조 2천억 달러로, 아프리카와 라틴아메리카 모든 국가의 GDP를 합친 것보다 많다고 밝혔다. 주식 소유권 또한 최상위 부유층에 압도적인 혜택을 준다. 상위 1%가 전 세계 금융 자산의 43%를 차지하고 있으며, 그들은 중동 금융자산의 48%, 아시아의 50%, 유럽의 47%를 보유하고 있다.

　국가 안에서의 빈부격차 또한 심화되고 있다. 통계청(2024)이 발표한 「2023 국민 삶의 질 보고서」에 따르면 우리나라의 상대적 빈곤율(균등화 중위소득 50% 이하 인구 비율)은 14.9%(2022년 기준)로 집계되었는데, 이는 2011년(18.6%)부터 낮아졌던 상대적 빈곤율은 다시 증가세로 돌아선 것이다. 임금 불평등 현상도 심각한 상황이며 중위임금의 3분의 2에 미달하는 저임금 근로자 비율은 2022년 16.9%로 전년 대비 1.3%p 증가했다. 「세계 불평등보고서 2022(World Inequality Report 2022)」에서도 한국의 상위 1%가 한국 사회 전체 자산의 25.4%를, 상위 10%는 58.5%를 차지한 반면, 하위 50%가 차지한 비율은 5.6%에 불과한 것으로 나타났다.

사회에서 부의 불평등은 심각한 사회문제를 초래할 수 있다. 불평등한 사회에서 폭력적인 성향을 가진 사람이 증가하고, 수감자의 수가 많으며, 정신질환과 비만 수준 역시 훨씬 높고, 기대수명과 신뢰도는 낮다. 평균 소득을 조절하여 불평등이 개선되면 아동복지가 좋아지고, 스트레스와 약물 사용이 줄어들게 된다(Wilkinson & Pickett, 2012).

(5) 지구의 물리적 지속성: 기후 위기

최근 인간 삶의 물리적 터전인 지구의 물리적 지속성 또는 환경의 지속성에 대해 전 세계적으로 관심을 갖고 있으며, 이러한 관심은 기후 변동 또는 기후 위기로 대표된다. 우리의 일상에서 이상 고온 및 저온, 지진, 화산, 홍수, 가뭄 등 기후와 환경과 관련된 문제들을 접하고 있다. 일반적으로 기후 변동(climate change)은 "인간의 활동에 의한 온실효과 등의 인위적인 요인과 화산 폭발, 성층권 에어로졸의 증가 등의 자연적 요인에 의한 효과를 포함하는 전체 자연의 평균 기후 변동"으로 정의된다. 기후 변동에 관한 정부 간 협의서(Intergovernmental Panel on Climate Change: IPCC)에서는 기후 변동을 "장기간에 걸친 기간(수십 년 또는 그 이상)동안 지속되면서, 기후의 평균 상태나 그 변동 속에서 통계적으로 의미 있는 변동 '인간 행위로 인한 것' 이든 '자연적인 변동(variability)'이든 시간의 경과에 따른 기후의 변화를 포괄"로 정의했다.

기후 변동에 관한 국제연합 기본 협약(United Nations Framework Convention on Climate Change)에서는 기후 변동을 "전 지구 대기의 조성을 변화시키는 인간의 활동이 직접적 또는 간접적으로 원인이 되어 일어나고, 충분한 기간 동안 관측된 자연적인 '기후변동성'에 추가하여 일어나는 기후의 변화"로 정의했다. 기후 변동은 일반적인 추세와 다른 변동을 의미하기보다는 인간의 삶을 위협하는 위기를 내포하고 있다.

우리나라는 기후 위기에 대비하기 위해 탄소중립 사회를 구축하고자 노력하고 있다. 탄소중립 사회는 화석연료에 대한 의존을 낮추거나 없애고, 기후 위기 적응 및 정의로운 전환을 위한 재정, 기술, 제도 등의 기반을 구축함으로써 탄소 중립을 원활히 달성하고,

그 과정에서 발생하는 피해와 부작용을 최소화할 수 있도록 하는 사회이다. 우리나라는 국가기후위기적응센터(https://kaccc.kei.re.kr)를 만들어서 기후 위기와 관련한 정보를 종합적이고 체계적으로 관리하고 있다. 제3차 국가기후변화적응대책(2021~2025)은 기후 리스크 적응력 제고, 감시·예측 및 평가 강화, 적응 주류화 실현 등 3대 정책을 설정하고, 핵심 전략으로 기후탄력성 제고, 취약계층 보호, 시민참여 활성화, 신기후체제 대응 등의 전략을 수립하여 시행하고 있다.

학교 교육도 기후 위기와 관련하여 다양한 교육을 실시하고 있다. 예를 들어, 인천시 교육청은 기후위기대응교육센터를 두고 인천의 초·중·고등학교 학생과 교원 및 학부모를 대상으로 지속 가능한 지구를 위한 삶에 대한 학습과 실천을 지원하고 있다.

(6) 성과사회의 도래와 자기 착취

인간의 자아 측면에서 21세기는 성과사회이다. 성과사회에서 인간은 성과 주체이고, 각자 자기 자신을 경영하는 주체이다. 과거 규율사회에서 대부분의 사람은 '다른 사람으로부터' '~해서는 안 된다' 또는 '~해야 한다' 등의 통제를 받고 살았다. 규율사회에서 명령을 받는 사람은 그 명령에 따라 일을 처리함으로써 자신의 책무를 다했다. 그리고 명령이 잘못되었거나 불충분하여 일이 잘못되었을 경우에는 잘못된 명령이나 불충분한 명령을 내린 사람(또는 제도)에게도 책임을 전가할 수 있다.

그러나 성과사회에서 사람들은 '스스로' '~해야 한다'는 자기 구속을 하고 있다. 성과사회에서는 노동을 강요하거나 착취하는 외적인 기구가 불분명하다. 외적인 강제 기구가 없는 상황은 자유의 상태로 보일 수 있지만, 실제로는 자유와 강제가 공존하는 상태이다. 조직의 구성원으로서 사람들은 자율적으로(실제로는 강제적으로) 성과를 극대화하기 위해 노력하기 때문이다. 성과 주체로서 노동자는 성과의 극대화를 위해 '강제하는 자유' 또는 '자유로운 강제'의 상태에 있다. '자유로운 강제'의 주체인 노동자들은 과다한 노동으로 자기 착취의 상황까지 갈 수 있으며, 이 상황에서 노동자들은 문제의 원인을 자기 자신에게서 찾는다. 착취자와 피착취자의 구분이 없으며, 따라서 이 문제의 해결은 온전히 자신에게 달려 있다(한병철, 2012).

조직 통제의 관점(조직의 효율화 관점)에서 성과사회의 통제는 훨씬 효율적이다(한병철, 2012). 누군가의 명령이나 지시에 의한 행동이 기반을 이루는 통제사회에서 조직의 하급자의 행위의 상당 부분에 대해서 상급자에게 책임을 부과할 수 있지만, 성과사회에서는 이러한 부분이 없어지게 되어 책임을 전가할 상급자가 없어지게 된다. 예를 들어, 학교에서 어떤 교사가 동료와의 경쟁에서 이겨서 더 좋은 성과금 평가를 받기 위해 가족에 대한 응당 소비해야 할 시간을 쓰지 않거나 건강을 위험하게 할 정도로 일을 했다. 그러나 이 교사는 결과적으로 자신이 만족할 수준의 내적 또는 외적 보상을 받지 못했다. 설상가상으로 이 교사는 가족에게 노력을 인정받지 못하고, 건강은 극도로 악화되었다. 이 상황에서 어느 누구도(또는 제도도) 이 교사에게 그렇게 열심히 일하라고 명령 또는 강제하지 않았다.

성과사회 또는 구성원 간의 성과 경쟁은 필연적으로 승자와 패자를 구분하게 되고, 승자는 승리에 따른 보상을 받게 되는 반면에 패자는 규율사회보다 못한 보상을 받게 된다. 성과 경쟁이 사회적으로 또는 조직 속에서 용인되고 유지되기 위해서는 몇 가지 조건이 충족되어야 한다. 첫째, 성과 경쟁 조직의 목표 달성에 긍정적으로 기여해야 한다. 둘째, 성과 평가의 기준이 명확해야 하고 측정이 가능해야 한다. 셋째, 경쟁의 대상이 되는 사람들이 서로 경쟁심을 가질 정도로 보상이 있어야 한다. 넷째, 경쟁이 자기 착취의 수준에 이를 정도로 심해서는 안 된다. 다섯째, 패자를 위한 일정 수준의 보호가 있어야 한다. 우리 사회에서 이러한 조건들이 충족되는지 점검할 필요가 있다.

2. 미래 사회에 학교는 무엇을 해야 하는가

1) 바람직한 삶과 사회에 대한 반성과 통찰력 제고

(1) 인공지능에 대한 비판적 이해 제고

인공지능에 대한 보통 사람의 희망적인 기대는 '약한 인공지능'을 전제로 하는 것이고, '인간을 위해서' 인간이 어려워하거나 기피하는 일을 인간이 원할 때 대신해 주는 것이다. 그러나 '강한 인공지능(strong artificial intelligence)' 또는 '인공 일반 지능'은 인간이 수행할 수 있는 모든 지적 작업을 할 수 있는 기계의 지능이다(Kurzweil, 2005, p. 260).

학교 교육을 통해서 학생들이 배워야 할 것은 '강한 인공지능'을 이해하고, 문제점을 직시하고, 사회에서 이를 어떻게 활용 또는 통제해야 하는지에 대한 관점을 형성하는 것이다. '강한 인공지능'은 단순히 우리의 삶을 윤택하게 해 주는 기술이 아니라 오히려 인간 자체를 파괴하는 것일 수 있다. 따라서 인공지능의 발전과 더불어 교육에서 관심을 가져야 할 것은 인간의 존재 의의에 관한 것이다. 교육을 통해 인간성에 대해 성찰하고 인간이 판단해야 할 것과 인공지능이 판단해야 할 것을 구분할 수 있는 역량을 제고해야 한다.

(2) 노동의 의미와 공유 필요성 제고

지능 정보 기술을 활용한 제4차 산업혁명 시대에는 노동시장에서 수요와 공급의 불균형이 예상된다. 노동시장의 불균형에서 심각하게 고려할 사항은 직종의 불일치가 아니라 절대적인 공급 과잉이다. 약한 인공지능에 토대를 둔 지능 정보 사회에서도 노동시장 수급에 심각한 불균형을 초래하겠지만, 강한 인공지능이 생산 과정에 도입된다면 노동의 잉여문제는 더욱 심각해질 것이다.

학교 교육을 통해서 학생들이 학습해야 할 것은 노동의 의미와 노동의 공유 필요성이다. 노동은 개인에게 생계의 수단이면서 자신의 정체성을 형성하는 것이다. 따라서 실업은 경제적으로 생존에 영향을 줄 뿐만 아니라 개인의 정체성에도 영향을 준다. 노동의 절대적인 과잉의 시대에서 학교 교육에서 강조할 것은 한정된 일자리를 선점할 수 있는 역량을 강조하기보다는 바람직한 노동시장을 이해하고 타인과 노동을 공유할 수 있는 성숙한 공동체의식을 함양하는 것이다.

(3) 사회의 불평등과 정의에 대한 인식 제고

지능 정보 사회 또는 제4차 산업혁명의 시대에는 부의 불평등이 심화될 가능성이 크다. 생산체제에서 인공지능을 활용하여 생산 비용이 절감되면 이는 노동에 대한 수요 감소로 이어지며, 자본 투자에 대한 가치가 높아지게 된다. 노동의 가치에 대한 절하는 대부분 임금 노동자의 소득에 부정적인 영향을 주는 반면에 자본가에게는 긍정적인 영향을 준다. 현재도 심각한 수준인 소득 불평등이 심화되고 있다. 또한 휴먼 클라우드의 활용으로 인해 상대적으로 경쟁력이 있는 소수의 근로자는 이전보다 높은 수입을 얻을 수 있지만, 그렇지 못한 대다수의 근로자는 이전보다 못한 대우를 받게 된다. 따라서 노동자 간에도 심각한 부의 불평등이 발생할 수 있다.

부의 불평등은 사회에 폭력과 정신질환의 증가를 야기할 수 있으며, 극단적인 경우에는 공동체의 붕괴를 초래할 수 있다. 불평등이 심한 사회에서는 부유한 사람과 가난한 사람의 거주 지역이 분리되고, 부유한 사람들은 개인의 삶과 사회의 유지 및 존속에 필수적인 주거, 교육, 의료 등의 공공 서비스를 사적으로 구매하여 이용하게 된다. 이러한 현상이 지속되면 부유한 사람들에게 '공공' 서비스라는 관념이 없어지고, 공공 서비스 확대를 위한 정부의 세금 지출을 반대하게 된다(Sandel, 2009).

주거, 교육, 의료 등에 대한 공공 서비스가 취약하여 사회계층별로 이들이 이용하는 서비스의 수준이 달라지면 사회의 불평등은 한 세대를 넘어 다음 세대로 세습되는 심각한 문제가 발생한다. 성장기에 주거, 교육, 의료 등에서 보다 좋은 서비스를 받은 사람들이 성인이 되어 보다 경쟁에서 유리한 위치를 차지할 가능성이 커지기 때문이다. 세대 간 불평등이 세습되면 결국 과거의 신분제 사회와 다름없게 된다.

샌델(Sandel, 2009)은 정의를 "미덕을 키우고 공동선을 고민하는 것(p. 360)"이라고 정의했다. 사회가 유지 및 존속하기 위해서는 강한 공동체의식이 필요하고, 사회는 구성원들이 사회 전체를 걱정하고 공동선에 헌신하는 태도를 키울 수 있도록 해야 한다. 학교교육이 해야 할 가장 중요한 역할 중의 하나가 사회 전체를 걱정하고 공동선에 헌신하는 태도를 기르는 것이다.

(4) 시장의 도덕적 한계 이해와 사회 규범의 제고

최근의 두드러진 특징 중의 하나는 시장과 시장친화적인 사고가 이와는 거리가 먼 기준의 지배를 받던 전통적 삶의 영역까지 파고들었다는 것이다(Sandel, 2009). 시장은 생산활동을 조직하는 데 유용한 도구이다. 그러나 모든 삶에 유용한 규범은 아니다. 사회적 행위의 가치에 대한 판단을 시장에 맡기게 되면 그 행위를 규정하는 규범이 타락하거나 질이 떨어질 수 있기 때문에 시장 규범 이외에 어떠한 사회적 규범이 필요한지를 탐색할 필요가 있다.

학생들이 시장의 한계를 명확히 인식하고, 시장 규범이 적용되어야 할 삶의 영역과 다른 규범이 적용되어야 할 삶의 영역을 구분하며, 이와 관련된 규범을 습득할 수 있어야 한다. 학교에서 시장 규범이 적용되어야 할 영역과 다른 규범이 적용되어야 할 영역을 구분하고 각 영역에 적용되어야 하는 규범을 교육할 필요가 있다.

(5) 자아의 존중과 자기관리 능력 제고

최근의 노동계약은 장기 고용관계에서 프리 에이전트와 같이 단기 용역 계약으로 변화되고 있다. 학생들은 졸업 이후에 프리 에이전트로서 생활할 가능성이 높게 된다. 장기 고용관계에서 피고용인에게 주어지는 안정적인 급여와 복지 혜택 등은 많이 없어지게 되고, 프리 에이전트로서 노동자(또는 개인사업자)의 수입과 노동의 불안정성이 높아지고 있다. 따라서 프리 에이전트는 계약, 성과, 수입, 고객, 일정 등을 스스로 관리하는 경영 역량이 있어야 한다.

프리 에이전트가 보편화될 경우 성과사회의 특징이 보다 보편화될 것이고, 따라서 사람들이 자신에 대해 과도한 기대를 하거나 과도한 노동을 하는 등의 자기 착취의 문제가 발생할 가능성이 높다. 성과사회에서 자아존중감과 자기관리 능력이 결여된 사람은 결국 불행하게 될 가능성이 높다.

학교에서 학생들이 사회에서 어떠한 삶을 살게 될지에 대한 이해를 제고할 수 있는 교육을 할 필요가 있으며, 학생들이 스스로를 존중하고 관리할 수 있는 역량을 제고할 수 있도록 교육할 필요가 있다.

2) 미래 사회의 요구와 필요 역량의 제고

VUCA는 최근 사회의 특징을 잘 보여 주는 용어이다. VUCA는 변동성(Volatility), 불확실성(Uncertainty), 복잡성(Complexity), 모호성(Ambiguity)을 의미하는 영어 단어의 첫글자를 따서 만든 용어이다. 베니스와 나누스(Bennis & Nanus, 1985)는 리더십이론에서 일반적인 사회의 특징으로 변동성, 불확실성, 복잡성, 모호성을 제시했다. 이를 토대로 1987년에 작성된 The U.S. Army War College의 교육과정 문서에 VUCA라는 용어가 처음으로 등장했다(U.S. Army Heritage and Education Center, 2018).

2000년대 이후 VUCA는 군대, 기업, 교육 등 다양한 조직에서 경영전략을 수립하기 위해 사회 분석의 틀로 사용되고 있다. 예를 들어, 구글에서 VUCA를 검색해 보면 제4차 산업혁명시대의 대표 세계관, VUCA시대의 의사결정, VUCA시대 교육의 미래, VUCA시대 인재의 조건 등이 나타난다. 또한 미래교육에서 VUCA의 상황을 전제로 학생들에게 길러주어야 할 미래역량도 탐색되어 왔다.

OECD(2019)는 「2030 미래 교육과 기술(OECD Future of Education and Skills 2030)」 프로젝트에서 사회의 변화를 강조하면서 미래교육의 비전으로 학습나침반 2030(OECD Learning Compass 2030)을 제시했다. 학습나침반은 학생들이 불확실한 상황에서 방향을

[그림 7-1] OECD 학습나침반 2030

출처: 황은희 외(2019), p. 21.

설정하고 나아갈 수 있는 역량을 배울 수 있어야 한다는 것을 강조하는 은유이다. OECD 2030 미래 교육과 기술 프로젝트는 [그림 7-1]에서 제시하는 바와 같이, 21세기 학생에게 필요한 지식, 기술, 태도, 가치관 등을 정의한다.

　　국제협력기구인 OECD와 유럽연합(EU), 민간단체인 휴렛재단, P21 연합체, ACT21S 프로젝트 등은 사회에 필요한 역량을 정의하고, 학교 교육이 이러한 역량을 제고할 수 있도록 교육목표를 설정하고 교육과정을 설계할 것을 요구하고 있다. CCR(Center for Curriculum Redesign)에서는 다음의 〈표 7-1〉에서 보는 바와 같이, 여러 기구와 단체에서 제시하고 있는 인간의 역량을 종합하여 지식, 스킬, 인성, 메타학습 역량의 4차원으로 재구성하여 이에 적합한 교육과정 프레임을 제시했다(Fadel et al., 2015, 2016).

　　지식은 우리가 알고 이해하는 것을 의미한다. 지식은 학제간 연구, 전통적 지식, 현대적 지식, 주제 등을 통해 학습한다. 스킬은 우리가 아는 것을 사용하는 방법을 의미한다. 스킬은 창의력, 비판적 사고, 의사소통, 협업 등을 통해 습득한다. 인성은 우리가 행동하고 세계에 참여하는 방법을 의미한다. 인성은 마음챙김, 호기심, 용기, 회복탄력성, 윤리성, 리더십 등을 통해 함양한다. 메타학습은 성찰하고 적응하는 방법을 의미한다. 메타학습은 메타인지나 성장 마인드셋 등을 통해 학습한다.

우리나라 2022 개정 교육과정은 학생들이 제고해야 할 역량으로 자기관리 역량, 지식정보처리 역량, 창의적 사고 역량, 심미적 감성 역량, 협력적 소통 역량, 공동체 역량 등 6개 역량을 제시하고 이를 함양할 수 있는 교육과정을 구성하여 운영하고 있다. 자기관리 역량은 자아정체성과 자신감을 가지고 자신의 삶과 진로에 필요한 기초 능력과 자질을 갖추어 자기주도적으로 살아갈 수 있는 역량이다. 지식정보처리 역량은 문제를 합리적으로 해결하기 위하여 다양한 영역의 지식과 정보를 처리하고 활용할 수 있는 역량이다.

표 7-1 **교육 역량 프레임워크 비교**

CCR	지식	스킬	인성	메타학습
한국 (2022 개정 교육 과정)	지식정보처리역량	창의적 사고 역량, 협력적 소통 역량	심미적 감성 역량, 공동체 역량, 자기관리 역량	
ACT21S	정보리터러시, ICT리터러시	창의성 및 혁신, 비판적 사고, 문제 해결, 의사결정, 의사소통, 협업(팀워크)	삶과 직업, 지역과 세계의 시민의식, 문화의식과 문화역량, 개인적 및 사회적 책임감	학습방법 학습, 메타인지
P21	수학, 과학, 언어-영어, 언어-세계어, 경제학, 지리학, 역사학, 정부 및 시민학, 예술, 정보리터러시, 미디어 리터러시, ICR리터러시	창의성, 비판적 사고, 의사소통, 협업	유연성 및 적응성, 이니셔티브 및 자기주도, 사회적 및 문화 간 스킬, 생산성 및 신뢰성, 리더십 및 책임성	비판적 반추
휴렛재단 심화학습 역량	학문적 내용	비판적 사고 및 복잡한 문제 해결, 타인과 협업, 효과적인 의사소통	학구적인 마음가짐	학습방법 학습
EU 생애교육 핵심 역량	외국어 의사소통, 수학, 과학, 기술, 디지털 역량, 기업가정신	모국어 의사소통	사회적·시민적 역량, 주도적 정신, 문화적 인식 및 표현	학습방법 학습
OECD DeSeCo	상호작용 도구 사용	이질적 집단 내에서의 상호작용	자주적 행동	반영 능력
OECD 혁신 스킬	교과목 기반 스킬	사고 및 창의력 스킬	행동 및 사회성 스킬, 사회성 및 정서 스킬	

출처: Fadel et al. (2015/2016), p. 100을 수정 및 보완함.

창의적 사고 역량은 폭넓은 기초 지식을 바탕으로 다양한 전문 분야의 지식, 기술, 경험을 융합적으로 활용하여 새로운 것을 창출하는 역량이다. 심미적 감성 역량은 인간에 대한 공감적 이해와 문화적 감수성을 바탕으로 삶의 의미와 가치를 발견하고 향유하는 역량이다. 협력적 소통 역량은 다른 사람의 관점을 존중하고 경청하는 가운데 자신의 생각과 감정을 효과적으로 표현하며, 상호 협력적인 관계에서 공동의 목적을 구현하는 역량이다. 공동체 역량은 지역·국가·세계 공동체의 구성원에게 요구되는 가치와 태도를 가지고 공동체 발전에 적극적으로 참여하는 역량이다.

우리나라 2022 개정 교육과정에서 제시한 역량을 미래 사회에 필요한 역량으로 다른 국가나 단체에서 제시한 역량과 비교해 볼 때 실제적인 차이를 발견하기가 어렵다. CCR에서 제시한 지식 차원은 정보처리 역량이나 창의적 사고 역량으로 볼 수 있으며, 스킬 차원은 창의적 사고 역량, 협력적 소통 역량, 자기관리 역량으로 볼 수 있으며, 인성 차원은 심미적 감성 역량, 공동체 역량 등으로 볼 수 있다. 메타학습 차원은 그 정의상 지식 정보처리 역량이나 창의적 사고 역량을 통해 함양될 수 있기 때문에 우리나라 2022 개정 교육과정은 미래 사회에서 요구하는 역량을 함양할 수 있도록 구성되었다고 볼 수 있다 (〈표 7-1〉 참조).

3) 역량의 관점에서 본 과거와 현재의 교육목표

CCR에서 비교 분석한 교육 역량 프레임워크나 우리나라의 2022 개정 교육과정에서 제시한 역량은 〈표 7-1〉에서 보는 바와 같이 실제적 의미에서 별다른 차이가 없다. 여기서 비판적으로 검토가 필요한 사항은 새로운 역량이라고 제시한 것들이 진정으로 새로운 것인가이다.

1949년에 제정된 「교육법」에 규정된 인간상과 교육방침을 보면 지금으로부터 75년 전에 교육에서 강조한 역량과 오늘날 강조되는 역량을 비교할 수 있다. 〈표 7-2〉에서 보는 바와 같이, 1949년에 정의된 인간상과 2022 개정 교육과정 총론에서 기술된 인간상은 작은 표현상의 차이만 있을 뿐 본질적인 차이가 없다.

1949년에 제정된 「교육법」 제2조에 명시된 주요 교육방침 7개를 2022 개정 교육과정 총론에서 제시한 역량과 비교하여 볼 때, 이 역시 당시 시대상을 반영하는 소소한 표현상의 차이만 다를 뿐 본질적인 의미의 차이를 발견하기는 어렵다(〈표 7-3〉 참조). 예를

| 표 7-2 | 과거와 현재의 인간상 비교 |

1949년 「교육법」	2022 개정교육 과정 총론
교육은 홍익인간의 이념 아래	우리 교육이 지향해 온 홍익인간의 이념을 바탕으로 다음과 같은 인간상을 추구함
모든 국민으로 하여금 인격을 완성하고	교양 있는 사람: 문화적 소양과 다원적 가치에 대한 이해를 바탕으로 인류 문화를 향유하고 발전시키는 사람
자주적 생활능력과	자기주도적인 사람: 전인적 성장을 바탕으로 자아정체성을 확립하고 자신의 진로와 삶을 스스로 개척하는 사람
공민으로서의 자질을 구유하게 하여 민주국가발전에 봉사하며	창의적인 사람: 폭넓은 기초 능력을 바탕으로 진취적 발상과 도전을 통해 새로운 가치를 창출하는 사람
인류공영의 이념실현에 기여하게 함을 목적으로 한다.	더불어 사는 사람: 공동체의식을 바탕으로 인류문화를 향유하고 발전시키는 사람

들어, 1949년 「교육법」에서 제시한 "진리 탐구의 정신과 과학적 사고력을 배양하여 창의적 활동과 합리적 생활을 하게 한다."라는 지식정보처리 역량과 창의적 사고 역량을 강조한 것이다. 진리의 탐구는 문제를 합리적으로 해결하는 것이고, 이를 위해서는 다양한 영역의 지식과 정보를 처리할 수 있는 역량이 있어야 하기 때문이다. 창의적 활동과 합리적 생활을 위해서는 다양한 지식, 기술, 경험을 융합적으로 활용하여 새로운 것을 창출할 수 있는 창의적 사고 역량이 있어야 한다.

　1949년 「교육법」의 주요 교육방침인 "애국애족의 정신을 길러 국가의 자주독립을 유지발전하게 하고 나아가 인류 평화 건설에 기여하게 한다."와 "자유를 사랑하고 책임을 존중하며 신의와 협동과 애경의 정신으로 조화 있는 사회생활을 하게 한다."라는 지역·국가·세계 공동체의 구성원에게 요구되는 가치와 태도를 가지고 공동체 발전에 적극적으로 참여하는 공동체 역량을 강조한 것이다. 또한 1949년 「교육법」의 주요 방침에서도 심미적 감성 역량이나 자기관리 역량 제고와 관련된 사항들을 찾아볼 수 있다.

　1949년 「교육법」의 주요 교육방침에서 '협력적 소통 역량'을 제고하기 위한 직접적인 사항은 발견하기 어렵지만, 모든 수업에서 협력적 소통 역량과 관련된 활동이 이루어진다고 할 수 있다. 다양한 상황에서 자신의 생각과 감정을 효과적으로 표현하고 다른 사람의 의견을 경청하며 존중하는 협력적 소통 역량은 수업 시간에 토론, 질의응답, 발표 등의 활동을 통해 함양된다.

역량의 관점에서 볼 때, 과거와 현재의 교육에서 강조하는 역량은 차이가 없다. 과거, 현재, 미래 모두의 인간 삶에서 지식정보처리 역량, 창의적 사고 역량, 공동체 역량, 심미적 감성 역량, 자기관리 역량은 언제나 중요했고 학교 교육에서 강조되었다.

표 7-3   1949년 「교육법」의 주요 교육방침과 교육 역량 비교

1949년 「교육법」의 주요 교육방침	2022 개정 교육과정 총론에서 제시한 역량
4. 진리탐구의 정신과 과학적 사고력을 배양하여 창의적 활동과 합리적 생활을 하게 한다.	문제를 합리적으로 해결하기 위하여 다양한 영역의 지식과 정보를 처리하고 활용할 수 있는 <u>지식정보처리 역량</u>
1. 신체의 건전한 발육과 유지에 필요한 지식과 습성을 기르며 아울러 견인불발의 기백을 가지게 한다.	폭넓은 기초 지식을 바탕으로 다양한 전문 분야의 지식, 기술, 경험을 융합적으로 활용하여 새로운 것을 창출하는 <u>창의적 사고 역량</u>
2. 애국애족의 정신을 길러 국가의 자주독립을 유지발전하게 하고 나아가 인류평화 건설에 기여하게 한다.	지역·국가·세계 공동체의 구성원에게 요구되는 가치와 태도를 가지고 공동체 발전에 적극적으로 참여하는 <u>공동체 역량</u>
3. 민족의 고유문화를 계승앙양하며 세계문화의 창조발전에 공헌하게 한다.	
5. 자유를 사랑하고 책임을 존중하며 신의와 협동과 애경의 정신으로 조화있는 사회생활을 하게 한다.	
6. 심미적 정서를 함양하여 숭고한 예술을 감상 창작하고 자연의 미를 즐기며 여유의 시간을 유효히 사용하여 화해명랑한 생활을 하게 한다.	인간에 대한 공감적 이해와 문화적 감수성을 바탕으로 삶의 의미와 가치를 발견하고 향유하는 <u>심미적 감성 역량</u>
7. 근검노작하고 무실역행하며 유능한 생산자요 현명한 소비자가 되어 건실한 경제생활을 하게 한다.	자아정체성과 자신감을 가지고 자신의 삶과 진로에 필요한 기초 능력과 자질을 갖추어 자기주도적으로 살아갈 수 있는 <u>자기관리 역량</u>

3. 미래 사회는 어떤 교사를 요구하는가

미래 사회에 대비하기 위한 학교의 역할을 크게 바람직한 삶과 사회에 대한 반성과 통찰력 제고, 그리고 학생들의 역량 제고로 정의했다. 바람직한 삶과 사회에 대한 반성과 통찰력이 필요한 주요 내용으로 인공지능에 대한 비판적 이해 제고, 노동의 의미와 공유 필요성 제고, 사회의 불평등과 정의에 대한 인식 제고, 시장의 도덕적 한계 이해와 사회 규범의 제고, 자아의 존중과 자기관리 능력 제고 등을 제시했다. 미래 사회에 필요한 역량으로 우리나라 2022 개정 교육과정에서 제시한 자기관리 역량, 지식정보처리 역량, 창의적 사고 역량, 심미적 감성 역량, 협력적 소통 역량, 공동체 역량 등 6개 역량의 타당성을 제시했다.

　학교 교육에서 바람직한 삶과 사회에 대한 반성과 통찰력은 학교의 공식적 교육과정과 잠재적 교육과정, 학교에 대한 사회의 기대, 학교에 대한 학부모의 기대, 교사와 학생 그리고 학생들 사이의 일상적인 교류와 의사소통, 사회에서 일어나는 일들에 대한 학생들의 인식과 해석 등을 통해 장기간에 걸쳐 형성된다. 학생의 바람직한 삶과 사회에 대한 관점은 특정 교사, 교과, 또는 프로그램에 의해 형성되기보다는 삶의 과정에서 다양한 학습과 경험을 통해 형성된다고 볼 수 있다. 〈표 7-4〉의 내용과 같이 학교 교육과정의 모든 교과는 학생들의 핵심 역량 제고와 관련이 있으며, 핵심 역량의 주요 내용은 바람직한 삶과 사회에 대한 내용을 담고 있다. 따라서 학생들의 핵심 역량 제고와 바람직한 삶과 사회에 대한 반성과 통찰은 밀접하게 연결되어 있다. 바람직한 삶과 사회에 대한 반성과 통찰력을 갖기 위해서는 자기관리 역량, 지식정보처리 역량, 창의적 사고 역량, 심미적 감성 역량, 협력적 소통 역량, 공동체 역량 등이 요구된다.

　학교 교육의 궁극적인 목적을 학생들의 역량 제고로 정의한다면 교사에게 제일 중요한 역할은 학생들의 역량을 제고하는 것이다. 즉, 교사는 자신의 전문성을 발휘하여 교육과정에 규정된 활동을 통해 2022 개정 교육과정에서 강조하고 있는 자기관리 역량, 지식정보처리 역량, 창의적 사고 역량, 심미적 감성 역량, 협력적 소통 역량, 공동체 역량 등을 제고해야 한다.

　2022년 개정 초등학교 교육과정의 각 교과별 성격에서 명시한 역량을 핵심 역량과 비교 분석한 결과(〈표 7-4〉 참조), 교과의 특성에 따라 특정 역량이 더 강조되거나 덜 강조될 수는 있으나 교과를 종합하여 볼 때 교육에서 추구해야 할 역량을 모두 포함하고 있다. 국어교과의 경우 자기 성찰·계발 역량, 디지털·미디어 역량, 비판적·창의적 사고 역량, 문화향유 역량, 의사소통 역량, 공동체·대인관계 역량 등을 포함한다. 사회교과의 경우 문제해결력 및 의사결정력, 정보 활용 능력, 창의적 사고력, 비판적 사고력, 의사

표 7-4　**교과별 핵심 역량 분석**

교과	자기관리 역량	지식정보 처리 역량	창의적 사고 역량	심미적 감성 역량	협력적 소통 역량	공동체 역량
국어	자기성찰 · 계발 역량	디지털 · 미디어 역량	비판적 · 창의적 사고 역량	문화향유 역량	의사소통 역량	공동체 · 대인 관계 역량
사회		문제 해결력 및 의사결정력 정보 활용 능력	창의적 사고력, 비판적 사고력		의사소통 및 협업 능력	
도덕	교과 역량을 자신과의 관계, 타인과의 관계, 사회 및 공동체와의 관계, 자연과의 관계 4개 영역 관련 역량 함양을 목표로 기술					
수학		문제 해결 역량, 추론 역량, 정보처리 역량	연결 역량		의사소통 역량	
과학	과학 지식 · 이해, 과정 · 기능, 가치 · 태도가 복합적으로 발현되어 나타나는 총체적인 능력인 역량을 함양					
실과	생활 자립 능력	기술적 문제 해결 능력, 기술적 실천 능력	실천적 문제 해결 능력, 생활 자립 능력			관계 형성 능력
체육	건강 관리 역량, 움직임 수행 역량					신체활동 문화 향유 역량
음악	자기주도성 역량		창의성 역량	감성역량	소통 역량	공동체 역량
미술	정체성 역량		창의 · 융합 역량	심미적 감성 역량	시각적 소통 역량	공동체 역량
영어	자기관리 역량	지식정보처리 역량	창의적 사고 역량	심미적 감성 역량	협력적 소통 역량	공동체 역량
통합 교과	자기관리 역량	지식정보처리 역량	창의적 사고 역량	심미적 감성 역량	의사소통 역량	공동체 역량

소통 및 협업 능력 등을 포함한다. 수학교과의 경우 문제 해결 역량, 추론 역량, 정보처리 역량, 연결 역량, 의사소통 역량 등을 함양한다.

　학생들의 역량 제고 관점에서 볼 때, 교사들의 역할을 추상적인 역량 개념보다 좀 더 구체적으로 정의하면 주어진 교육과정에 따라 교과를 효과적으로 가르치는 것이다. 각 교과별로 다루는 지식, 기술, 태도 등의 내용은 다르지만 모두 학생에게 필요한 역량을 함양하도록 교육과정이 구성되어 있다. 따라서 별도로 특정 역량을 함양하기 위한 교육 과정을 구성할 필요성은 적다.

교사들은 교과지도를 통해 학생들의 자기관리 역량을 제고한다. 예를 들어, 학생들이 교과별로 부여받은 과제를 정해진 시간에 완성하는 것이 자기관리이고, 수업 시간에 수업보다 더 재미있는 여러 활동을 포기하고 수업에 집중하는 것이 자기관리이다. 또한 학교에 지각하지 않고 정해진 시간에 출석하고, 쉬는 시간에 적절한 휴식을 취하며 기타할 일을 처리하는 것이 자기관리이다.

공동체 역량 함양은 소극적으로 수업 시간에 다른 학생에게 피해를 주는 일을 하지 않는 것이고, 적극적으로 다른 학생들과 협업을 통해 과업을 수행하는 과정에서 함양하는 것이다. 또한 동료와의 관계에서 어려움에 처한 동료를 도와주는 것이 배려이다. 예를 들어, 준비물을 가져오지 않은 학생이 있을 때 자기에게 여분이 있어 빌려주는 것이 공동체 역량을 함양하는 것이다. 물론 정의로운 국가란 무엇인가, 바람직한 사회는 무엇인가, 민주시민의 역할은 무엇인가, 다양성은 무엇인가 등의 논의가 공동체 역량의 핵심 질문이지만, 이러한 질문에 대한 대답은 주로 사회과나 도덕과 등 특정 교과나 계기 학습을 통해 이루어진다.

협력적 소통 역량은 실제로 교사들이 가장 강조하는 것 중의 하나이다. 수업, 상담, 훈계, 정보제공 등 모든 것이 의사소통의 하나이다. 교사들이 늘 강조하는 것이 "수업이나 공지사항을 잘 들으라(경청)" "하고 싶은 이야기를 간결하고 명확하게 하라(간결하고 명료한 의견 제시)" "다른 학생이 이야기할 때 경청하고 존중하라" 등이다. 물론 의사소통이 가장 잘되는 상황은 이러한 형식적인 조건이 갖추어질 때보다 상호 간 의사의 내용이 명확할 때(주제에 대해 지식이 있을 때, 예를 들어 수업 중에 교사와 학생이 의사소통이 잘되는 경우는 학생들이 제대로 학습하고 있는 경우)이다.

지식정보처리 역량과 창의적 사고 역량은 여러 교과에 있는 지식의 습득과 관련된다. 지식의 학습은 곧 지식정보처리의 과정이다. 지식정보처리 역량과 창의적 사고 역량은 실제에서 구분이 어렵다. 학습자가 지식을 습득했다면 이후 자연스럽게 나타나는 것이 창의적 사고 역량이다. 지식이 형성된다는 것은 세상을 보는 관점이 새롭게 생기는 것이며, 그 결과 새로운 문제점을 발견하거나 새로운 대안을 발견하게 된다. 이러한 능력이 창의적 사고력이다. 지식정보처리 역량이나 창의적 사고 역량은 별도의 훈련을 통해 형성할 수 있으나, 교육과정 구성에서 가장 많은 비중을 차지하고 있는 교과를 통해 형성

전인적 인간 양성		
지(성)	덕(성)	체(건강한 신체발달)

지식, 메타학습	인성, 스킬	

창의적 사고 역량 지식정보처리 역량	심미적 감성 역량 공동체 역량 자기관리 역량 협력적 소통 역량	

교과지도		
국어, 영어, 수학, 과학, 실과	사회, 도덕, 음악, 미술	체육
	생활지도/체험활동	

[그림 7-2] 학교 교육의 목표, 역량, 교과지도(생활지도/체험활동)의 관계

하는 것이고 그것이 학교 교육의 주요 목적이 된다.

심미적 감성 역량은 주로 음악, 미술, 체육 등의 교과를 통해 함양한다. 또한 일상생활에서 독서지도나 문학작품의 공유를 통해서도 심미적 감성 역량을 함양한다. 교실에 아름다운 미술작품을 전시하거나 음악을 함께 듣는 활동을 통해 심미적 감성 역량을 함양할 수 있다.

앞에서 제시한 방법 이외의 방식으로도 자기관리 역량, 지식정보처리 역량, 창의적 사고 역량, 심미적 감성 역량, 협력적 소통 역량, 공동체 역량 등을 함양할 수 있다. 그러나 기존의 교육과정을 수정하기 위해서는 새로운 프로그램의 효과성을 비교 분석을 통해 판단해야 한다.

최근 초·중등학교 교육과정의 구성에서 역량을 중시하는 것처럼 교원양성과정에서 교원에게 필요한 역량이 강조되고 있으며, 이에 대한 활발한 연구와 논의가 이루어지고 있다. 교원에게 필요한 역량은 학자에 따라 다양한 영역(또는 하위 역량)을 설정하고 다양한 용어로 제시되고 있다. 교사의 역량과 관련하여 여러 학자와 현장의 전문가가 서로 다른 용어를 사용하여 다양한 역량을 제시하지만 각각의 정의 또는 하위 역량의 정의를

표 7-5 교사에게 요구되는 역량(선행연구들)

6개 역량군(수업 계획 및 준비, 수업실시, 학습평가, 생활지도, 학급·학교 경영지원, 태도) 및 37개 세부 직무 역량(조대연, 2009)
5개 교사 역할(교수, 평가, 생활지도, 학급경영, 전문성 개발) 각각에 대한 지식 역량, 수행 역량, 태도 역량(최진영 외, 2009)
3개 역량군(기반 역량군, 리더십 역량군, 직무 역량군)의 19개 역량(주현준, 2008) • 기반 역량군: 상호 신뢰, 윤리의식, 원칙 준수, 창의력, 변화 주도, 프로세스 개선 • 리더십 역량군: 공정성, 책임감, 비전 제시 및 공유, 자기계발, 배려, 협조성 • 직무 역량군: 학생 이해, 교과전문성, 학습동기 부여, 교수, 학습, 의사소통, 상담, 교육계획 수립
학습자 기반 역량, 전문성 개발 역량, 직무처리 역량, 교육에 관한 태도 역량, 관계 역량, 기질적 역량(김경애, 2015)
수업 역량, 배려 역량, 정보 역량, 협업 역량, 민주 역량(최석민 외, 2015)
직무 역량 및 미래 환경 변화에 따라 필요한 역량(정제영 외, 2014) • 직무역량: 교과지도, 비교과지도, 생활지도 및 상담, 학급경영, 학교 행정 지원, 학부모 및 지역사회와의 연계, 전문성 신장, 교육정책 이해도, 교직 소양 등 • 미래 환경 변화에 따라 필요한 역량: 갈등 관리 능력, 의사소통 능력, 관계 형성 능력, 인내심, 교육환경에 대한 이해, 학생문화에 대한 이해, 실제 문제 해결력, 공동작업 능력, 미래 사회에 대한 이해, 대인관계 능력, 창의적 혁신력, 지역사회에 대한 이해, 시민의식 등
4개 역량군(임유나, 홍후조, 2018) • 교육과정 수업 역량군: 교육과정 역량, 수업 역량 • 학생지도 역량군: 생활지도 역량, 진로지도 역량 • 학교공동체 역량군: 학교, 학교경영 역량, 교직실무 역량 • 교직 생애 관리 역량군: 변화 대응 역량, 교직관리 역량, 자기관리 역량

보면 거의 동일한 역량을 제시한다고 볼 수 있다.

특정 역량을 개념적으로 정의하고 개념상 다른 역량과 구분이 가능할지 모르지만, 인간의 특정 행동이 특정 역량에 기반하여 행동하거나 특정 역량을 설명한다는 것을 가정할 수는 없다. 예를 들어, 교사에게 교과지도 또는 수업 역량이 중요하다고 할 때 교과지도 또는 수업은 본질적으로 의사소통의 하나이다. 의사소통의 내용 또는 주제가 교과지식 또는 교과활동이다. 교과지도 수업을 잘하기 위해서는 의사소통 역량 중 중요한 요소인 명료하게 말하기와 경청하기가 중요하다. 이러한 요소는 수업역량으로 정의할 수 있고, 의사소통 역량으로 정의할 수 있다. 또한 수업은 교육제도, 학생, 특정 지식, 그리고 사람 간 관계에 대한 종합적인 이해의 결과이지 특정 역량의 단순한 함양 결과라고 할 수 없다. 수업 역량이든, 의사소통 역량이든, 학생지도 역량이든 특정 역량을 함양하기 위해서는 서로 관련이 있는 다양한 지식과 태도를 교육하고 습득해야 한다.

미래 사회의 역량을 논의하기 위해 사회 변화의 모습으로 이야기하는 VUCA나 제4차 산업혁명은 사실상 미래의 모습이 아니라 과거부터 이어지고 있는 현재의 사회 모습으로 보는 것이 타당하다. 또한 교육과 지식의 측면에서 볼 때, 제4차 산업혁명의 핵심 기술인 인공지능, 빅데이터 분석, 정보통신기술은 기존 지식의 심화(계속된 지식의 발전)이고 현재의 학교 교육을 받은 사람들이 만든 것이다. 그리고 이처럼 사회의 변화를 인식할 때, 새로운 역량이 필요하다거나 현재의 교육이 부적절하여 미래 사회에 적응할 수 없다는 주장은 논리적으로 모순된 것이다.

인간에게 필요한 역량의 관점에서 볼 때, 과거와 현재 그리고 미래의 교육에서 강조하는 역량은 차이가 없다. 과거, 현재, 미래 모두 인간의 삶에서 자기관리 역량, 지식정보처리 역량, 창의적 사고 역량, 심미적 감성 역량, 협력적 소통 역량, 공동체 역량은 언제나 중요했고, 학교 교육과정과 교사들의 실제 지도 행위에서 강조되었다.

그럼에도 불구하고 교육계 외부에서 주장하는 학교 교육에 대한 문제 제기와 이에 따른 변화 요구를 교육계에서 무비판적으로 수용하게 되면서 학교 교육은 신뢰를 잃고 교사들은 자신의 역할에 대해 혼란을 겪게 되었다. 교사가 되기 위해 많은 시간과 노력을 투자하는 교과지식과 교수법, 그리고 현직에서 가장 많은 시간과 노력을 기울이는 교과지도에서 교사의 역할을 인식하지 못하거나, 그 가치를 스스로 인정하지 않거나, 학생이나 학부모로부터 인정받지 못한다면 교사의 사기가 위축되고, 결과적으로 교육의 효과도 떨어질 수 있다. 가장 심각한 문제는 교사들이 자신이 가르치고 있는 교과의 가치를 부정적으로 평가하고 교과지도 이외의 다른 곳에서 교사의 역할을 찾으려고 한다는 것이다.

진정한 교육개혁은 학생들에게 필요한 새로운 역량을 정의하고 이를 제고하기 위한 제도를 변경하는 것이 아니라, 과거, 현재, 그리고 미래에도 우리의 삶에 필요한 역량을 효과적으로 제고하기 위한 수단을 변경하는 것이어야 한다. 그러한 의미에서 미래 사회에는 새로운 역량이 필요하고, 이를 제고하기 위해 교사의 역할이 변경되어야 한다는 주장은 심각하게 검토되어야 한다.

교사의 역할은 주어진 교육과정을 충실하게 이행하는 것이다. 교사가 교육과정을 충실하게 이행하는 것이 현재의 교육과정이나 교육과정에 포함된 지식을 맹목적으로 믿고 가르치라는 것을 의미하지는 않는다. 교수자의 입장에서 특정 교육과정이나 지식이 문제가 있다면 문제를 제기하는 것은 교수자의 의무이고 전문성의 표현이다. 그러나 무엇이 왜 문제인지에 대한 정확한 분석 없이 전체 교육과정이 부적합하다거나 교사들이 제대로 역할을 수행하고 있지 않다고 비판하는 것은 경계해야 할 필요가 있다.

생각해 봅시다

1. 2000년대에 구상한 미래 사회와 2020년대에 준비하는 미래 사회는 본질적인 측면에서 어떻게 다른가?

2. 2000년대의 효과적인 교사와 2020년대의 효과적인 교사는 본질적인 측면에서 어떻게 다른가?

3. 교사는 교과지도, 생활지도, 학급경영 등 교직 수행의 과정에서 어떠한 과정을 통해 학생들의 역량을 제고하고 있는가?

참고문헌

김경애(2015). EPP모델을 활용한 초등 교사들의 핵심역량 분석에 관한 연구. 한국교원교육연구, 32(2). 1-32.

김대식(2016). 김대식의 인간 vs 기계. 동아시아.

이정은(2016). 새로운 창작을 위한 도구, 인공지능. 월간 객석 2016년 6월호.

임유나, 홍후조(2018). 교사 핵심역량에 대한 초·중등교사의 인식과 요구 비교 분석. 교육학연구, 56(2), 1-31.

정원(2016). 인간과 로봇의 피아노 배틀. 월간 객석 2016년 6월호.

정제영, 김갑성, 강태훈, 류성창, 윤홍주, 선미숙(2014). 중등 신임교사의 직무 역량 요구도 분석. 한국교원교육연구, 31(4), 373-396.

조대연(2009). 교사 발달단계별 직무역량 요구분석: 서울초등교사를 대상으로. 한국교원교육연구, 제26권 제2호.

주현준(208). 초등학교 교사들의 역량에 대한 교육요구 분석: 경기·인천 지역을 중심으로. 교육

학연구, 46(1)

최민석 외(2015), 신규교사 임용시험 제도개선 정책연구, 전국시도교육감협의회.

최진영, 이경진, 장신호, 김경자(2009). 초등학교 교사의 핵심역량 탐색. 한국교육학연구, 15(3).

통계청(2024). 2023 국민 삶의 질 보고서

한병철(2010). 피로사회. 김태환(역). 문학과 지성사.

황은희, 최수진, 임종헌, 박희진, 이재덕, 김성기, 이길재, 김훈호(2019). 교육 혁신 사례 분석을 통한 미래교육 실천 과제. 한국교육개발원

Anderson, A. (Ed.). *Minds and machines*. Prentice-Hall.

Chancel, L., Piketty, T., Saez E., Zucman, G. (2022). *World inequality report 2022*. World Inequality Lab.

Fadel, C., Bialik, M., & Trilling, B. (2016). 4차원 교육 4차원 미래역량. (Four-dimensional education: The competencies learners need to succeed). (이미소 역). 새로온 봄. (원저는 2015년에 출간).

Frey, C & Osborne, M. (2013). *The future of employment: How susceptible are jobs to computerization*. http://lexicon.ft.com/Term?term=human-cloud

Kurzweil, R. (2005). *The singularity is near*. Viking.

O' Connor, S. (2015). The human cloud: A new world of work. *The Financial Times*, 8 Oct 2015.

Penrose, R. (1989). *The emperor's new mind: concerning computers, minds, and the laws of physics*. Oxford University Press.

Pink, D. (2001). *Free agent nation-the future of working for yourself*. Grand Central Publishing.

Sandel, M. (2010). 정의란 무엇인가?. (Justice: What's the right thing to do?). (이창신 역). 김영사. (원저는 2009년에 출판).

Schwab, K. (2016). 제4차 산업혁명. (The fourth industrial revolution). (송경진 역). 새로운 현재. (원저는 2016년에 출판).

Whitby, B. (2007). 인공지능. (Artificial intelligence). (변경옥 역). 유토피아. (원저는 2003년에 출판).

Wilkinson, R., & Pickett, K. (2012). 평등이 답이다: 왜 평등한 사회는 늘 바람직한가?. (The spirit level: Why greater equality makes societies stronger) (전재웅 역). 이후. (원저는 2009년에 출판).

개요 ··

학교 조직의 리더로서 학교장은 학생, 교직원, 학부모, 지역사회, 교육행정기관에 이르는 다
각적인 관계 속에서 조직 경영의 중요한 위치를 차지한다. 이 장에서는 학교장의 역할과 직
무 수행에 있어서 필요한 리더십을 종합적으로 이해하는 것을 목표로 한다. 이를 위해 학교
장의 리더십에 관한 전통적인 이론으로 특성론, 행동론, 상황론을 순차적으로 다루고, 전통
적 관점에서 벗어난 새로운 리더십으로 변혁적 리더십, 문화적 리더십, 분산적 리더십 등을
소개한다. 마지막으로 급변하는 사회환경 변화와 그에 따른 교육에 대한 사회적 요구와 압
력에 대응하는 학교장 리더십의 역할에 대해 논하고자 한다.

학습목표 ··

1. 학교장의 역할과 중요성을 이해할 수 있다.
2. 학교 조직 리더십의 특성, 행동, 상황의 관계를 설명할 수 있다.
3. 교육 현장의 현실을 고려한 학교장의 리더십 적용 방안을 고안할 수 있다.

제**8**장

학교장의 역할은 왜 중요한가

한재범

1. 학교장은 학교 조직에서 어떤 역할을 하는가
2. 다양한 상황에서 학교장의 리더십 스타일은 어떻게 변화
   해야 하나
3. 변화하는 환경 속에서 교육개혁의 중재자로서의 학교장

EDUCATIONAL ADMINISTRATION
EDUCATIONAL MANAGEMENT

1. 학교장은 학교 조직에서 어떤 역할을 하는가

학교장은 학교의 내외부 정책과 사회적 요구를 이행하는 중간관리자의 역할과 학교 구성원의 다양한 요구를 조율하는 최고경영자의 위치를 동시에 갖는다. 또한 학교장은 리더로서 학교 운영과 조직 구조의 개선, 학교 경영에 관한 전문성이 요구되며, 구성원들의 인간관계의 증진, 갈등의 해결 등 학교 조직에 있어서 중요한 위치를 차지한다. 법적으로 보면 학교장은 "교무를 총괄하고, 민원처리를 책임지며, 소속 교직원을 지도·감독하고, 학생을 교육"(「초·중등교육법」 제20조 제1항)하도록 되어 있다. 구체적으로 학교장에게는 교무 통할권, 직원 지도·감독권, 학생 교육권이 주어져 있으며, 이는 곧 학교장이 학교의 모든 직무 영역인 업무 관리, 교직원 인사, 학생의 교육에 대해 책임을 갖고 있다는 것이다. **교무 통할권**은 ① 학교 교육계획의 수립, 지도, 집행, ② 학교의 시설 관리, 활용, ③ 근무 감독 및 학생 교육에 관한 지도 등에 대한 역할로 세분되고, **직원 지도·감독권**은 ① 교원 및 일반직원의 복무 감독, ② 법령에 의하여 위임된 임용권의 행사, ③ 근무 감독 등으로 세분되며, **학생 교육권**은 ① 입학, 퇴학, 전학, 편입학, 휴학 등, ② 학교 수업의 개시와 종시, ③ 비상시 임시 휴무 조치, ④ 졸업장 수여, ⑤ 각종 표창 및 징벌, ⑥ 학급 편성, 특별 활동 운영 등으로 세분화된다. 추가로 최근 법 개정(2023년 9월 27일)에서 "민원처리를 책임"지도록 하면서 교육활동이 민원으로 인해 부당하게 침해받거나 그 대응에 소비되는 교원의 에너지를 줄이는 데 학교장이 더 적극적인 역할을 하도록 규정했다.

한편, 미국의 교육 리더 전문성 표준에서는 학교 리더의 직무 특성과 질을 정의하면서 학생들의 학업적 성공과 개인의 안녕을 이끄는 데 있어 핵심적인 요소로서 학교 리더에게 요구되는 열 가지 전문성 표준을 〈표 8-1〉과 같이 제시했다. 이 전문성 요소를 바탕으로 학교장의 역할을 성공적으로 수행하는 데 있어 필수적으로 요구되는 것이 바로 리더십이다. 성공적인 학교 리더십을 통해 학교는 효과적인 배움의 장이 되고, 학생들은 교육뿐만 아니라 도전과 양육, 격려를 받을 수 있는 장소가 될 수 있다.

많은 사람이 오래전부터 리더십에 관심을 갖고 매혹된 것은 그것이 흥미롭고 때론 극적으로 보이기 때문이기도 하지만, 그 이상으로 우리의 생활에 직간접적인 영향을 미치는 것이기 때문이다(Yukl, 2010). 특히 교육 조직을 둘러싼 이슈에서도 학교장의 리더십은 학교 교육의 질을 결정하고, 학교 교육의 주요 성과를 산출하는 중요한 변수로 강조

표 8-1	교육 리더 전문성 표준(미국)
표준	주요 내용
미션, 비전, 핵심 가치	• 공유된 미션, 비전, 핵심 가치 개발 및 지지, 실행
윤리 및 전문적 규범	• 윤리적 · 직업적 규범에 따라 행동
형평성과 문화감응성	• 교육기회의 형평성과 문화감응적 실천 지향
교육과정, 교수 및 평가	• 지적으로 엄격하고 일관된 교육과정, 수업 및 평가 시스템 개발 및 지원
학생 돌봄과 지원의 공동체	• 포용적이고 배려하며 서로를 지원하는 학교 공동체 조성
학교 인사 관리 역량	• 교직원의 전문 역량과 실천력 제고
교직원들을 위한 전문적 공동체	• 교사 및 전문 직원으로 구성된 전문 공동체 육성
가족 및 지역사회 공동체의 유의미한 참여	• 의미 있고 호혜적이며 상호 이익이 되는 방식으로 가족과 공동체에 참여
학교 운영 및 관리	• 학교 운영과 자원 관리
학교 개선	• 지속적인 개선의 주체 역할

출처: National Policy Board for Educational Administration (2015).

되고 있다(Marks & Printy, 2003).

리더십에 관한 개념은 그 관점과 접근 방식에 따라 다양하게 정의될 수 있다. 스토그딜(Stogdill, 1974)은 리더십에 대한 여러 정의 사이에 일정한 공통점이 존재한다고 언급하며, 이를 열한 가지 주요 요소로 유목화했다. 이러한 관점에는 ① 집단적 행동의 핵심 과정, ② 리더의 특성과 그 영향, ③ 복종을 유도하는 기술, ④ 영향력 행사, ⑤ 특정한 행동 혹은 행위, ⑥ 설득의 기술, ⑦ 권력 혹은 권위, ⑧ 목표를 달성하는 수단, ⑨ 상호작용의 결과, ⑩ 분화된 역할, ⑪ 구조와 절차의 창출 등이 해당된다. 리더십은 리더와 이를 따르는 개인이나 집단을 전제로 한다. 즉, 조직이나 추종자 없는 리더는 존재할 수 없다. 구체적으로 리더십을 개념화하는 데 있어 필요한 요소는 네 가지로 정리할 수 있다.

- 조직 목적의 달성을 위해 영향력을 행사하는 집단 과정
- 리더의 특성, 행위, 조직 상황이라는 다양한 요소의 함수관계
- 두 사람 이상의 관계에서 권력이 불균등하게 배분되어 있는 상태를 전제
- 리더는 추종자들(followers)의 동의가 필수

이상의 내용을 종합하면 리더십이란 주어진 상황에서 조직의 목적을 효과적으로 달성하기 위하여 집단 구성원으로 하여금 조직 목표에 자발적으로 공헌할 수 있도록 영향력을 행사하는 것이라고 할 수 있다.

리더십이 리더의 개인과 조직에 대한 광범위한 영향력이라는 관점에서 그 영향력 행사를 가능케 하는 원천이 존재한다. 즉, 상대방의 태도나 행위에 영향을 미치는 능력을 권력(power)으로 보고 이러한 권력의 근원에 따라 리더십의 영향력이 달라질 수 있다. 프렌치와 레이븐(French & Raven, 1959)은 구성원에게 영향을 미치는 리더의 힘의 원천을 제시했는데, ① 조직의 위계 속에서 리더의 지위나 역할에 부여된 합법적 권력, ② 리더가 구성원에게 줄 수 있는 보상 능력에서 비롯되는 보상적 권력, ③ 리더가 리더의 지시에 순종하지 않는 구성원을 통제하고 벌을 줄 수 있는 능력으로서 강압적 권력, ④ 리더가 가지고 있는 지식이나 능력에 기초한 전문적 권력, ⑤ 리더 자신의 인성적 강점으로 구성원을 따르게 하는 참조적 권력, ⑥ 다른 이들이 갖지 않은 정보를 기반으로 한 정보적 권력 등이다.

학생들이 새 학교에 가서 새 학년을 맞이할 때 '나의 담임선생님은 어떤 분일까' '어떻게 한 학급을 이끌어 가실까'를 기대하고 설렘을 느끼는 것과 마찬가지로, 한 학교의 학

표 8-2 프렌치와 레이븐의 권력 유형

구분	내용
합법적 권력 (legitimate power)	조직의 위계 속에서 리더의 지위나 역할에 부여된 권력
보상적 권력 (reward power)	다른 사람에게 보상을 제공할 수 있는 능력에 기반을 둔 권력
강압적 권력 (coercive power)	다른 사람을 통제하고 벌을 줄 수 있는 능력에 기반을 둔 권력
전문적 권력 (expert power)	다른 개인이나 집단이 필요로 하는 전문적 기술이나 지식에 근거를 둔 권력
참조적 권력 (referent power)	리더의 인성적 강점에 기반을 둔 권력. 카리스마와 유사
정보적 권력 (informational power)	다른 사람들이 필요로 하는 정보에 기반을 둔 권력

출처: Raven (1965).

교장을 맞이할 때 그 구성원들은 기대와 설렘 등의 감정을 갖게 된다. 한 학교를 책임지는 리더가 어떤 능력을 가지고 있는지, 어떤 성격적 특성이 있는지, 어떤 교육철학을 가지고 있는지 등을 궁금해하고 확인하고자 하는 것은 자연스러운 과정일 것이다. 학교장에 따라 학교의 분위기가 달라지고 교사들 간의 관계가 달라지고, 심지어 학생들의 교육활동에까지 직간접적인 영향을 미친다는 것은 이미 여러 경험적·실증적 사례를 통해 증명되어 왔다. 따라서 학교장의 존재는 학교 조직의 리더이자 리더십의 주된 행사자로서 중요하게 인식된다.

한 조직의 리더가 조직의 성패에 상당한 영향을 미친다는 것을 경험적으로 인식하고나서 이에 대해 본격적으로 탐구하기 시작할 때 가장 먼저 시도한 접근법은 리더의 특성을 찾는 것이었다. 다시 말해 성공한 리더는 어떤 특출한 특성으로 인해 자신의 조직을 성공에 이르게 했을 것이라는 관점이 바로 리더십 특성론(trait leadership)이다. 이는 중요하다고 인식된 개념에 접근하는 가장 본능적인 탐구법이라고 할 수 있다.

리더십 특성론의 대표적인 학자는 스토그딜(Ralph Stogdill)이다. 그는 1904년부터 1947년까지 진행된 리더십 특성에 관한 124개의 문헌을 대상으로 한 메타분석 결과에서 나이, 키, 몸무게, 체격, 용모, 언어유창성, 지능, 학교 성적, 관련 분야에 관한 지식, 판단력, 결정력, 통찰력, 독창성, 적응성, 내향성·외향성, 지배성, 솔선수범, 인내심, 야망, 책임감, 통합성, 신념, 자신감, 분위기 조성, 정서적 통제, 사회·경제적 지위, 협동심 등 다양한 요인을 제시했다. 즉, 연구를 통해서 리더는 리더가 아닌 사람에게서는 발견할 수 없는 많은 특성을 가지고 있다고 주장했다. 이러한 다양한 특성을 유목화하여 정리하면 〈표 8-3〉과 같다.

표 8-3 스토그딜의 리더 특성

특성	내용
능력	지능, 기민성, 언어유창성, 독창성, 판단력
성취	학문, 지식, 운동경기
책임	신뢰, 솔선수범, 인내, 적극성, 자신감, 성취욕
참여	활동성, 사회성, 협동성, 적응성, 유머
지위	사회·경제적 지위, 인기

출처: Stogdill (1974).

이러한 요인들은 연구에 따라 리더십 효과에 긍정적 또는 부정적 영향을 미쳤거나 중립적인 영향을 미치는 것으로 나타났다. 다시 말해 이러한 요인들은 리더십 효과에 일관성 있는 영향을 미치지 않았다. 또한 특성론 연구는 리더 특성에 대한 적절한 측정방법의 부재, 비교 대상의 부족, 리더십에 대한 적절한 설명 부족 등을 그 이유로 비판을 받았다. 이렇듯 특성론의 방대한 특성 열거는 일반적인 리더십 특성을 파악하는 데 성공하지 못한 것으로 평가되어 특성론 관점의 리더십 연구가 위축되었다(Yukl, 2010). 하지만 비범한 리더에 대한 대중의 열망과 영웅적 리더의 서사를 보면 특성론적 접근을 쉽게 포기하기가 어렵다. 그래서 특성론 연구는 리더를 구분 짓는 특성 추출보다는 리더의 특성과 조직의 효과성 간의 관계에 주목하는 연구로 그 중심이 이동했다. 이러한 변화는 '누가 리더가 될지 예측하는 것'에서 '누가 더 효과적일지 예측하는 것'으로 관심이 전환되었다고 볼 수 있다. 따라서 소위 특성 연구는 계속되고 있지만, 이제는 특정 유형의 조직과 환경에서 리더의 특성과 리더십 효과 사이의 관계를 탐구하는 경향이 나타나고 있다. 현재 효과적인 리더십과 관련된 특성 및 기술 변수를 세 가지 그룹으로 분류하면 성격(인성), 동기 부여, 기술로 정리된다(Hoy & Miskel, 2012).

특성론 연구의 한계가 두드러지자 '리더가 어떠한 특성을 가지고 있느냐'에 관심을 가지기보다는 '리더가 어떠한 행동을 하느냐'에 관심을 기울이기 시작했다. 즉, 효과적인 조직의 리더가 나타내는 행동을 기술(description)하려고 했다. 다만 여기서 리더의 행동은 실제로 나타난 행동이라기보다는 질문지에 의하여 측정된 행동에 관한 태도나 성향을 의미한다. 이렇게 리더의 행동을 유형화하고, 어떤 유형의 지도성 행동이 더 효과적인지 관심을 기울인 접근을 리더십 행동론이라고 한다. 리더십 행동 유형은 연구마다 그 명칭은 달랐지만 대체로 조직 구조 중심의 과업지향적 리더십 유형과 구성원 중심의 관

표 8-4 효과적인 리더십과 관련된 특성 및 기술

인성(personality)	동기(motivation)	기술(skills)
• 자신감	• 과업 및 대인관계 욕구	
• 인내심	• 성취지향성	• 기술적
• 정서적 성숙	• 권력 욕구	• 대인관계적
• 청렴	• 기대	• 개념적
• 외향성	• 자기효능감	

출처: Hoy & Miskel (2012).

계지향적 리더십 유형으로 구분했다.

　　최초의 행동적 접근은 아이오와 대학교의 연구였다. 이 연구에서는 리더십 행동 유형을 민주형, 권위주의형, 자유방임형으로 구분하고, 민주형 리더가 이끄는 집단이 생산성이 높을 뿐만 아니라 구성원들의 존경을 받으면서 지속적으로 조직을 이끌어 나갈 수 있다고 주장했다.

아이오와 대학교의 민주형·권위주의형·자유방임형 리더십 행동 연구는 어떤 연구였을까

미국 아이오와 대학교의 리피트(Lippit)와 화이트(White)는 리더에 관한 행동과학적 접근으로 리더십 행동에 관한 실험적 연구를 진행했다. 이 연구팀은 11세의 소년들을 네 개의 집단으로 만들어 한 반을 통제집단으로 하고, 나머지 세 개 집단은 교사들로 하여금 민주형 리더, 권위주의형 리더, 자유방임형 리더로 연출케 했으며, 이 소년들에게 각종 재료를 제공한 후 장난감을 만들게 하는 과정에서 리더들이 그 구성원들에게 때로는 만족감을 주고, 때로는 좌절감도 주며, 또는 공격적이 되도록 하는 등 여러 가지로 조작한 결과, 대상자 20명 중 19명이 권위주의적 리더보다 민주적 리더를 더 좋아했고, 단 1명만이 권위주의적 리더를 좋아했는데 그의 아버지는 군인이었다. 또한 권위주의적 리더에게는 상당한 저항과 공격적인 행위가 관찰되었고, 자유방임형 리더에게서는 방향감각이 없으며 우유부단함을 볼 수가 있었다.

출처: 임연기, 최준렬(2017).

　　미시간 대학교 리더십 연구에서는 구성원지향적 리더십과 과업지향적 리더십 유형을 구분했다. 1950년대에 리커트(Rensis Likert)는 효과적인 리더십의 행동 특성을 찾기 위한 연구를 추진했는데, 과업지향적 리더십 행동보다 구성원지향적 리더십 행동이 효과적임을 밝혔다(Likert, 1967). 그러나 후속 연구에서는 과업지향적 리더십 행동과 구성원지향적 리더십 행동이 모두 높은 수준인 리더가 가장 효과적이라는 결론을 제시하는 등 연구 결과의 일관성이 부족했다는 평가를 받고 있다.

렌시스 리커트(Rensis Likert, 1903~1981)는 미시간 대학교에서 토목공학을 공부하다가 경제학 및 사회학으로 전공을 전환하게 되었고, 1926년에 사회학 학사학위를 받았다. 그는 1932년에 콜롬비아 대학교에서 심리학 박사학위를 받게 되었는데, 1932년에 박사학위 논문의 일부로 리커트 척도를 창안하게 되었다. 그는 사회적 행동, 질적인 문제 등 태도와 의견을 측정하는 표준화된 방법이 필요하다고 여겨서 이 척도를 개발하게 되었다. 리커트 척도는 제시된 문장에 대해 응답자가 얼마나 동의하는지를 답변하도록 되어 있는데, 보통 5단계의 척도를 사용한다. 예를 들면, 다음과 같은 문장과 선택지가 주어질 수 있다.

"나는 학교장에게 찾아가 학교 업무의 어려움에 대해 거리낌 없이 상담할 수 있다."

1. 전혀 그렇지 않다. 2. 그렇지 않다. 3. 보통이다. 4. 그렇다. 5. 매우 그렇다.

리커트 척도의 평가는 각 항목을 별도로 분석하거나 비슷한 항목군에 대한 답변에 대해 평가할 수 있으며, 이 척도를 통해 복잡한 인간의 심리를 보다 정교하게 측정할 수 있게 되었다. 리커트 척도는 경영, 마케팅, 고객 만족 및 심리학, 교육학 연구 프로젝트 등 사회과학 전반에서 활용되고 있다.

출처: http://scihi.org/rensis-likert/

비슷한 시기에 오하이오 주립대학교에서는 리더의 행동을 기술하기 위한 질문지(Leader Behavior Description Questionnaire: LBDQ)를 구성했다. 핼핀(Andrew Halpin)을 비롯한 몇몇의 연구진은 LBDQ를 통하여 리더십을 구조 차원(initiating structure)과 배려 차원(consideration)으로 분류했다. 전자는 특정한 과업을 부여하고, 따라야 할 절차를 구체화하며, 조직 구성원들에게 자신의 기대를 분명히 밝히며, 수행해야 할 과업의 일정을 정하고, 보고체계와 의사소통 통로를 명확하게 수립하는 리더의 행동이다. 후자는 친절하고, 접근하기 쉬우며, 조직 구성원들의 복지와 문제에 관심을 가지는 등 심리적 협조, 온정, 친화, 봉사의 지원적 행동을 강조하는 리더의 행동이다. 이에 대한 실증연구에서는 과업 차원과 인화 차원 모두 높은 점수를 나타낸 리더의 행동이 효과적인 것으로 나타났다(노종희 외, 2009).

결국 리더십 행동론은 가장 효과적인 리더의 행동에 대해 일관된 결론을 짓지 못했다. 즉, 연구에 따라 인간(배려)중심적 리더가 효과적일 때가 있고, 과업(구조)중심적 리더가 효과적일 때가 있었다. 이는 학교 맥락에서도 비슷하게 나타난다. 학교장의 리더십 유형을 행위론에 따라 과업지향적 학교장과 인화지향적 학교장으로 구분할 경우에 이들이 각 학교에서 받는 평가(혹은 평판) 역시 일관적이지 않다. 똑같은 인간중심적 리더십을 발휘했으나 어떤 학교에서는 '인자하고 온화한' 리더로 평가를 받고, 또 다른 학교에서는 '우유부단하고 결단력 없는' 등의 표현으로 폄하되기도 한다. 과연 무엇 때문에 이러한 현상이 나타나는 것일까?

2. 다양한 상황에서 학교장의 리더십 스타일은 어떻게 변화해야 하나

"영원한 적도 영원한 친구도 없다." "사랑이 어떻게 변하니?" 사회가 변화하고 환경이 변화하면서 한 사람의 생각이나 태도가 바뀌거나 혹은 같은 사람에 대한 세간의 평가나 인식이 달라지는 것을 흔하게 목격할 수 있다. 이는 리더십의 맥락에서도 동일하게 적용된다. 주어진 상황에 따라 리더의 영향력이 달라지고, 그의 행동에 대한 평가가 바뀌는 등 지금 우리 시대의 생각에서는 너무나 상식적인 접근법인 상황론적 리더십은 1960년 대에 들어 본격적으로 활용되었다.

상황론적 리더십은 조직의 효과성이 상황에 의해 크게 좌우된다는 전제에 기초하고 있다. 따라서 상황론적 리더십에서 중요하게 확인해야 할 것은 그 상황을 어떻게 정의하고 진단하는가일 것이다. 즉, 상황은 다양하게 정의된다. 조직 내에서 상황은 조직의 주

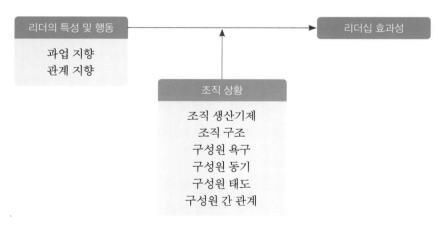

[그림 8-1] 상황론적 리더십의 구조

된 생산기제, 조직의 구조적 특징, 구성원들의 욕구, 동기, 태도, 그들 간의 관계 등을 포함한다. 이렇듯 다양한 상황에 대한 정의와 그에 따른 적절한 리더 행위의 조합에 대한 아이디어를 제공한 주요한 학자들을 소개하고자 한다.

리더 행위의 효과성을 좌우하는 데 있어 중요한 것은 상황과의 조응임을 강조한 이론으로 피들러의 상황적합이론(contingency model)이 있다. 피들러(Fiedler, 1967)는 리더십을 "리더가 구성원들의 과업을 지휘 및 조정하는 과정에서 보여 주는 행동 특성이며, 여기에는 작업관계를 구성하고 구성원을 칭찬하고 비판하며, 구성원들의 복지와 감정에 대한 배려를 보여 주는 행위가 포함된다."라고 했다. 피들러는 리더의 과업지향성과 구성원지향성 중 어느 유형이 더 성공할 가능성이 높은가는 ① 해당 조직의 과업 표준화 정도, ② 리더와 구성원 간의 관계, ③ 리더의 권력 등의 상황이 리더에게 유리한지 그렇지 않은지에 따라 달라진다고 하며 이를 상황적합이론이라고 명명했다. 다시 말해 한 조직의 효과는 리더십 유형과 상황적 호의성(situational favorableness)이 결정한다는 것이다. 따라서 피들러의 상황적합이론을 이해하기 위해서는 리더십 유형, 상황 정의, 그리고 이 둘의 조합에 대해 살펴보아야 한다. 우선 피들러는 리더십 유형화를 위해 가장 선호하지 않는 동료(Least Preferred Co-worker: LPC) 척도를 개발하고 이를 통해 관계지향적 (relationship-oriented) 리더와 과업지향적(task-oriented) 리더를 구분했다. LPC 점수가 높은 사람(관계지향적)의 경우는 과업 성취에 대한 자신의 동기가 강하지 않기 때문에 비록 그 사람과 일하기 어려웠다고 하더라도 자신에게 별로 장애가 되지 않으므로 그에 대하여 긍정적인 반응을 보이나, LPC 점수가 낮은 사람(과업지향적)은 일하기가 어려웠던 사람이 과업을 성취하려는 자신의 기본적인 동기를 위협하기 때문에 그에 대해 부정적인 반응을 보이게 된다.

피들러에게 있어서 상황은 리더십의 결정적 요인으로, 기본적으로 리더가 조직 구성원들을 통제하고 영향력을 행사할 수 있는 정도를 나타내며, 이러한 조직 상황의 호의성을 결정하는 것은 리더와 구성원 간의 관계(leader-member relations), 과업 구조(task structure), 리더의 권력(position power) 등 세 가지 요인이다. 각 요인은 그것이 호의적인지 그렇지 않은지로 구분되고 조합되어 총 8개의 상황 조합으로 나타난다. 각 상황 조합과 리더십 유형과의 호의성 관계는 다음의 [그림 8-2]와 같다. 상황적합이론은 리더의 특정 행위지향성이 모든 상황에서 효과적인 것이 아니라 적합한 상황에서만 효과적이라는 것을 강조한다.

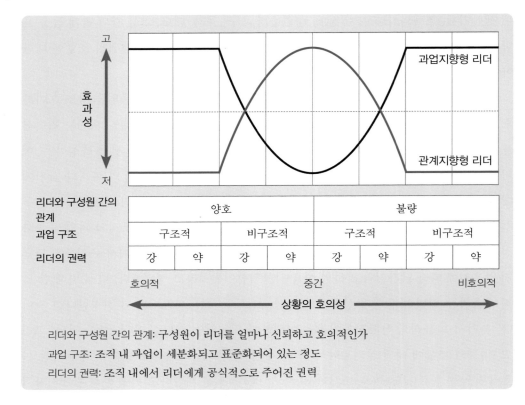

[그림 8-2] 피들러의 상황적합이론

출처: https://www.paretolabs.com/fielders-contingency-theory

　　미국 오하이오 주립대학교의 리더십 연구센터에서 허쉬와 블란차드는 상황론적 리더십(situational theory of leadership)을 제시했다(Hersey, Blanchard, & Natemeyer, 1979). 그들은 리더십에 영향을 주는 상황을 구성원의 성숙도로 정의하여 리더십 효과성을 연구했다. 여기서 조직 구성원의 성숙도는 직무 성숙도와 심리적 성숙도로 구성된다. 직무 성숙도는 구성원의 직무 수행 능력을 의미하고, 심리적 성숙도는 구성원의 직무에 대한 자발적 의지로서 동기 수준을 의미한다.

　　리더의 행동 유형은 앞서 소개한 이론들과 마찬가지로 과업 지향의 행위와 관계 지향의 행위로 구분되며, 이를 구성원의 성숙도와 연결하여 효과성을 확인할 수 있다. 여기서 '상황'으로 정의된 구성원들의 성숙 수준은 미성숙으로부터 성숙으로의 연속선상에서 이동해 가며, 그에 따라 적절한 리더십 유형이 존재한다([그림 8-3] 참조). 성숙 수준이 가장 낮은 M1인 경우, 구성원이 직무 수행 능력도 없고 그것을 열심히 하려고 하지도

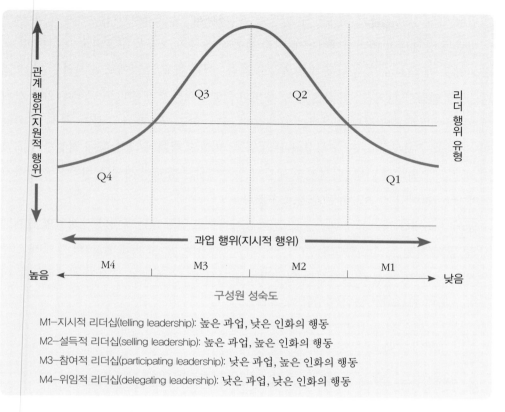

M1-지시적 리더십(telling leadership): 높은 과업, 낮은 인화의 행동
M2-설득적 리더십(selling leadership): 높은 과업, 높은 인화의 행동
M3-참여적 리더십(participating leadership): 낮은 과업, 높은 인화의 행동
M4-위임적 리더십(delegating leadership): 낮은 과업, 낮은 인화의 행동

[그림 8-3] 허쉬와 블란차드의 상황론적 리더십

출처: Hersey, Blanchard, & Natemeyer (1979).

않는 상황이다. 이때 필요한 리더십 유형은 지시적(telling) 리더십으로, 리더가 조직 구성원들에게 무엇을 어떻게 해야 할지 직접적으로 지시하는 것이 효과적이다. 보통 수준의 성숙도를 나타내는 M2의 경우, 구성원이 직무를 수행하고자 하는 열의는 있으나 능력이 부족한 상황이다. 이때 필요한 리더십 유형은 설득적(selling) 리더십으로, 높은 과업지향적 행동과 높은 인화지향적 행동을 보이는 것이 효과적이다. 또 다른 보통 수준의 성숙도를 나타내는 M3의 경우, 구성원은 리더가 원하는 것을 수행할 능력을 갖추고 있으나 하고자 하는 의욕이 없는 상황이다. 이때 필요한 유형은 참여적(participating) 리더십으로, 조직 구성원의 동기를 자극하고, 그와의 의사소통을 촉진하는 것이 효과적이다. 마지막으로 성숙 수준이 가장 높은 M4인 경우, 구성원의 동기 수준과 능력이 모두 높은 상황이다. 이때 리더는 위임적(delegating) 리더십을 발휘하여 구성원에게 특별한 지시나 지원 없이 구성원 스스로 결정할 수 있도록 위임하는 것이 효과적이다(노종희 외, 2009).

이렇듯 상황론적 리더십에서는 리더의 행동과 상황의 조응을 강조하고 이것이 잘 조합되었을 때 비로소 효과성을 발휘한다고 본다. 이는 학교 조직에도 시사하는 바가 크다. 앞서 언급한 바와 같이, 같은 행동 유형의 학교장이라고 할지라도 그 리더십의 가치와 평가는 각 학교의 상황에 의해서 달라질 수 있다. 학교 구성원과의 관계, 학교 내 과업의 체계성, 구성원의 능력, 구성원의 동기 등 여러 학교 상황과 그 상황에 적절한 학교장의 행동을 고려해야 한다. 따라서 학교장의 입장에서는 학교의 상황을 정확히 진단하고 그에 맞는 리더십 전략을 마련할 필요가 있다.

앞에서 소개한 리더십에 대한 접근들은 공식적으로 정형화된 리더와 구성원의 관계에서 둘 간의 자원을 서로 주고받는 거래적 리더십(transactional leadership)의 형태라고 볼 수 있다. 이러한 제한된 리더십의 영향력을 넘어서 좀 더 폭넓고 극적인 리더십으로 연구의 초점이 전환되고 있다(주삼환 외, 2022).

3. 변화하는 환경 속에서 교육개혁의 중재자로서의 학교장

학교 조직에서 리더와 구성원의 관계는 학교장과 교사에서 그치는 것이 아니라 학생, 교직원, 학부모, 지역사회에 이르는 다각적인 관계 층위와 연결성으로 인해 복잡성이 높아진다. 따라서 상황에 대한 단편적인 진단과 그에 따른 몇 가지 호의적인 리더십 행동으로는 효과성을 발휘하기가 어렵다. 즉, 기존의 리더십 관점으로는 불확실성과 복잡성이 높은 학교 조직에서의 성공적인 학교장의 모습을 그리기가 쉽지 않다. 이러한 전통적 리더십의 한계를 극복하고 학교 조직의 질 개선, 학교 혁신, 학교 효과성 향상을 위한 리더십 접근방법으로 다양한 관점에서 연구되어 왔지만, 대표적인 형태는 변혁적 리더십과 수업 리더십, 문화적 리더십, 분산적 리더십 등이 있으며, 이를 뉴리더십이라고 칭한다.

변혁적 리더십이라는 용어는 정치 지도자, 군 장교, 기업 경영진 대상으로 연구한 번스(James Burns)에 의해서 사용되었고, 이를 라이스우드(Kenneth Leithwood)와 동료들이 교육 분야로 확장했다. 변혁적 리더십(transformational leadership)은 구성원에게 자신이 달성해야 할 결과의 중요성을 보다 강하게 인식하게 하고, 자신의 이해관계를 초월하여 부서 또는 조직 전체의 이익을 위하여 일하고자 하는 의지를 심어 주며, 구성원의 욕구

수준을 상사 수준의 욕구로 고양시켜서 구성원이 기대 이상의 성과를 달성하게 하는 리더십을 말한다(노종희, 1996). 라이스우드는 학교 맥락에서 변혁적 리더십의 세 가지 영역을 확인했다. 첫 번째 영역은 비전을 세우고, 구체적인 목표와 우선순위를 개발하고, 높은 성과 기대치를 전달하는 리더의 방향 설정이다. 두 번째 영역은 인재 개발로, 여기에는 지적 자극 제공, 개별화된 지원 제공, 바람직한 직업적 관행과 가치의 모델링 등이 포함된다. 마지막 영역은 조직 재설계로, 여기에는 협력적인 학교 문화 개발, 학교 의사결정에 대한 참여를 촉진하는 구조 만들기, 생산적인 커뮤니티 관계 구축 등이 포함된다(Leithwood & Jantzi, 2006).

변혁적 리더십의 효과는 실증연구를 통해 학교 효과성, 교사 관련 변인(만족도, 자기효능감, 조직 몰입 등), 심지어 학생의 성취도에도 영향을 미치는 것으로 나타났다. 변혁적 리더십은 기존의 전통적인 관점에서 상황에 적응하거나 종속된 수동적인 리더십의 모습을 보여 준 것에 반해, 환경을 '변혁'하고자 하는 적극적이고 포괄적인 영향력의 행사를 말했다는 점에서 의의가 있다. 그러나 변혁적 리더십은 종종 그 영향력이 각 교실의 수업 또는 교수 · 학습 과정과 직접적인 연계성이 부족한 것으로 비판을 받는다(Marks & Printy, 2003; Printy et al., 2009). 따라서 마크스와 프린티(Marks & Printy, 2003)는 지속적인 학교 개선을 위해서는 변혁적 행동과 수업 지원(instructional support)을 결합한 리더십이 필요함을 주장했다.

다시 말해 변혁적 리더십이 학교장의 관리적 역할에 대한 관점의 전환을 가져왔지만, 학교의 핵심 가치인 수업의 혁신이나 변화에 대한 영향력에 대해서는 비교적 약한 평가를 받고 있다. 이에 학교장이 학교 조직의 리더로서 교육활동의 본질인 수업에 영향력을 행사하는 유형으로 수업 리더십(instructional leadership)이 제시되었다. 전통적으로 수업 리더십은 학교 리더십에 대한 하향식 접근 방식으로 알려져 왔으며, 이를 통해 학교장은 교사에게 교육적으로 더 확고하게 지시한다(Hallinger, 2005). 수업 리더(instructional leader)는 교사와 학생 간의 학업중심적 상호작용의 질과 양을 개선함으로써 학생들의 학업적 우수성을 향상시킬 수 있지만, 교사의 교실 수업을 통제하고 구체적으로 지시하는 것은 아니다(Alig-Mielcarek & Hoy, 2005). 수업 리더십의 특징은 교사의 수업 실천을 강조하고 촉진함으로써 학생의 학습을 본질적으로 우선시한다는 것이다. 수업 리더십은 수업, 교육과정, 평가의 기술적 핵심을 강조하며, 학교의 교사와 학생의 일상적인 활동에 방향을 제시하고 영향을 미친다(Marks & Printy, 2003). 마크스와 프린티는 수업 리더로서

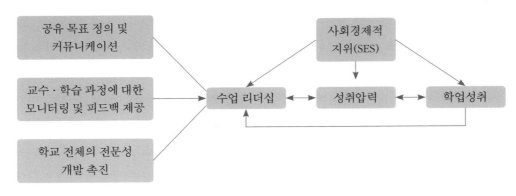

[그림 8-4] 수업 리더십 종합 모형

출처: DiPaola & Hoy (2008), p. 5.

학교장에게 요구되는 사항을 이해관계자 간에 공유하거나 분배하는 새로운 버전의 수업 리더십, 즉 공유적 수업 리더십(shared instructional leadership)을 개념화하기도 했다.

　학교 조직의 고유한 특성에 기반해서 유용한 리더십으로 꼽히는 문화적 리더십 (cultural leadership)이 있다. 학교 조직은 흔히 이완결합체제(loosely coupled systems)로 간주되며, 이러한 특징으로 인해 학교 조직에 전달되는 다양한 변화 흐름이 학교장을 거쳐 개별 교실로 전달되어 실행되는 정도를 확인하는 데 어려움을 겪어 왔다(한재범, 김효정, 2021). 하지만 학교는 문화적인 측면에 있어서 견고하고 비교적 동질한 인식을 공유한다는 관점에 기반하여 문화를 통한 리더십 영향력 행사의 가능성을 주장한다(Sergiovanni, 2001). 즉, 학교의 문화적 특성에 기반하여 학교 조직에 좀 더 효과적일 수 있는 리더십으로 문화적 리더십이 주목받고 있다. 학교장과 같은 리더들은 조직 내의 구성원들이 더 깊이 조직의 목적을 이해하고 이를 공유함으로써 강력한 사회적 연결성을 형성하길 원하기 때문에 상징적 활동에 적극적으로 참여한다. 학교장이 상징적 관점을 적용하면 그들은 구성원들 사이에 공유되는 의미의 형성(sense-making)과 구성원들의 내부적 유대감 및 헌신을 증진시키는 데 집중한다. 조직의 중심적인 상징과 가치, 신념을 강조하는 상징적인 행위에 지속적으로 관심을 기울임으로써 조직은 의미 있는 공동체로 변모하게 된다. 이런 문화적 활동에는 학교에서 이룩한 우수한 성과를 기리는 행사, 기념식, 또는 상당한 업적이나 영웅적인 서사를 구전하는 것이 포함된다. 학교 문화는 학교가 지향하는 가치와 신념, 상징에 의해 결정되고 유지되며, 이는 지속적으로 발전하려는 문화를 지지하는 역사적으로 뿌리 깊은 가치와 신념에 기반한다. 따라서 문화적 리더십에서는 학교장을 포함한 리더의 핵심적인 역할을 이러한 의미와 행동을 제공하는 문화를 형성하고 강화하는 것으로 본다. 결론적으로 문화적으로 견고하게 결합된 학교 조직에서 학교장은 문화를 매개로 구성원들에게 영향을 미칠 수 있을 것이다(학교 조직문화에 대해서는 이 책의 제3장 참조). 하지만 거시적 관점에서 문화에 의한 리더십 접근은 일단 확립된 문화가 조직 구성원들을 수동적 행위자로 만들고 능동적인 조직 행위자의 가능성을 제한할 수 있다는 점에서 비판이 제기된다(주삼환 외, 2022).

학교장의 문화 리더로서의 역할

문화 리더로서 학교장은 역사학자, 인류학적 탐사가, 비전 제시자, 아이콘, 도예가, 시인, 배우, 치유자 등의 역할을 수행한다.

- 역사학자: 학교의 사회적 · 규범적 과거를 이해하고자 한다.
- 인류학적 탐사가: 다양한 문화적 전통과 가치, 신념을 탐구하고 조사한다.
- 비전 제시자: 이웃 공동체의 리더를 포함한 다른 사람들과 협력하여 최상급 학교의 모습으로 특징짓기 위해 노력한다.
- 아이콘(챔피언): 복장, 행동, 주의력 및 일상을 통해 가치를 확인한다.
- 도예가: 영웅, 의식, 전통, 행사 등으로 이루어진 학교의 상징을 '빚는다.'
- 시인: 표현적인 언어와 이미지를 사용하여 가치를 강화하고 학교 자체에 대한 최고의 이미지를 유지한다.
- 배우: 학교의 예측 가능한 드라마, 희극, 비극을 즉흥적으로 연출한다.
- 치유자: 전환과 변화를 감독하고 갈등과 상실, 놓친 기회, 좌절된 노력의 상처를 치유한다.

출처: Deal & Peterson (2016).

학교장 혼자 다양한 역할과 책임을 모두 감당할 수는 없다. 학교 내 각종 의사결정, 역할의 조정, 자원의 배분, 교수활동에 대한 감독과 평가 등은 교내의 여러 위원회, 교사, 학부모 등과 그 역할을 공유해야만 가능하다. 리더십에 대한 공유의 관점은 리더십을 한 명의 리더만의 역할이나 고유한 영역으로 보는 것이 아닌 본질적으로 조직 내 구성원들 간의 상호작용의 상황에서 나타나는 사회적인 과정으로 보는 관점이다. 대표적으로 분

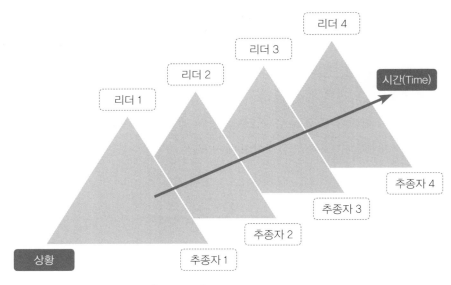

[그림 8-5] 분산적 리더십 모형

출처: Spillane (2006)의 그림을 수정 및 보완함.

산적 리더십(distributed leadership)은 리더와 구성원의 지위와 역할을 고정하는 것이 아니라 조직 내 상황에 따라 달라질 수 있음을 이야기한다. 즉, 분산적 리더십은 공식적인 리더와 학교 구성원, 그리고 상황을 리더십의 실행 요소로 포함시키고, 이들의 상호작용의 결과물로 리더십을 이해한다. 즉, 학교장, 교사, 교수ㆍ학습 과정에 영향을 미치는 상황 간의 상호작용을 통해 '구성'된다는 것을 강조한다. 이러한 분산적 리더십은 학교 내에서 처리해야 할 다양하고 복잡한 과업 및 문제를 해결하는 데 있어 여러 구성원의 참여와 활약을 기대하며, 매 상황마다 다른 리더의 등장을 허용한다(분산적 리더십에 대해서는 이 책의 제4장 참조).

학교를 둘러싼 환경의 변화 속도와 주기가 매우 빠르다. 학교에 들어오는 새로운 구성원들, 소위 MZ세대의 가치관과 태도도 이전과 매우 다르다. 이러한 상황에서 학교 조직의 경영은 일방적이거나 지시적인 방법으로는 잘 동작되지 않는다. 또한 학교 경영에 있어 학교 행정가뿐만 아니라 교사, 학부모, 지역사회 인사들의 참여가 제도화되고 활성화되고 있다. 학교 내외의 변화에 따라 학교장의 리더십은 전환기를 맞이하고 있으며, 그 중요성 역시 더욱 커지고 있다.

한 조직의 리더로서 학교를 이끄는 것은 힘든 일이다. 예측할 수 없는 돌발적인 상황과 다양한 문제에 대응해야 하고 막중한 책임감을 견뎌야 한다. 학교장은 종종 권한을 넘어서는 결과를 만들어야 하는 책임, 학교와 교육청 및 기타 외부 세력 간의 갈등, 전문적 요구와 정치적 현실 사이의 차이, 조직 안정 유지의 책임을 약화시킬 수 있는 변화 요구와 같은 갈등과 딜레마에 직면하게 된다. 이러한 내외부의 요구와 압력은 종종 교사혹은 수업 과정에 부정적으로 영향을 미치기 때문에 이에 적절히 대응할 것을 요구받기도 한다. 즉, 교장은 학교에 주어지는 정책이나 외부 요구 등 다양한 외부 압력으로부터 교사들을 보호하는 완충(buffering) 역할을 할 필요가 있다(Donaldson, 2001).

동시에 학부모, 지역사회 구성원을 잠재적 자원으로 여기고 이들을 학교의 교육활동에 생산적으로 참여시킬 수 있는 '다리'를 구축하는 해야 하는 책임을 부여받기도 한다. 특히 최근 교육정책들이 교육의 경계를 학교에만 국한하지 않고 지역사회 기관 및 인력을 적극적으로 활용하는 것을 전제하고 있어서 이러한 '경계 확장(boundary spanning)'의 상황에서 학교장의 특별한 노력이 필요하다. 다시 말해, 학교장의 리더십은 신뢰의 분위기를 형성하여 대화의 채널을 구축해 줌으로써 상호작용을 강화하는 역할을 하며, 이러한 교장의 역할은 외부 환경과 학교 구성원들 사이의 가교(bridge)가 된다(Kohansal, 2015). 이렇듯 학교 내외의 높은 불확실성과 복잡성에서 학교장의 가교와 완충(bridge and buffering) 역할을 제고하는 방안을 마련해야 할 것이다.

생각해 봅시다

1. 학교를 포함한 사회 조직에서 인상 깊었던 리더의 모습을 떠올려 보고 그 이유에 대해 공유해 보자.

2. 학교장으로서 교사, 학생, 학부모의 다양한 기대와 요구를 어떻게 조화롭게 관리하며, 이들의 참여와 헌신을 어떻게 촉진할 수 있을지 생각해 보자.

3. 최근 사회적 이슈가 되는 교권 침해 사례를 보고, 필요하다고 생각하는 학교장의 역할과 적용할 수 있는 리더십의 유형에 대해 토론해 보자.

🌏 참고문헌

노종희(1996). 학교행정가의 변혁 지향적 리더십의 진단 및 육성방안연구. 교육행정학연구, 14(3). 265-284.

노종희, 정영수, 백정하, 양승실, 이상주(2009). 교육지도성: 이론과 실제. 학지사.

임연기, 최준렬(2017). 교육행정 및 경영 탐구 (제4판). 공동체.

주삼환, 신붕섭, 이석열, 김병윤, 김용남(2022). 교육행정학. 학지사.

한재범, 김효정(2021). 다문화교육정책 실행의 일관성 분석: 다문화이해교육을 중심으로. 초등교육연구, 34(1), 291-315.

Alig-Mielcarek, J., & Hoy, W. K. (2005). Instructional leadership: Its nature, meaning, and influence. In W. Hoy & C. Miskel (Eds.), *Educational leadership and reform* (pp. 29-51). Information Age Publishing.

Deal, T. E., & Peterson, K. D. (2016). *Shaping school culture.* Jossey-Bass.

DiPaola, M. F., & Hoy, W. K. (2007). *Principals improving instruction: Supervision, evaluation, and professional development.* Pearson.

Donaldson, G. A. (2001). *Cultivating leadership in the schools.* Teachers College Press.

Fiedler, F. (1967). *A theory of leadership effectiveness.* McGraw-Hill.

French, J. R. P., Jr., & Raven, B. (1959). The bases of social power. In D. Cartwright (Ed.), *Studies in social power* (pp. 150-167). University of Michigan.

Hallinger, P. (2005). Instructional leadership and the school principal: A passing fancy that refuses to fade away. *Leadership and Policy in Schools, 4*(3), 221-239.

Hersey, P., Blanchard, K. H., & Natemeyer, W. E. (1979). Situational leadership, perception, and the impact of power. *Group & Organization Studies, 4*(4), 418-428.

Hoy, W. K., & Miskel, G. C. (2012). *Educational administration, theory, research and practice* (7th ed.). Nobel Publications.

Kohansal, R. (2015). Public school principals: Agents of bridging and buffering. *Journal of School Leadership, 25*(4), 621-658.

Leithwood, K., & Jantzi, D. (2006). Transformational school leadership for large-scale reform: Effects on students, teachers, and their classroom practices. *School Effectiveness and School Improvement, 17*(2), 201-227.

Likert, R. (1967) *New patterns of management.* McGraw-Hill.

Marks, H. M., & Printy, S. M. (2003). Principal leadership and school performance: An integration of transformational and instructional leadership. *Educational Administration Quarterly, 39*(3), 370–397.

National Policy Board for Educational Administration. (2015). *Professional standards for educational leaders.* NPBEA.

Raven, B. H. (1965). Social influence and power. In I. D. Steiner & M. Fishbein (Eds.), *Current studies in social psychology.* Holt, Rinehart, Winston.

Sergiovanni, T. J.(2001). *Leadership: What's in it for schools.* Routledge Falmer.

Spillane, J. P. (2006). *Distributed leadership* (1st Ed.). Jossey-Bass.

Stogdill, R. M. (1974). *Handbook of leadership: A survey of theory and research.* Free Press.

Printy, S. M., Marks, H. M., & Bowers, A. J. (2009). Integrated leadership: How principals and teachers share transformational and instructional influence. *Journal of School Leadership, 19*(5), 504–532.

Yukl, G. (2010). *Leadership in organizations.* Pearson.

개요 ···

지방자치제도의 발전과 함께 교육감 역할의 중요성은 더욱 커지고 있다. 이 장에서는 지방교육자치의 핵심 기제로서 교육감의 자격, 사무, 역할을 종합적으로 이해하는 것을 목표로한다. 이를 위해 먼저 교육감 선출 방식의 변화와 개선 과제를 살펴본다. 그런 다음, 교육감사무로서 국가 위임사무와 교육감 관장사무의 성격을 구분해 본다. 교육감 제도에 대한 개관을 토대로 지방교육자치의 의의를 고찰한다. 마지막으로, 지방교육 발전을 위한 교육감의역할과 과제를 모색한다.

학습목표 ···

1. 교육감 선거제도를 설명할 수 있다.
2. 교육감의 사무와 권한을 설명할 수 있다.
3. 교육감 제도의 근간이 되는 지방교육자치의 의의를 이해할 수 있다.
4. 지방교육 발전을 위한 교육감의 역할과 과제를 모색할 수 있다.

제 **9**장

교육감의 역할은 왜 중요한가

이전이

1. 교육감은 어떻게 선출되나

2. 교육감의 사무와 권한은 무엇인가

3. 교육감 제도를 지탱하는 지방교육자치의 의의는 무엇인가

4. 지방교육 발전을 위한 교육감의 역할과 과제는 무엇인가

EDUCATIONAL ADMINISTRATION
EDUCATIONAL MANAGEMENT

1. 교육감은 어떻게 선출되나

대부분 국가의 교육행정 체계는 중앙 교육행정 조직과 지방 교육행정 조직으로 구성된다. 우리나라의 경우, 국가의 교육에 관한 정책을 입안하고 집행하는 중앙 교육행정 조직으로 교육부가 있다면, 17개 특별시와 광역시 및 도의 교육과 학예에 관한 사무를 집행하는 기관으로 교육감이 있다. 교육부장관의 경우 국무총리의 제청으로 대통령이 임명하지만, 교육감은 지역 주민이 직접 선출한다. 교육감의 임기는 4년으로 하며, 계속 재임은 3기(최대 12년)까지 가능하다.

그렇다면 교육감이 되기 위해서는 어떤 자격 요건을 갖추어야 할까? 교육감 후보자 자격에 관한 사항은 「지방교육자치에 관한 법률」에 규정되어 있다. 동법 제24조에 따르면 교육감 후보자가 되려는 사람은, 첫째, 해당 시·도지사의 피선거권이 있는 사람으로서 후보자 등록 신청 개시일부터 과거 1년 동안 정당의 당원이 아닌 사람이어야 하고, 둘째, 후보자 등록 신청 개시일을 기준으로 교육경력 또는 교육행정경력이 3년 이상 있거나 교육경력과 교육행정경력을 합한 경력이 3년 이상 있는 사람이어야 한다. 이때 교육경력은 「유아교육법」 제2조에 따른 유치원 또는 「초·중등교육법」 제2조 및 「고등교육법」 제2조에 따른 학교에서 교원으로 근무한 경력을 의미한다. 또한 교육행정경력은 국가 또는 지방자치단체의 교육기관에서 국가공무원이나 지방공무원으로 교육·학예에 관한

교육감 선출 방식은 어떻게 변화해 왔을까? 국내에서 교육감을 선출하기 시작한 것은 「지방교육자치에 관한 법률」이 제정 및 공포된 1991년이다. 그 이전까지 교육감은 대통령이 임명해 온 임명직이었다. 현행의 교육감 선출 방식이나 교육감 후보자 자격 요건을 갖추기까지 수많은 변화를 겪어 왔다. 구체적인 교육감 선출 방식과 교육감 후보자 자격에 관한 사항은 다음의 〈표 9-1〉에 제시되어 있다.

먼저, 선출 방식 측면에서의 변화를 살펴보면 1991년부터는 교육위원회를 선거인단으로, 1997년부터는 학교운영위원회가 선출하고 교원단체가 추천한 선거인단으로, 2000년부터는 학교운영위원회 전원을 선거인단으로 하는 간선제를 통해 교육감이 선출되었다. 2007년부터 현재까지는 주민직선제로 교육감이 선출되고 있으며, 2010년 이후 치러진 교육감 선거는 전국동

시지방선거와 함께 이뤄지고 있다. 특히 2014년에 치러진 교육감 선거부터는 후보자들을 기호 없이 후보자 이름만 가로로 배열하되, 기초의원 선거구마다 이름의 배치 순서를 달리하는 순환배령 방식으로 시행하기 시작했다(「지방교육자치에 관한 법률」 제48조 참조). 2010년 선거 결과, 투표용지 기호 순서가 득표와 당락에 유리할 수 있다는 우려가 현실로 나타났기 때문이다(송기창, 박소영, 2011).

다음으로, 정당 당원으로서의 경력 제한을 살펴보면 1991년에는 정당 당원이 아닌 자에서 2000년에는 과거 2년간 정당 당원이 아닌 자로, 2010년에는 과거 1년간 정당 당원이 아닌 자로 교육감 후보자 자격 요건이 다소 완화되어 왔다. 마지막으로, 교육경력 또는 교육공무원경력 요건을 살펴보면 1991년에는 교육 또는 교육전문직원 경력 합산 20년 이상을, 1995년에는 교육 또는 교육공무원 경력 합산 15년 이상을, 1997년에는 교육 또는 교육공무원 경력 합산 5년 이상을, 가장 최근인 2021년에는 교육 또는 교육공무원 경력 합산 3년 이상을 교육감 후보자 자격 요건으로 제한하는 등 교육감 후보자 자격 요건이 완화되는 방향으로 변화해 왔음을 확인할 수 있다.

표 9-1   교육감 선출 방식 및 교육감 후보자 자격 요건의 변화

| 시기 | 선출 방식 | 자격 | | 관련 법령 |
		정당 당원 경력	교육 또는 교육공무원 경력	「지방교육자치에 관한 법률」
1991년 12월	교육위원회	정당 당원이 아닌 자	20년 이상	법률 제4473호
1995년 7월	교육위원회	정당 당원이 아닌 자	15년 이상	법률 제4951호
1997년 12월	학교운영위원회 선출 및 교원단체 추천	정당 당원이 아닌 자	5년 이상	법률 제5467호
2000년 3월	학교운영위원회 전원	과거 2년 간 정당 당원이 아닌 자	5년 이상	법률 제6216호
2007년 1월	주민직선	과거 2년 간 정당 당원이 아닌 자	5년 이상	법률 제8069호
2010년 2월	주민직선 (전국동시지방선거와 함께 시행)	과거 1년 간 정당 당원이 아닌 자	5년 이상	법률 제10046호
2021년 3월	주민직선 (전국동시지방선거와 함께 시행)	과거 1년 간 정당 당원이 아닌 자	3년 이상	법률 제17954호

출처: 김규태(2021), p. 110의 표를 수정 및 보완함.

사무에 종사한 경력과 「교육공무원법」 제2조에 따른 교육공무원으로 근무한 경력을 의미한다.

교육감 선출 방식의 변화는 기존의 방식이 안고 있는 문제점을 완화하기 위한 것이었다. 특히 간선제에서 직선제로의 변화는 지방교육에 대한 주민의 민주적 통제 수단이 강화된 것이라는 점에서 의의가 있다. 하지만 시·도지사와 시·도교육감 간의 갈등과 대립, 득표 차보다 많은 무효표 수라는 오명 등으로 교육감 선거에 대한 문제 제기는 꾸준히 이어지고 있는 실정이다. 특히 2010년 이후 전국동시지방선거와 함께 치러지는 교육감 선거에서 교육의 정치적 중립성을 추구한다는 이유로 정치적 맥락을 배제하는 것이 과연 현실적으로 가능한지에 대한 문제 제기가 이어지고 있다(박대권, 최상훈, 2023). 실제로 교육감 선거 결과를 토대로 확인한 교육감 후보자의 당선 경쟁력은 일종의 '정당 없는 정당 효과'에 크게 의존적인 것으로 나타났다(함승환, 2019). 교육감 선거의 '정당 배제의 원칙' 하에 정당은 교육감 후보를 추천할 수 없고 교육감 후보자도 특정 정당과 정책적으로 공조 관계임을 표방할 수 없지만, 교육감 후보자의 당선 경쟁력은 정당과 연계된

나는 우리 시·도의 시장이나 도지사의 선거에 관심을 가져본 적이 있었나? 대다수의 경우 '그렇다'고 대답할 것이다. 나는 우리 시·도의 교육감 선거에 관심을 가져본 적이 있었나? '그렇다'라고 응답하는 경우도 많겠지만 '잘 모르겠다' 또는 '아니다'라는 대답도 적지 않을 것이다. 두 선거는 모두 전국동시지방선거로 한날 한때 같이 진행됨에도 불구하고, 〈표 9-2〉에 제시된 바와 같이 두 선거의 무효표 수 차이는 매우 크다. 이러한 차이가 나타나는 이유는 무엇일까?

표 9-2 제8회 전국동시지방선거에서 시·도지사와 교육감 선거 무효투표 수 비교

시·도명	선거인 수	투표 수	시·도지사 무효 투표 수	교육감 무효표 수	기권 수
서울특별시	8,378,339	4,455,161	38,242	217,449	3,923,178
부산광역시	2,916,832	1,432,194	17,959	42,719	1,484,638
대구광역시	2,044,579	883,141	13,107	22,539	1,161,438
인천광역시	2,534,338	1,240,469	15,334	48,135	1,293,869
광주광역시	1,206,886	454,516	7,746	13,149	752,370
대전광역시	1,233,557	612,639	7,049	17,229	620,918
울산광역시	941,189	491,866	5,873	7,341	449,323

세종특별자치시	292,259	149,751	1,341	4,095	142,508
경기도	11,497,206	5,820,631	57,822	196,783	5,676,575
강원도	1,336,080	772,498	15,271	59,055	563,582
충청북도	1,368,779	692,324	12,641	21,617	676,455
충청남도	1,803,096	898,369	28,403	47,022	904,727
전라북도	1,532,133	745,354	25,016	32,486	786,779
전라남도	1,580,098	923,347	35,558	50,567	656,751
경상북도	2,268,707	1,194,595	34,145	66,686	1,074,112
경상남도	2,804,287	1,497,400	31,072	48,594	1,306,887
제주특별자치도	565,084	300,139	4,349	7,783	264,945

출처: 김성천(2023)이 중앙선거관리위원회 선거통계시스템에서 추출하여 작성한 표를 가져옴.

정치진영 역동에 의해 크게 좌우된다는 것이다. 이러한 연구 결과는 교육감 선거제도 개선의 필요성을 시사한다.

2. 교육감의 사무와 권한은 무엇인가

교육감의 설치는 「지방교육자치에 관한 법률」에 근거하고 있다. 구체적으로 교육감은 시·도의 교육, 학예에 관한 사무의 집행기관으로, 교육·학예에 관한 소관 사무로 인한 소송이나 재산의 등기 등에 대하여 해당 시·도를 대표한다(제18조). 흔히 교육감은 시·도교육청의 장으로 알려져 있지만, 사실은 교육감 자신이 지방교육자치기관이며, 시·도교육청은 교육감의 보조기관으로 설치된 것이다. 따라서 시·도지사와 시·도교육감은 동일한 지방자치단체에 속해 별개의 사무 영역을 관할하는 별개의 집행기관이다. 이러한 맥락에서 도교육감이 도를 대표하여 도지사가 대표하는 도를 상대로 제기한 소유권 확인의 소는 자기가 자기를 상대로 제기한 것으로, 권리보호의 이익이 없어 부적법하다는 것이 대법원의 판결이다(대법원 2001. 5. 8. 선고 99다69341 판결 참조).

교육감의 사무는 크게 관장사무와 위임사무로 구분할 수 있다. 교육감은 국가행정사무 중 시·도에 위임하여 시행하는 사무로서 교육·학예에 관한 사무를 위임받아 행한다

교육감이 도지사를 상대로 권한쟁의심판을 청구할 수 있을까

경상남도지사는 2014년 10월 경상남도교육청 소속 학교를 대상으로 급식 재료 계약, 식자재 사용, 특정 업체 몰아 주기 여부 등 무상급식 지원금에 대한 감사를 하겠다고 밝혔다. 경상남도교육감은 무상급식 지원금 감사는 교육감의 권한이라며 경상남도지사에게 감사 재검토를 요구했다. 하지만 경상남도지사는 학교에 자료 제출을 요구했고, 경상남도교육감은 한 달 뒤 학교 급식에 대한 감사 권한을 침해당했다며 헌재에 권한쟁의심판을 청구했다. 이에 대하여 교육감은 지방자치단체를 상대로 권한쟁의심판을 청구할 수 없다는 헌법재판소의 결정이 나왔다. 헌법재판소는 경상남도교육감이 "무상급식 감사 권한을 침해하지 말라"며 경상남도를 상대로 낸 권한쟁의심판사건(2014헌라1)을 재판관 전원 일치 의견으로 각하했다. 결정 요지는 다음과 같다. 「대한민국헌법」 제111조 제1항 제4호는 지방자치단체 상호 간의 권한쟁의에 관한 심판을 헌법재판소가 관장하도록 규정하고 있고, 지방자치단체 '상호 간'의 권한쟁의심판에서 말하는 '상호 간'이란 '서로 상이한 권리주체 간'을 의미한다. 그런데 「지방교육자치에 관한 법률」에서는 교육감을 시·도의 교육, 학예에 관한 사무의 '집행기관'으로 규정하고 있으므로 교육감과 해당 지방자치단체 상호 간의 권한쟁의심판은 '서로 상이한 권리 주체 간'의 권한쟁의심판청구로 볼 수 없다는 것이다.

나아가 「대한민국헌법」은 '국가기관'과는 달리 '지방자치단체'의 경우에는 그 종류를 법률로 정하도록 규정하고 있으며(「대한민국헌법」 제117조 제2항), 「지방자치법」은 지방자치단체의 종류를 특별시, 광역시, 특별자치시, 도, 특별자치도와 시, 군, 구로 정하고 있고(「지방자치법」 제2조 제1항), 「헌법재판소법」은 이를 감안하여 권한쟁의심판의 종류를 정하고 있다. 즉, 「지방자치법」은 「대한민국헌법」의 위임을 받아 지방자치단체의 종류를 규정하고 있으므로 지방자치단체 상호 간의 권한쟁의심판을 규정하는 「헌법재판소법」 제62조 제1항 제3호를 예시적으로 해석할 필요성 및 법적 근거가 없다는 것이 헌법재판소의 판결이다.

출처: 신지민(2016. 6. 30.). 헌재 "교육감, 지자체 상대로 권한쟁의심판 못 낸다". 법률신문 https://www.lawtimes. co.kr/news/101556에서 발췌하고, 헌재 2016. 6. 30. 선고 2014헌라1 결정에서 발췌하여 수정 및 요약함.

(「지방교육자치에 관한 법률」 제19조). 하지만 「지방교육자치에 관한 법률」은 국가행정사무 중 시·도에 위임하여 시행하는 사무가 무엇인지 구체적으로 나열하지 않고 있다. 다만 다음과 같은 판례를 통해 위임사무의 성격은 어떠한지 미루어 짐작할 수 있다. 시·도교육감에 위임된 국가사무로 볼 수 있는 대표적인 예로는 교원능력개발평가가 있다. 보다

구체적으로 "교육부장관이 '2011년 교원능력개발평가제 시행 기본계획'을 수립한 후 각 시·도에 교원능력개발평가제 추진계획을 제출하게 하자, 전라북도교육감이 '2011년 교원능력개발 평가제 추진계획'을 제출했으나 교육부장관이 추진계획이 교원 등의 연수에 관한 규정 등에 위반된다는 이유로 시정명령과 교원능력개발평가 추진계획에 대한 직무이행명령을 한 사안"에 대하여 대법원은 "교육수준을 전국적으로 향상시킬 책무가 있는 교육부장관으로서는 교원능력개발평가사업을 시행하면서 그 실시 및 평가의 균일성, 공정성의 확보를 도모할 필요가 있으므로 교원능력개발평가 사무는 전국적으로 통일적인 실시가 필요한 업무"라고 판단한 바 있다(대법원 2013. 5. 23. 선고 2011추56 판결). 즉, 국가적으로 통일된 기준을 가지고 처리할 필요가 있는 사무를 국가사무 또는 위임사무라고 볼 수 있다. 하지만 실제 「교육기본법」을 비롯한 상당수의 교육법 조항은 관할 주체로서 국가와 지방자치단체를 병렬적으로 나열하고 있는 실정이다.

한편, 지방자치단체의 관장사무로서 교육감은 교육·학예에 관한 다음 각 호의 사항에 관한 사무를 관장한다(제20조). 구체적인 교육감 관장사무는 다음과 같다.

「지방교육자치에 관한 법률」 제3장 교육감

제20조(관장사무) 교육감은 교육·학예에 관한 다음 각 호의 사항에 관한 사무를 관장한다.

1. 조례안의 작성 및 제출에 관한 사항
2. 예산안의 편성 및 제출에 관한 사항
3. 결산서의 작성 및 제출에 관한 사항
4. 교육규칙의 제정에 관한 사항
5. 학교, 그 밖의 교육기관의 설치·이전 및 폐지에 관한 사항
6. 교육과정의 운영에 관한 사항
7. 과학·기술 교육의 진흥에 관한 사항
8. 평생교육, 그 밖의 교육·학예 진흥에 관한 사항
9. 학교체육, 보건 및 학교환경정화에 관한 사항
10. 학생통학구역에 관한 사항
11. 교육·학예의 시설·설비 및 교구(教具)에 관한 사항
12. 재산의 취득·처분에 관한 사항
13. 특별부과금·사용료·수수료·분담금 및 가입금에 관한 사항

14. 기채(起債)·차입금 또는 예산 외의 의무부담에 관한 사항

15. 기금의 설치·운용에 관한 사항

16. 소속 국가공무원 및 지방공무원의 인사관리에 관한 사항

17. 그 밖에 해당 시·도의 교육·학예에 관한 사항과 위임된 사항

상기한 교육감 관장사무 외에도 교육감은 법령 또는 조례의 범위 안에서 그 권한에 속하는 사무에 관하여 교육규칙을 제정할 수 있고(제25조), 조례 또는 교육규칙으로 정하는 바에 따라 그 권한에 속하는 사무의 일부를 보조기관, 소속교육기관 또는 하급교육행정기관에 위임할 수 있으며(제26조), 소속 공무원을 지휘, 감독하고 법령과 조례·교육규칙으로 정하는 바에 따라 그 임용·교육훈련·복무·징계 등에 관한 사항을 처리한다(제27조).

흥미로운 지점은 교육감 소속하에 국가공무원으로 보하는 부교육감을 둘 수 있는데, 부교육감은 해당 시·도교육감이 추천한 사람을 교육부장관의 제청으로 국무총리를 거쳐 대통령이 임명한다는 것이다(제30조). 비슷한 맥락에서 시·도의 교육·학예에 관한 사무를 분장하기 위하여 1개 또는 2개 이상의 시·군 및 자치구를 관할구역으로 하는 하급교육행정기관으로서 교육지원청을 둘 수 있는데, 교육지원청의 관할구역을 비롯한 교육지원청 조직과 운영에 필요한 사항을 대통령령으로 정하도록 하고 있다는 점이다(제34조). 이 같은 일련의 조항들이 국가적으로 통일된 기준을 가지고 처리할 필요가 있는 사항인지, 또는 이러한 조항들이 자칫 지방교육자치제의 목적과 취지를 형해화하고 있는 것은 아닌지에 대해서는 추가적인 논의가 필요해 보인다.

3. 교육감 제도를 지탱하는 지방교육자치의 의의는 무엇인가

교육감 제도는 지방교육자치의 핵심 기제로 이해할 수 있다. 지방교육자치는 중앙정부로부터의 지방자치와 일반행정으로부터의 교육자치라는 두 가지 요소가 결합된 개념으로 이중의 자치라고도 불린다(헌재 2002. 3. 28. 2000헌마283등). 이때 교육자치는 교육이라는 영역에 대한 기능적(functional) 자치의 성격를, 지방자치는 지역적(local) 자치의 성격을 강조하는 개념이다. 이처럼 상호 분리된 개념을 어떻게 통합된 개념으로서 이해

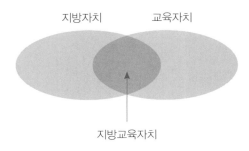

[그림 9-1] 지방교육자치의 이중적 속성

출처: 최규환(2016), p. 19의 그림을 가져옴.

할 수 있을지는 지방교육자치의 근간이 되는 법령에 대한 검토를 통해 보다 선명히 할 수 있을 것이다.

「대한민국헌법」에는 교육자치와 지방자치 각각에 관한 사항을 규정하고 있다. 먼저, 「대한민국헌법」 제31조에는 모든 국민의 교육받을 권리와 함께 제4항에는 "교육의 자주성·전문성·정치적 중립성 및 대학의 자율성은 법률이 정하는 바에 의하여 보장된다." 고 규정하고 있다. 「대한민국헌법」이 규정한 교육자치 원리는 「교육기본법」에 보다 상세히 기술되어 있다. 구체적으로 「교육기본법」 제5조에는 "국가는 지방자치단체의 교육에 관한 자율성을 존중"하여야 하며, "지역 실정에 맞는 교육을 실시하기 위한 시책을 수립·실시"하여야 한다고 규정하고 있다. 이 같은 조항은 교육받을 권리라는 기본권 실현을 위해 교육행정이 일반행정과 분리 운영되어 마땅한 특수성 내지 고유성이 있는 전문

「대한민국헌법」 제2장 국민의 권리와 의무

제31조

① 모든 국민은 능력에 따라 균등하게 교육을 받을 권리를 가진다.

② 모든 국민은 그 보호하는 자녀에게 적어도 초등교육과 법률이 정하는 교육을 받게 할 의무를 진다.

③ 의무교육은 무상으로 한다.

④ 교육의 자주성·전문성·정치적 중립성 및 대학의 자율성은 법률이 정하는 바에 의하여 보장된다.

⑤ 국가는 평생교육을 진흥하여야 한다.

⑥ 학교 교육 및 평생교육을 포함한 교육제도와 그 운영, 교육재정 및 교원의 지위에 관한 기본적인 사항은 법률로 정한다.

「교육기본법」 제1장 총칙

제5조(교육의 자주성 등)

① 국가와 지방자치단체는 교육의 자주성과 전문성을 보장하여야 하며, 국가는 지방자치단체의 교육에 관한 자율성을 존중하여야 한다.

② 국가와 지방자치단체는 관할하는 학교와 소관 사무에 대하여 지역 실정에 맞는 교육을 실시하기 위한 시책을 수립·실시하여야 한다.

③ 국가와 지방자치단체는 학교운영의 자율성을 존중하여야 하며, 교직원·학생·학부모 및 지역주민 등이 법령으로 정하는 바에 따라 학교운영에 참여할 수 있도록 보장하여야 한다.

분야임을 강조하는 것으로 이해할 수 있다.

한편 「대한민국헌법」 제117조에는 지방자치를 보장하기 위하여 "지방자치단체는 주민의 복리에 관한 사무를 처리"할 수 있다고 규정하고 있다. 이러한 맥락에서 흔히 지방자치 사무란 지방자치단체가 책임과 권한에 따라 자치구역에 뿌리를 두고 수행하는 공공사무로 이해된다. 그러나 최근 자치사무를 지역성에 국한시켜서 이해하는 것이 한계에 다다랐다는 우려도 제기되고 있다. "교통 및 통신의 발달과 산업기술의 영향, 그리고 각종 매체와 인터넷 기술 발전에 따른 사회 네트워크의 형성으로 과거와 같은 공간상의 지역 구분이 더 이상 유효하지 않고 오히려 다양한 수평적·수직적 사회구조의 결합이 필요"하며, "지역성에만 기반을 두거나 지역의 고유한 이익에서 사무의 개념적 구분 요소를 찾기가 쉽지 않다"는 것이다(최규환, 2016, p. 112).

여기에 대하여 최규환(2016)은 독일 연방헌법재판소가 종래의 지방자치사무를 '지역공동체에 뿌리를 둔, 또는 지역공동체에 특별한 관련을 갖는 사무'라고 정의했다가, 이후 '인간의 공동생활과 관련되면서 주민에게 공통적인 필요 또는 이해에 관한 사무'를 지방자치사무에 포함시켰다는 사실을 지적했다. 이러한 맥락에서 "교육사무가 주민의 복리에 관한 사무로서 지방자치사무에 해당하는 속성을 가지고 있는지를 검토할 때에도 '지역성'에 매몰될 것이 아니라, 교육이 주민의 공동생활에서 차지하는 비중과 이에 대한 공통적인 이해 그리고 주민의 참여 필요성을 폭넓게 고려해야 할 것"(최규환, 2016, p. 118)이라고 주장했다. 이처럼 자치사무를 폭넓게 정의하는 것은 그 개념과 범위가 상당히 광범위한 교육사무 내지 지방교육자치사무의 성격을 이해하는 데 도움이 된다. 만약 지방교육자치를 논의함에 있어 교육 수요자와 공급자가 가까이에 있을수록 교육이 효과적이라는 주장에 매몰된다면, 결국 학교자치가 가장 효과적인 제도라는 결론으로 이어질 수밖에 없기 때문이다.

「대한민국헌법」이 규정한 지방자치 원리는 「지방자치법」에 보다 상세히 규정되어 있다. 특히 「지방자치법」 제135조에는 "지방자치단체의 교육·과학 및 체육에 관한 사무를 분장하기 위하여 별도의 기관을 두며, 이에 따른 기관의 조직과 운영에 필요한 사항은 따로 법률로 정한다."라고 명시하고 있다. 이는 교육을 일반 지방자치에 맡기지 않고 별도의 지방교육자치제도를 확립하는 근거로 이해할 수 있으며, 지방교육자치가 지방자치를 기본 바탕으로 하여 구축된 것이라는 사실을 시사하고 있다.

「대한민국헌법」 제8장 지방자치

제117조
① 지방자치단체는 주민의 복리에 관한 사무를 처리하고 재산을 관리하며, 법령의 범위 안에서 자치에 관한 규정을 제정할 수 있다.
② 지방자치단체의 종류는 법률로 정한다.

「지방자치법」 제6장 집행기관

제135조
① 지방자치단체의 교육·과학 및 체육에 관한 사무를 분장하기 위하여 별도의 기관을 둔다.
② 제1항에 따른 기관의 조직과 운영에 필요한 사항은 따로 법률로 정한다.

이처럼 현행 지방교육자치제도의 헌법적 근거는 「대한민국헌법」상 보장되고 있는 지방자치제도의 이념과 함께 「대한민국헌법」 제31조 제4항에 명시된 교육의 자주성·전문성·정치적 중립성에서 찾을 수 있다(헌재 2002. 8. 29. 2002헌마4). 아울러 지방교육자치에 관한 법률은 「대한민국헌법」의 이념을 구체화하기 위해 제정된 「지방자치법」을 기본법으로 삼고 있을 뿐만 아니라 「교육기본법」을 모법으로 하고 있다. 결국 지방교육자치

제는 "교육의 자주성 및 전문성과 지방교육의 특수성을 살리기 위하여 지방자치단체의 교육·과학·기술·체육 그 밖의 학예에 관한 사무를 관장하는 기관의 설치와 그 조직 및 운영 등에 관한 사항을 규정함으로써 지방교육의 발전에 이바지함을 목적"으로 하는 제도로 이해할 수 있다(「지방교육자치에 관한 법률」 제1조). 이는 곧 지방자치가 교육자치를 달성하기 위한 유효한 수단이라는 사실을 의미하는 것이다. 나아가 지방교육자치는 중앙정부(국가)와 지방정부(지방자치단체) 간의 수직적 권력 분배의 속성과 함께 정치권력에 대하여 교육 영역의 문화적 자치를 보장하는 속성을 동시에 지니고 있는 바, 민주주의, 지방자치, 교육자주 등 세 가지 헌법적 가치를 고루 만족시킬 필요가 있음을 시사한다. 이에 지방교육자치제 하에서 "'민주주의'의 요구를 절대시하여 비정치기관인 교육감을 정치기관(국회의원, 대통령 등)의 선출과 완전히 동일한 방식으로 구성한다거나, '지방자치'의 요구를 절대시하여 지방자치단체장이나 지방의회가 교육감의 선발을 무조건적으로 좌우한다거나, '교육자주'의 요구를 절대시하여 교육·문화 분야 관계자들만이 전적으로 교육감을 결정한다거나 하는 방식(헌재 2000. 3. 30. 99헌바113)"은 그 어느 것도 허용될 수 없다는 것이 헌법재판소의 판례이다.

4. 지방교육 발전을 위한 교육감의 역할과 과제는 무엇인가

지방교육자치제의 핵심 기제로서 교육감은 상당한 자율성을 가지고 시·도의 교육과 학예에 관한 사무를 집행하는 기관이다. 하지만 앞서 살펴본 바와 같이 교육감 관장사무와 국가 위임사무 간의 경계가 모호한 경우가 적지 않게 발생한다. 정권이 바뀌고 교육감 선거가 치러질 때마다 자사고 폐지 논쟁이 불거지는 것은 이 때문이다. 시·도의 교육, 학예에 관한 사무를 집행하기 위해 지방자치단체와의 조정이 불가피한 사례도 빈번하게 발생한다. 늘봄학교의 성공적 안착을 위해 중앙부처, 시·도 교육감 및 시·도지사의 협력은 필수불가결해 보인다. 학생인권조례 폐지 논란이나 무상급식 예산 분담률 논란은 교육감이 시·도의 교육, 학예에 관한 사무를 추진하기 위해 시·도 의회로부터 지지와 정당성을 획득해야 할 필요성을 방증하는 대표적인 사례이다.

이처럼 교육감은 관장사무만이 아니라 국가의 위임사무를 시행할 관료적 책무를 지닌다. 시장적 책무를 이행하는 과정에서 국가나 지방의회 또는 지방자치단체장의 통제나

교육감에게 요구되는 다양한 책무

- **관료적 책무**(bureaucratic accountability): 교육감은 국가로부터 위임받은 사무를 수행한다. 또한 교육감이 위임한 행정사무를 관리 및 감독해야 하는 책무를 지닌다. 위임사무과 관장사무를 이행하는 과정에서 교육감은 법과 행정절차를 충실히 따라야 하는 책무를 지닌다.
- **전문적인 책무**(professional accountability): 교육감은 일반 행정가와 달리 교육이라는 특수 영역에 대한 지식을 바탕으로 전문적 의사결정을 내리고 이를 이행하는 역할을 기대받는다. 그 과정에서 교육감은 지방의회나 지방자치단체장 등 외부 전문가와 비전문가들을 설득해야 하는 책무를 담당한다.
- **정치적 책무**(political accountability): 교육감은 지역주민의 의사와 이해관계를 반영하여 교육계획을 수립하고 이를 집행하는 역할을 수행한다. 그 과정에서 다양한 이해관계자의 요구를 수렴 및 조정하고 협의하며 설득할 책무가 있다.
- **시장적 책무**(market accountability): 주민 직선으로 선출된 교육감은 지역교육의 책임자로서 교육 당사자의 필요와 요구에 부합하는 교육이 제공될 수 있도록 하며, 개인적 요구와 필요에 따라 교육활동을 선택할 수 있도록 교육 당사자의 알권리를 보장해야 한다. 다만 시장적 책무 이행이 언제나 국가의 통제 방향과 부합하지 않을 수 있으며, 교육 당사자 간의 균등한 교육기회 배분으로 이어지지 않을 수 있는 바, 신중한 접근이 요청된다.

출처: Darling-Hammond (2004)와 김규태, 김창우(2016)를 참고하여 저자가 재구성함.

제약을 받기도 한다. 이때 교육감의 교육 전문성은 다양한 이해관계자를 설득하고 조정하는 정치적 책무를 이행하는 핵심 기제가 된다.

중요한 사실은 지방교육자치제가 교육을 받을 권리라는 기본권 실현을 위한 수단이자 교육의 자주성과 전문성, 그리고 지방교육의 특수성을 보장하기 위한 제도로서 그 과정은 민주주의, 지방자치, 교육자주의 헌법적 가치를 고루 충족시킬 수 있어야 한다는 것이다. 특히 교육은 인간의 자율성과 주도성에 바탕을 두고 스스로 자신의 삶을 형성해나가고 책임질 수 있도록 하는 데 목적이 있다. 이 같은 교육의 목적을 달성하기 위한 과정으로서 교육행정 역시 자주성과 전문적 자유재량에 따라 집행되어야 한다. 다만 교육이라는 사무의 광범위하고 포괄적인 특성을 고려할 때, 교육행정이 일반행정과 완전히 분리되기는 사실상 불가능하며, 국가 차원의 교육사무와 지방자치 차원의 교육사무를 걸러내는 것은 바람직하지 않을 것이다. 「대한민국헌법」이 규정하는 교육의 자주성, 전문성 및 정치적 중립성의 가치는 교육행정기관이 때로는 일반행정기관과 분리하여 달성할 수도 있고, 때로는 통합하여 달성할 수도 있을 것이다(표시열, 2014). 결국 지방교육 발전을 위한 교육감의 역할과 과제는 교육이라는 영역에 대한 기능적 자치를 달성하기 위하여 지역자치 방안을 중앙정부나 지방자치단체 또는 의회와 함께 조정하고 협력하는 데 있다는 결론에 이르게 된다.

보다 구체적으로 교육감의 역할로서 무엇보다 시·도와 시·도교육청 간의 협력관계를 설정하고 유지하려는 노력이 중요하다. 시·도와 시·도교육청 간의 협의와 조정을 위해 현재 제도화되어 있는 시·도와 시·도교육청 간의 지방교육행정협의회를 활성화할 필요가 있다. 구체적으로 2007년 「지방교육자치에 관한 법률」 제41조의 개정으로 교육감과 시·도지사 사이에 지방교육 관련 업무 협의에 필요한 사항을 조례로 설치하도록 했다. 이에 따라 현재 17개 시·도에서 지방교육협의회 설치·운영에 관한 조례를 제정하여 시행하고 있다. 일례로, 「서울특별시 교육행정협의회 설치·운영에 관한 조례」의 일부 내용을 살펴보면, 시장과 교육감 간의 협의 및 조정이 필요한 사안으로는 법정 및 비법정 전출(전입)금 규모와 전출(전입) 시기에 관한 사항, 학교 교육 여건 개선에 관한 사항, 교육유해 환경시설의 개선에 관한 사항, 학교 관련 도시기본계획 및 도시관리계획 수립에 관한 사항, 평생교육에 관한 사항, 교육사업 지원에 관한 사항, 교육시설 개방 및 지원에 관한 사항 등 사실상 교육 및 학예에 관한 사항 전반에 걸쳐 있다. 즉, 지방자치단체의 교육사무를 효율적으로 처리하기 위해 교육감이 시·도지사와 협력적 관계를 구축해 나가는 것은 피하기 어려워 보인다.

시·도와 시·도교육청 간의 협력과 함께 지방교육 발전을 위해 각 시·도 교육감 상호 간 교류와 협력의 역할 또한 중요하다. 이를 위해 현재 17개 시·도교육청이 공동의 문제를 협의할 수 있도록 제도화하고 있는 시·도교육감협의회를 보다 활성화할 필요가

「지방교육자치에 관한 법률」 제5장 지방교육에 관한 협의

제41조(지방교육행정협의회의 설치)

① 지방자치단체의 교육·학예에 관한 사무를 효율적으로 처리하기 위하여 지방교육행정협의회를 둔다.

② 제1항의 규정에 따른 지방교육행정협의회의 구성·운영에 관하여 필요한 사항은 교육감과 시·도지사가 협의하여 조례로 정한다.

「서울특별시 교육행정협의회 설치·운영에 관한 조례」

제1조(목적)

이 조례는 「지방교육자치에 관한 법률」 제41조에 따라 서울특별시 교육행정협의회의 구성과 운영 등에 관한 필요한 사항을 규정함을 목적으로 한다.

제2조(기능)

서울특별시 교육행정협의회(이하 "협의회"라 한다)는 다음 각 호의 사항을 협의·조정한다.

1. 관련 법률과 조례에 따른 법정 및 비법정 전출(전입)금 규모와 전출(전입) 시기에 관한 사항

2. 학교 설립 및 교육시설 확충 등 학교 교육 여건 개선에 관한 사항

3. 학교 관련 도시기본계획 및 도시관리계획 등 도시개발 관련 계획 수립에 관한 사항

4. 교육유해 환경시설의 개선에 관한 사항

5. 교육격차 해소에 관한 사항

6. 평생교육에 관한 사항

7. 지역전략사업과 연계한 인력 양성에 관한 사항

8. 우수인재 양성에 관한 사항

9. 교육사업 지원에 관한 사항

10. 과학·기술 교육의 진흥에 관한 사항

11. 교육시설 개방 및 지원에 관한 사항

12. 공공도서관 설립·운영에 관한 사항

13. 학교급식 개선에 관한 사항

14. 재난·안전관리에 관한 사항

15. 기타 서울특별시교육감(이하 "교육감"이라 한다)과 서울특별시장(이하 "시장"이라 한다) 간 협의·조정이 필요한 사항

제3조(구성)

① 협의회는 공동의장 2인을 포함한 10인 이내의 위원으로 구성한다

② 공동의장 1인은 교육감이 되고, 다른 공동의장 1인은 시장이 된다.

③ 협의회의 위원은 교육감과 시장, 서울특별시교육청(이하 "교육청"이라 한다)의 실, 국장, 서울특별시(이하 "시"라 한다)의 기획조정실장, 여성가족정책실장, 교육담당국장, 도시계획국장으로 구성한다.

있다. 구체적으로 2007년 「지방교육자치에 관한 법률」 제42조의 개정으로 각 시·도 교육감은 지방교육자치에 관한 공동의 문제를 협의하기 위하여 전국적인 교육감협의체를 설

립할 수 있게 되었다. 아울러 2022년에 제정된「국가교육위원회 설치 및 운영에 관한 법률」제3조 제3항에 따라 교육감협의체의 대표자는 교육부차관과 함께 국가교육위원회의 당연직 위원으로 참여하게 되었다. 이처럼 시·도교육감협의회는 지방교육자치를 대표하는 기구로서의 기대와 역할을 부여받고 있지만, 시·도교육감협의회의 현실적 역할은 중앙정부의 교육정책에 대한 개선 요구 수준에 머물러 있는 실정이다(나민주 외, 2017).

「지방교육자치에 관한 법률」제5장 지방교육에 관한 협의

제42조(교육감협의체)

① 교육감은 상호 간의 교류와 협력을 증진하고, 공동의 문제를 협의하기 위하여 전국적인 협의체를 설립할 수 있다.

② 제1항의 규정에 따른 협의체를 설립한 때에는 해당 협의체의 대표자는 이를 지체 없이 교육부장관에게 신고하여야 한다.

③ 제1항의 규정에 따른 협의체는 지방교육자치에 직접적 영향을 미치는 법령 등에 관하여 교육부장관을 거쳐 정부에 의견을 제출할 수 있으며, 교육부장관은 제출된 의견을 관계 중앙행정기관의 장에게 통보하여야 한다.

④ 교육부장관은 제3항에 따라 제출된 의견에 대한 검토 결과 타당성이 없다고 인정하면 구체적인 사유 및 내용을 명시하여 협의체에 통보하여야 하며, 타당하다고 인정하면 관계 법령 등에 그 내용이 반영될 수 있도록 적극 협력하여야 한다.

마지막으로 시·도교육감협의회가 실효성을 거두기 위해서는 교육자치정책협의회의 활성화가 동반되어야 할 것이다. 지방교육자치를 체계적으로 추진하기 위하여 설치된 「교육자치정책협의회 설치 및 운영에 관한 규정」에 따르면, 교육부장관과 교육감협의체의 대표자가 공동의장이 되는 이 위원회에서는 교육부장관과 교육감협의체가 협력하여 교육자치 정책을 종합적으로 심의 및 조정한다.

결국 교육은 국가나 지방자치단체 어느 한쪽에 치우치거나 독점되는 것이 아니라 상호 협력적 관계 속에서 이루어져야 하는 사무이다. 교육 기본권을 보장하기 위한 제도로서 지방교육자치제와 그 핵심인 교육감의 역할은 이러한 맥락에서 이해될 필요가 있다. 교육감이 지방교육의 발전을 위해서 시·도와 시·도교육청 간, 시·도교육감 간, 그리

「교육자치정책협의회 설치 및 운영에 관한 규정」

제1조(목적)

이 규정은 교육·학예 분야의 지방분권, 학교 민주주의 등 교육자치를 종합·체계적으로 추진하기 위하여 교육자치정책협의회를 설치하고, 그 운영에 필요한 사항을 규정함을 목적으로 한다.

제2조(설치 및 기능)

① 교육부장관과 「지방교육자치에 관한 법률」 제42조에 따른 협의체(이하 "교육감협의체"라 한다)가 협력하여 교육자치 정책을 종합적으로 심의·조정하기 위하여 교육자치정책협의회(이하 "협의회"라 한다)를 둔다.

② 협의회는 다음 각 호의 사항을 심의·조정한다.

1. 교육자치 정책 수립·운영에 관한 사항
2. 교육자치 정책 수립·운영과 관련하여 중앙행정기관 또는 지방자치단체가 건의하는 법·제도 개선에 관한 사항
3. 교육자치 과제의 발굴 및 제안에 관한 사항
4. 교육자치를 위한 정부기관·민간단체·연구기관 간 협력 및 분권 등에 관한 사항
5. 그 밖에 교육부와 교육감협의체의 협력과 관련하여 협의회의 의장(이하 "의장"이라 한다)이 부의하는 사항

제3조(구성)

① 협의회는 의장 2명을 포함하여 12명 내외의 위원으로 구성한다.

② 의장은 교육부장관과 교육감협의체의 대표자가 공동으로 한다.

③ 의장을 제외한 협의회의 위원은 다음 각 호의 사람이 된다.

1. 당연직 위원: 교육부의 기획조정실장과 학교혁신지원실장, 교육감협의체에서 추천하는 교육감
2. 위촉 위원: 학계·교육계·법조계 등 각계의 전문가, 현장교원, 관계 기관의 장 등 교육자치와 관련하여 학식과 경험이 풍부한 사람 중에서 의장이 위촉하는 사람

고 시·도교육감과 교육부장관 간의 협의와 조정의 역할을 확대하고자 노력할 때, 지방교육 공동의 문제에 대한 조화로운 접근이 가능해질 것이고, 지방교육자치가 주민의 복리 증진이라는 공동의 목표를 달성하는 데 실효성을 거둘 수 있을 것이며, 나아가 「대한민국헌법」이 보장하는 교육 기본권이 보장될 수 있을 것이다.

참고문헌

김규태(2021). 교육감 제도의 성과와 발전 과제. 2021 한국교육행정학회 기획주제 발표논문집, 3, 103–135.

김규태(2022). 국내 교육감 연구동향 분석. 교육정치학연구, 29(2), 91–118.

김규태, 김창우(2016). 교육감론. 양서원.

김성천(2023). 교육감 직선제 폐지에 관한 쟁점과 대안. 교육비평, 51, 37–77.

나민주, 이수경, 전제상, 차성현, 엄문영, 장우천(2017). 지방자치 발전 연구. 충북대학교 한국지방교육연구소.

박대권, 최상훈(2023). 교원 편향적 정치적 기회구조의 형성: 정당배제형 교육감 직선제를 중심으로. 교육정치학연구, 30(2), 1–26.

송기창, 박소영(2011). 2010년 교육감 및 교육의원 선거의 기호효과에 관한 연구. 교육행정학연구, 29(2), 239–260.

신지민(2016. 06. 30.). 헌재 "교육감, 지자체 상대로 권한쟁의심판 못 낸다". 법률신문 https://www.lawtimes.co.kr/news/101556.

이광희(2022). 교육자치와 통합기구로서의 독일 교육문화부장관회의와 한국 전국시도교육감협의회의 비교, 분석. 교육정치학연구, 29(4), 1–31.

최규환(2016). 지방교육자치의 헌법적 근거와 위상. 헌법재판소 헌법재판연구원.

표시열(2014). 정책과 법 원리 판례. 박영사.

함승환(2019). 정당 없는 정당효과?: 교육감 선거 후보자의 당선경쟁력 결정요인 재검토. 지방정부연구, 23(1), 325–342.

대법원 2001. 5. 8. 선고 99다69341 판결.

대법원 2013. 5. 23. 선고 2011추56 판결.

Darling-Hammond, L. (2004). Standards, accountability, and school reform. *Teachers College Record, 106*(6), 1047-1085.

헌재 2000. 3. 30. 99헌바113, 판례집 12-1, 359.
헌재 2002. 3. 28. 2000헌마283등, 판례집 14-1, 211.
헌재 2002. 8. 29. 2002헌마4, 판례집 14-2. 233.
헌재 2016. 6. 30. 선고 2014헌라1, 판례집 28-1, 436.

개요 ···

공동체로서 학교는 구성원의 소속감, 민주주의, 학생의 교육적 성과를 기본으로 한다. 때문에 학교자치는 학교 교육 개선과 질 제고를 위한 최근의 노력 가운데 가장 중요한 운영 원리로 여긴다. 하지만 때로 학교자치가 그 자체로 목적으로 간주되는 경우도 있다. 그리고 학교 자치가 혁신학교나 학교자율화와 같은 학교 개혁 논의와 구분 없이 등장하는 경우도 있다. 이 장에서는 학교자치의 법적·제도적 근거를 살펴보고, 유사 개념인 교육자치, 학급자치와 학생자치와의 관계 속에서 학교자치의 개념을 이해하고자 한다. 또한 실제 학교자치의 효과적 구현을 위한 구성원의 역할을 비판적으로 살펴보고자 한다. 이를 통해 시민교육과 사회정의의 맥락에서 학교자치의 의의와 과제를 도출할 수 있을 것으로 기대된다.

학습목표 ···

1. 학생자치, 학급자치, 학교자치, 교육자치의 개념과 법적 근거를 설명할 수 있다.
2. 학교자치의 효과적 실행을 위한 구성원의 역할을 규정할 수 있다.
3. 시민교육의 맥락에서 학교자치의 의의와 과제를 도출할 수 있다.

제 10 장

학교자치는 목표인가 수단인가[1]

박희진

1. 지금 학교가 공동체의 가치를 더욱 붙잡아야 하는
   이유는 무엇인가
2. 학교자치의 법적 · 제도적 근거는 무엇인가
3. 학교자치의 개념은 학교 혁신 및 혁신학교 정책의
   맥락에서 어떻게 이해할 수 있는가
4. 학교자치의 가치와 실행주체는 시민교육의 맥락에서
   어떻게 이해할 수 있는가

1) 이 장의 일부 내용은 저자의 다른 글(박희진, 2019, 2022, 2024; 박희진 외, 2023)의 논의를
   종합하여 발전시킨 것임.

EDUCATIONAL ADMINISTRATION
EDUCATIONAL MANAGEMENT

1. 지금 학교가 공동체의 가치를 더욱 붙잡아야 하는 이유는 무엇인가

미래학자 유발 하라리(Harari, 2014)는 인류의 역사를 공동체 형성을 통해 유지한 역사로 보았다. 자신의 글로벌 베스트셀러『사피엔스』를 통해 인류사를 조망하면서 사피엔스가 유일한 인류로 생존한 비결은 다름 아니라 유연하게 '사회적 협력'을 이룰 수 있었기 때문이라고 말했다. 그리고 그것을 가능하게 한 것은 바로 상상 속에 존재하는 것들을 함께 믿을 수 있는 독특한 능력, 즉 공동의 신화라고 역설했다. 함께 공유할 만한 의미를 창조함으로써 위기를 극복하고 임계치를 뛰어넘는 경험을 계속할 수 있었고, 결국 사피엔스만이 현존할 수 있게 되었다는 것이다. 세월이 흘러 사람들은 더욱 복잡한 이야기의 네트워크를 만들어 내고, 이 '가상의 실재' 혹은 '사회적 구성물'로서 우리가 공유한 이야기가 곧 우리를 생존하게 한 키워드가 되었다는 말이다. 다른 종에 비해 우리 인류가 가진 힘이 강하거나 특별하기 때문이 아니라 다만 우리에게는 우리의 이야기가 있었기 때문에 공동체가 해체되지 않고 유지될 수 있었다는 것이다. 유발 하라리(Harari, 2015)는 후작『호모데우스』에서 개개인의 믿음이 아니라 사람 사이의 의사소통에 의존한 믿음, 즉 상호주관적 실재를 구성하는 일이 역사의 주요한 동인이 되었다고 설명했다. 따라서 상호주관적 의미망의 상실, 즉 공동체가 함께 창조하고 부여하는 의미의 상실은 미래에 관한 우리의 예측을 서늘하게 할 수밖에 없다고 우려한다. "무엇을 원하는가?"에 대한 물음이 우리의 존재와 의미를 견인하도록 내버려 두는 것은 위험한 일이라는 것이다.

프랑스의 사회학자이자 교육학자인 에밀 뒤르켐(Emile Durkheim)이 말한 "교육은 곧 사회화"라는 주장도 같은 맥락에서 이해할 수 있다. 뒤르켐은 민중이 지배하는 공화국 프랑스의 학교 교육의 목표는 마땅히 시민사회의 건강한 일원을 길러 내는 일을 수행하는 것이라고 보았다. 그리고 그는 건강한 시민은 공동체의 가치를 내면화하고 재생산하는 존재라고 보았다. 이 공동체의 가치는 직업 세계에서 필요한 기능과 지식을 연마하는 과정에서도 중요하게 간주되었다. 개인의 성장을 오롯이 개인의 것으로만 보지 않고 공동체의 맥락에서 이해한 것이다. 그리고 공동체는 저마다의 의식과 의례(rituals)를 공유하고 전수하면서 결속을 다지고 유대감을 강화하는 방식으로 영속된다고 보았다. 다시 말해서 공교육은 근본적으로 한 사회공동체의 구성원에 관한 것이며, 학교는 그 공동체가 부여하는 의미를 수행하는 기관이라는 것이다(공교육의 성격과 기능에 대해서는 이 책의 제1장 참조). 그런데 한국 사회가 바라는 학교의 모습은 어떠한가? 학교 교육에 관한 논의가 과연 학교 교육을 통해 공유할 우리 공동체의 가치를 염두에 둔 것인가?

한국 사회에서 학교는 어떤 곳인지, 학교 교육을 통해 우리가 구성하고 공유하며 재생산하고자 하는 가치는 무엇인지 질문해 보자. 현재 우리 학교의 모습을 떠올리면서 유발 하라리가 말한 것과 같은 '서늘함'을 느끼게 될 일은 없는지, 혹 우리가 학교 교육을 통해 묻고 있는 질문은 우리의 존재와 의미, 공동체에 관한 것이기보다는 낱낱의 개인이 저마다의 욕구를 충족하는 데 치우쳐 있지는 않은지 말이다. 영국 공영방송 BBC에서 전 세계에서 제일 어려운 시험이라고 보도할 정도로 악명이 높은 대학수학능력시험이 있는 날이면 인천국제공항 비행기의 착륙이 지연되는 것이 마땅할 정도로 한국 사회의 입시에 대한 개인의 기억은 강렬하다. 그것은 단 하루만의 경험이 아니다. 영어 듣기 시험이 있는 날에는 산불 진압이 필요한 상황에서도 혹시나 소방서 헬기 소리가 방해될 것을 우려하여 소방관들을 강제 휴식시킬 정도(서충섭, 2023. 4. 1.)로 일상에서 반복적으로 강화된 경험이다. 이렇게 강화된 경험으로 입증한 학교에 대한 이해를 통해 우리 공동체가 지향해 온 가치는 무엇인가? 타인이나 심지어 내가 속한 공동체가 위험과 희생, 손해를 감수하고서라도 개별 학생들이 시험 성적에서 손해를 보는 일이 없도록 만전을 기해야 한다는 것이 우리 사회가 학교 교육을 통해 우선적으로 구현하고자 하는 가치인가?

21세기를 맞이하면서부터 국제사회에서는 교육부문에서 공유해야 할 우선적 가치를 규명하기 위한 뜨거운 논의를 진행한 바 있다. 불확실한 미래 사회를 가장 효과적으로 대비하는 방법이 교육을 통한 준비라는 논리에서 비롯되었다. 대표적인 결과물 중 하나인 OECD 교육 2030(OECD Education 2030: The Future of Education and Skills)에서는 학생 행위주체성(student agency)의 구현을 미래 사회 인재상으로 제시한 바 있다(OECD, 2019). 문화, 사회, 경제, 과학, 환경 등 모든 분야에서 그 어느 때보다 다양성과 불확실성의 수준이 높은 시대가 예견되면서 변혁적 주체로서의 인간상을 추구해야 한다는 것이다. 자기 자신의 웰빙뿐만 아니라 타인과 공동체의 안녕, 나아가 환경에 이르기까지 더 나은 상태로 만들 수 있는 존재를 길러 낼 필요가 있다는 것이다. 위기와 불안함이 가중되는 시대에 우리는 유발 하라리가 말한 유연한 사회적 협력이 가능한 존재의 구현이라는 사피엔스의 숙명을 다시금 마주한 것이다. 국제사회의 최근의 교육 논의를 참조해 볼 때, 현재 한국 사회가 학교에 부여하는 의미는 다소 수정이 필요해 보인다. 학교의 공동체적 의미를 다시금 소환해야 할 필요가 있다는 것이다. 학교자치의 논의는 이러한 맥락에서야 진정한 의미를 부여받게 된다.

2. 학교자치의 법적 · 제도적 근거는 무엇인가

공동체로서 학교는 구성원의 소속감에 기반한 민주적 운영을 통해 교육적 성과를 추구한다. 학교자치에 대한 논의는 바로 학교가 민주적 공동체로서 추구하는 가치와 교육목표 달성을 위해 수반되는 가장 핵심적인 교육제도 및 정책 노력에 해당한다. 「교육기본법」 제5조 제3항에서 "학교운영의 자율성 존중"을 명시한 것은 학교자치를 통해서 추구하고 있는 학교 교육의 공동체적 가치가 갖는 중요성과 위상을 보여 준다. 하지만 제5조의 동 조항은 2021년에 개정된 것이라는 점에서 학교자치에 관한 법적 · 정책적 관심이 최근에 이르러서야 본격적으로 이루어졌음을 반증하기도 한다(국가법령정보센터, 2024).

우리나라에서 학교자치에 대한 논의는 1991년 3월 「지방교육자치에 관한 법률」의 제정과 함께 시작되었다. 동 법률의 제정과 함께 교육자치가 당위의 영역으로 자리매김하기 시작했고, 같은 맥락에서 학교자치에 대한 관심이 촉발되었다. 1991년 「지방교육자치에 관한 법률」이 제정된 후 얼마 지나지 않아 1995년 공식 교육정책 문서에서 '학교자치'의 원리가 처음 등장한 것이다(고전, 2018). 하지만 학교자치에 대한 보다 심층적인 관심은 최근에 이르러서야 본격적으로 이루어지고 있는 것으로 보인다. 학교자치의 개념에 대한 규명, 절차, 원칙 및 내용에 대한 탐색, 실천 과정에서 발생하는 교육 구성원의 역할에 대한 고민과 한계, 구체적인 경험 등에 대한 연구가 최근 이루어지고 있다. 초기 학교 자율성과 혼용된 것과 같이 개념의 혼란이 있다가, 최근 다시 부상하여 체계를 잡아가고 있는 것이다(강호수 외, 2024).

학교자치에 대한 법적 · 제도적 근거는 「교육기본법」에 명시된 교육자치 보장과 "학교운영의 자율성 존중"(제5조)의 맥락에서 찾는 것이 가장 적절할 것으로 보인다. 더불어 「초 · 중등교육법」에서는 "학생자치활동"을 보장하고 있고(제17조), "학교운영위원회의 설치"에 대한 조항(제31조)을 두어 교원뿐만 아니라 "학부모 대표 및 지역사회 인사"의 학교운영 참여를 제도적으로 보장하고 있다는 점에서 단위 학교의 민주적 운영을 위한 근거를 찾을 수 있다. 다시 말해 우리나라 교육 관련 법령에서 '학교자치'라는 용어를 직접적으로 사용하고 있지는 않지만, 「교육기본법」 및 「초·중등교육법」에 명시되어 있는 교육자치와 단위학교의 자율성, 학생자치활동의 권장을 통해 드러난 법의 정신에서 당위성을 찾을 수 있으며, 간접적으로 보장하고 장려되고 있음을 확인할 수 있다.

학교자치의 법적·제도적 근거

● 「교육기본법」

제5조(교육의 자주성 등)

① 국가와 지방자치단체는 교육의 자주성과 전문성을 보장하여야 하며, 국가는 지방자치단체의 교육에 관한 자율성을 존중하여야 한다.

② 국가와 지방자치단체는 관할하는 학교와 소관 사무에 대하여 지역 실정에 맞는 교육을 실시하기 위한 시책을 수립·실시하여야 한다.

③ 국가와 지방자치단체는 학교운영의 자율성을 존중하여야 하며, 교직원·학생·학부모 및 지역주민 등이 법령으로 정하는 바에 따라 학교운영에 참여할 수 있도록 보장하여야 한다.

제13조(보호자)

① 부모 등 보호자는 보호하는 자녀 또는 아동이 바른 인성을 가지고 건강하게 성장하도록 교육할 권리와 책임을 가진다.

② 부모 등 보호자는 보호하는 자녀 또는 아동의 교육에 관하여 학교에 의견을 제시할 수 있으며, 학교는 그 의견을 존중하여야 한다.

③ 부모 등 보호자는 교원과 학교가 전문적인 판단으로 학생을 교육·지도할 수 있도록 협조하고 존중하여야 한다.

● 「초·중등교육법」

제17조(학생자치활동)

학생의 자치활동은 권장·보호되며, 그 조직과 운영에 관한 기본적인 사항은 학칙으로 정한다.

제31조(학교운영위원회의 설치)

① 학교운영의 자율성을 높이고 지역의 실정과 특성에 맞는 다양하고도 창의적인 교육을 할 수 있도록 초등학교·중학교·고등학교·특수학교 및 각종학교에 학교운영위원회를 구성·운영하여야 한다.

② 국립·공립 학교에 두는 학교운영위원회는 그 학교의 교원 대표, 학부모 대표 및 지역사회 인사로 구성한다.

③ 학교운영위원회의 위원 수는 5명 이상 15명 이하의 범위에서 학교의 규모 등을 고려하여 대통령
령으로 정한다.

● 「지방교육자치에 관한 법률」

제1조(목적)

이 법은 교육의 자주성 및 전문성과 지방교육의 특수성을 살리기 위하여 지방자치단체의 교육 · 과
학 · 기술 · 체육 그 밖의 학예에 관한 사무를 관장하는 기관의 설치와 그 조직 및 운영 등에 관한 사
항을 규정함으로써 지방교육의 발전에 이바지함을 목적으로 한다.

출처: 국가법령정보센터(https://www.law.go.kr).

3. 학교자치의 개념은 학교 혁신 및 혁신학교 정책의 맥락에서 어떻게 이해할 수 있는가

이와 같이 최근 학교자치에 관한 논의가 교육정책과 관련된 연구에서 주요하게 다루게 된 것은 학교자치에 대한 관심이 바로 혁신학교 및 학교 혁신 정책과 밀접한 관련이 있기 때문이다. 주지하다시피 혁신학교 정책은 교사들의 자발적인 학교 혁신 노력에서 그 원류를 찾을 수 있다. 그간 대부분의 학교 혁신 요구는 교사의 변화를 정조준했다는 점에서 차별된다. 학교 교육 혁신과 이를 통한 학교 교육의 질 개선에 있어 교사가 핵심적인 역할자가 될 수 있다는 인식이 우리나라는 물론이고 국제 학문 공동체에서도 널리 공유된 것과도 무관하지 않을 것이다(Muijs & Harris, 2006, p. 961). 사실 학교 교육의 개선과 변화에 대한 요구는 우리나라 교육정책사에서 끊임없이 제기되어 온 과제이다. 가깝게는 1994년 김영삼 정부의 5. 31 교육개혁안 발표 이후 학교의 긍정적인 변화에 대한 요구의 급진성이 '교육개혁'이라는 이름으로 표출되었고, 이후에는 '교육혁신'으로 치환된 이래 학교 혁신, 학교 교육 혁신, 혁신학교 등의 용어가 교육정책 현장과 연구물에 상당한 빈도로 등장하게 된 것이다(김영환 외, 2019, pp. 92-93).

하지만 1990년대 중반 이후 무성했던 교육개혁 논의와 학교 교육의 변화에 대한 요구에서 교사를 비롯한 학교 구성원은 주체로 인식되지 못했으며, 특히 교사는 혁신과 변화의 대상으로 간주되었다(김용, 2019, p. 57). 교육재원의 상당 부분을 차지하기에 명백

한 성과를 도출할 책무가 있는 대상으로 인식하는 경향이 농후했던 것이다(김이경, 2015, p. 156). 이는 당시 신자유주의적인 교육정책 추진 과정에서 교사가 다분히 도구적인 존재 혹은 심지어 '기술자'로 간주되기에 이르렀던 상황 속에서 유효한 주장이었다고 하겠다(김이경, 2015, pp. 157-158). 이와 같은 인식 속에서 교사는 교육 혁신에 관한 연구에서 가장 등장 빈도가 높은 주제어로도 등장했다(김영환 외, 2019, p. 100). 단위학교는 교원을 중심으로 하여 자율적인 혁신을 이루어 가는 주체가 아니라 개혁의 대상으로 간주되어 왔던 것이다.

　21세기 초 이미 미국을 비롯한 서구 학문 공동체에서 공유된 혁신 주체로서의 교육 공동체 구성원과 교사에 대한 인식(Muijs & Harris, 2006, p. 961)이 우리 학계에서 공감대를 형성하기 시작한 것은 최근의 일인 것으로 판단된다. 2015년 한국교원교육학회 학술대회에서 교원이 혁신의 대상인지 혹은 혁신의 주체로 상정해야 하는지에 대한 논의가 이루어졌다는 사실(김이경, 2015; 최대욱, 2015; 최의창, 2015)에서 이 논의가 불과 10년 남짓 진행된 최신의 것이라는 것을 확인할 수 있다. 즉, 교사를 비롯한 단위학교의 교육 공동체 구성원이 교육 혁신 논의에서 피동적인 존재가 아니라 주체로 자리매김해야 한다는 주장은 국내 교육계에 새롭게 등장한 주장 중 하나이며, 더욱이 교육 현장에서 이루어진 교원들의 자발적 혁신 노력에서 촉발되었다는 점에서 특별한 의미가 있다. 혁신학교의 성공적인 운영 경험이 확산되면서 비로소 학교 교육 공동체 구성원들이 학교 교육 혁신의 주체가 될 때 학생의 교육경험의 질이 제고될 수 있을 것이며, 나아가 교육환경 변화에도 적절하게 대응할 수 있게 될 것이라는 주장이 힘을 얻기 시작한 것이다. 이러한 움직임은 교육정책의 주요한 방향으로 포섭되어 2009년 경기도에서 처음으로 혁신학교 정책을 시행한 이래 2022년을 기준으로 하여 대구를 제외한 전국 시 · 도에서 시행한 바 있다(박수정, 박정우, 2020, pp. 622-625). 학교 혁신이 단위학교의 구성원들이 스스로 이루어 낼 과업으로 재개념화되면서 교육주체의 역할이 강조될 수밖에 없고, 민주적인 학교 운영의 원리는 대전제가 될 수밖에 없게 된 것이다.

　이러한 실천적 · 정책적 중요성이 더해지면서 학교자치의 개념을 정련화하기 위한 다양한 학문적 노력도 수반되었다. 이를 정리하여 학교자치의 개념을 규정해 보자면 학교자치는 학교 운영에 관한 제반 사항, 즉 교육과정, 인사, 재정에 관한 단위학교의 자율적인 권한을 보장하되, 민주주의 정신과 절차에 입각한 구성원의 자발적 참여를 실행의 대전제로 삼는 학교 운영 형태라고 할 수 있겠다.

표 10-1	학교자치의 개념

- 학교의 자율권을 인정하고, 구성원의 전문성을 존중하며, 사회적 책무성을 다해 민주적 학교 운영을 하는 것(김성천 외)
- 단위학교가 학교 교육 운영에 관한 권한을 갖고, 학교 구성원의 교육운영과 관련된 일을 자주적으로 결정하고, 실행하며, 또한 그 결과에 책임을 지는 것(정재균 외)
- 학교 교육활동 및 운영 권한에 대한 학교 자율성 보장을 바탕으로, 학교 구성원의 참여를 통해 민주적인 의사결정과 학교 경영이 이루어지는 것(이상철)
- 교육 공동체인 학교가 교육의 주체인 교사, 학부모, 학생의 참여하에 학교 수업과 학교생활에 관하여 외부의 부당한 간섭을 받지 않고 자기책임 하에 결정하고 수행하도록 하는 학교 조직의 원리(이기우)
- 단위학교가 학교 교육운영에 관한 권한을 갖고, 구성원들이 학교의 고유한 교육과정을 구성하여 운영하고 평가하는 과정에 함께 참여하며, 그 결과에 책임지는 것(교육부, 전국시·도교육감협의회)

출처: 박희진 외(2022), pp. 5-6에 정리된 내용을 발췌 및 재인용함.

　　학교자치의 개념을 규명하면서 학생자치, 학급자치, 교육자치와 같은 관련 개념을 함께 정리하면 좋을 것이다. 먼저 「초·중등교육법」 제17조에서 보장하고 있는 "학생자치 활동"은 학교에서 이루어지는 학생 참여 활동을 포괄하여 일컫는다. 선행연구에서는 학생이 학교의 구성원으로서 학교의 문제를 분담하여 자율적으로 해결해 가는 활동으로 정의하고 있다(박가나, 2009). 학생자치의 주요 활동으로는 학생자치 활동, 학급자치 활동, 동아리 활동 등이 있으며, 학교 내 주요 의사결정 과정에의 참여와 학교 규정 제정·개정 과정에의 참여 등이 있다(조윤정 외, 2015, p. 30). 같은 맥락에서 학급자치 활동은 학급 구성원들이 학급의 문제를 분담하여 자율적으로 해결해 가는 활동으로 정의할 수 있겠다. 또한 학급자치의 주요 활동으로는 학급회의를 통한 역할 분담, 학급 구성원 간의 합의 도출을 통한 학급 규칙 제정 및 개정, 각종 학급행사 주관 등의 활동이 있다(조윤정 외, 2015, pp. 32-33). 마지막으로 교육자치는 「지방교육자치에 관한 법률」을 통해서 보장하고자 하며, 「대한민국헌법」 제31조에 명시된 바, "교육의 자주성·전문성·정치적 중립성" 실현을 위해 중앙의 교육행정 권한을 지방으로 분산키고, 일반행정으로부터 교육행정을 분리 및 독립하여 주민이 선출한 자체의 전문기관에 의해 교육과 학예에 대한 사무를 집행하게 하는 것을 뜻한다(주삼환 외, 2015).

표 10-2 **주요 개념의 정의: 학생자치, 학급자치, 학교자치, 교육자치**

주요 개념	정의 및 구성 요소
학생자치	• 학생이 학교의 구성원으로서 학교의 문제를 분담하여 자율적으로 해결해 가는 활동(박가나, 2009).
학급자치	• 학급 구성원들이 학급의 문제를 분담하여 자율적으로 해결해 가는 활동 • 학급회의를 통한 역할 분담, 학급 구성원 간의 합의 도출을 통한 학급 규칙 제정 및 개정, 각종 학급행사 주관 등의 활동(조윤정 외, 2015, pp. 32-33)
학교자치	• 학교 운영에 관한 제반 사항, 즉 교육과정, 인사, 재정에 관한 단위학교의 자율적인 권한을 보장하되, 민주주의 정신과 절차에 입각한 구성원의 자발적 참여를 실행의 대전제로 삼는 학교 운영 형태(박희진 외, 2022, pp. 5-6)
교육자치	• 교육의 자주성ㆍ전문성ㆍ정치적 중립성을 실현하기 위해 중앙의 교육행정 권한을 지방으로 분산시키고, 일반행정으로부터 교육행정을 분리 및 독립하여 주민이 선출한 자체의 전문기관에 의해 교육과 학예에 대한 사무를 집행하게 하는 것(주삼환 외, 2015).

4. 학교자치의 가치와 실행주체는 시민교육의 맥락에서 어떻게 이해할 수 있는가

학교자치는 일반적으로 학교 공동체 이론에 기반하여 논의된다. 학교 운영 방침, 교육활동 및 이에 대한 평가 등 학교 교육 전반에 구성원이 자발적으로 참여하여 결정하고 운영하는 민주적 원리를 일컫는 것이다(김성천 외, 2018; 김용, 2021, p. 65). 따라서 학교자치의 논리는 그동안 혼용되어 온 학교자율화의 정신과는 구분된다. 학교자율화에서 말하는 학교는 고객 중심의 공공 서비스 제공에 방점을 둔다는 점에서 신공공관리론에 가깝기 때문이다(박균열, 2010). 학교자치의 이러한 속성으로 인해 교육정책 상황에서 등장하는 학교자치는 때로 '학교 민주주의'와 혼용되기도 한다(박수정 외, 2021, p. 108). 또한 앞서 살펴본 것과 같이 학교자치에 대한 실천적ㆍ정책적ㆍ학문적 관심이 혁신학교 운영과 그 성과의 확산, 혁신학교 정책의 도입과 확산이라는 맥락 속에서 고조되다 보니 학교자치가 혁신학교의 운영 원리 혹은 그 자체로 목적인 것으로 이해되는 경우가 있다. 즉, 교사가 주도하여 시작된 학교 변화 노력이 혁신학교로, 혁신학교가 학교 혁신으로, 학교 혁신 정책이 학교자치로 이어지고 있다 보니(김용, 2021, p. 43) 학교 현장에서는 학교자치를 그 자체로 바람직한 학교 교육의 방향으로 간주하기도 한다(박희진 외, 2022). 더불어 교육정책 맥락에서는 그간의 혁신학교 성과로 인해 혁신적인 교육이 학교 현장에서 실제화되기 위한 효과적 전략 혹은 필수 전제 조건으로 간주되기도 한다.

이와 같은 학교자치에 대한 인식은 학교 공동체론과 깊은 관련이 있다. 즉, 학교 공동체론에 의거하여 학교자치의 핵심 개념을 민주성, 책임, 신뢰의 가치를 붙들어야 한다는 것이다(박희진 외, 2023. pp. 273-275). 먼저 민주성이란 학교 운영이 민주적으로 이루어져야 함을 뜻하며, 신뢰는 학교자치를 통해 지향하는 가치로서 구성원 간의 신뢰 구축을 통해 단위학교 내에 사회자본의 적극적인 형성과 활용을 위한 전제가 되며(Putnam, 2000), 마지막으로 책임은 각 주체가 학교 공동체 안에서의 역할을 주도적으로 맡아 완수하도록 하는 가치를 일컫는다. 따라서 학교자치는 시민교육의 장으로서 학교, 즉 공동체로서의 학교의 핵심적인 운영 원리가 되며, 동시에 이와 같은 학교자치의 구현은 시민교육의 교육과정 실행에 해당한다고 볼 수도 있다.

예컨대, 유럽위원회의 「유럽의 학교 시민교육 2017(Citizenship Education at School in Europe 2017)」 보고서에 언급된 것과 같이 학생 참여를 위시한 학교 내 자치의 원리가 시민교육의 중요한 방법이 될 수 있다는 가정은 우리나라 시민교육 정책에서도 발견된다. 다시 말해 민주적 절차의 체험이 시민성 체화에 도움이 될 것이라는 가정이다. 「교육기본법」이나 「초·중등교육법」 등 우리나라 교육 관련 주요 법에서는 시민성 함양에 대한

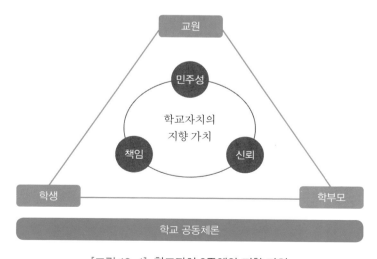

[그림 10-1] 학교자치 3주체와 지향 가치

출처: 박희진 외(2023), p. 275.

내용을 명시하고 있으며, 특히 학생의 자치활동을 명문화하고 있다. 앞서 언급한 「교육기본법」이나 「초·중등교육법」과 같은 법적 근거와 함께 교육부가 5년마다 수립하는 '민주시민교육 활성화를 위한 종합계획'이나 「청소년기본법」 제13조에 따라 관계부처합동으로 5년마다 수립하는 '청소년정책기본계획'의 가장 최근 문서인 '제7차 청소년정책기본계획(2023~2027)' 등을 통해 정책적인 근거를 찾을 수 있다. 우리나라의 교육정책과 관련법에서 학생 자치의 구현과 이를 위한 학교자치의 실천을 학교 시민교육의 중요한 방안으로 간주하고 있는 것을 확인할 수 있는 것이다.

더불어 학계에서는 학교자치의 개념을 여전히 진화하고 있는 개념으로 보고 주요한 역할자인 교원의 인식을 탐색하여 이를 정련화하는 시도를 한 바 있다(박희진 외, 2022, p. 86). 다시 말해 주어진 개념이 아닌 변화하는 개념으로서 학교자치에 대한 현장의 이해를 귀납적으로 정리하고자 시도한 것이다. 이에 따르면 학교자치는 크게 세 가지로 이해되고 있는 것으로 보인다([그림 10-2] 참조).

첫째, 학교자치에 대한 가치론적 인식이다. 학교자치에 대한 구체적인 실행 모습을 상정하기보다는 학교 시민교육의 이상적 가치 지향을 가치로 두고 포괄적인 학교자치 실행을 이 가치에 견주어 판단하는 것이다. 자기주도권, 민주적 의사소통, 참여와 책임 등이 이 가치를 드러내는 학교자치의 모습으로 인식된다고 할 수 있다. 둘째, 학교자치에 대한 교육활동 중심의 인식을 확인했다. 학교자치를 이전 학교 운영의 방식에 대한 문제의식에서 비롯된 대안적 가치의 실현 과정 혹은 그 결과로 인식하는 경향을 뜻한다. 학교자치의 핵심 내용은 행정 업무 활동이 아니라 교육활동이라는 것이다. 때문에 학교자

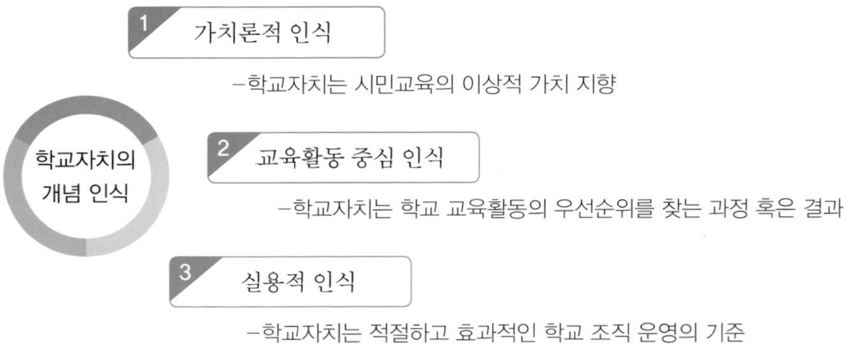

1 가치론적 인식
–학교자치는 시민교육의 이상적 가치 지향

학교자치의 개념 인식

2 교육활동 중심 인식
–학교자치는 학교 교육활동의 우선순위를 찾는 과정 혹은 결과

3 실용적 인식
–학교자치는 적절하고 효과적인 학교 조직 운영의 기준

[그림 10-2] 학교자치 개념에 대한 교원의 인식

출처: 박희진 외(2022), p. 95.

치는 다양한 교육활동의 우선순위를 찾는 과정이며, 이로 인한 성과가 수반되기 마련으로 간주된다. 셋째, 학교자치는 하나의 조직문화이고, 이는 학교 조직 운영의 적절하고 효과적인 기준이라는 실용적 인식이다. 학교와 교직의 고유한 내재적 특성으로 인해 학교자치는 필연적 조직 운영의 원리가 된다고 보는 입장이다.

학교자치의 이 같은 성격으로 인해 구성원의 자율과 참여가 강조되다 보니 그 실행 과정에서 교원의 역할이 강조된다(박상완, 2009). 학교자치에 있어 교원의 중요성에 대한 인식은 학교 현장에서도 목도된다. 즉, 교원들은 학교자치 실행을 위해 학교 교육의 소위 3주체인 교원, 학생, 학부모의 균형 있는 참여와 역할이 중요함을 인식하고 있지만, 실제 효과적인 학교자치의 실행을 위해서는 교사가 주도적인 역할을 해야 한다는 인식을 공유하고 있는 것이다(박희진 외, 2023). 효율적인 학교자치의 실행을 위해 교사의 역할이 중요하며, 더 나아가 교사가 지도성을 발휘해야 한다는 인식은 교원양성기관에서의 교육내용과 방향의 변화에 대한 요구로 이어지기도 한다(박상완, 2009). 하지만 문제는 단위학교 운영의 자율성에 대한 관심과 학교자치에 대한 강조가 시·도교육청 단위에서 정책화되고 있음에도 불구하고, 정작 학교와 교육행정기관 간의 관계, 학교 내부의 조직 구조, 학교 내부 조직 간의 관계, 이 체계와 관계에서 이루어지는 일과 일이 행해지는 방식에 대해서는 여전히 모호한 점이 많다는 것이다(김용, 2021, pp. 43, 60-61). 이와 같은 학교자치에 관한 현재의 교육정책 논의와 행정체제의 한계는 학교자치의 과정에서 교사가 겪는 어려움과 무관하지 않은 것으로 보인다. 즉, 학교를 둘러싼 대외적 구조, 단위학교에서의 조직과 절차, 역할에 대한 경계가 모호하다 보니 개별 학교의 자치 실천이 구성원의 이해 정도, 특성과 역량에 따라 매우 다양한 스펙트럼을 보이게 되는 것이다.

예컨대, 구성원의 역할에 대한 인식과 경험만 두고 살펴봐도 교장의 역량과 카리스마가 학교자치를 가능하게 한다고 인식하는 교사가 있는 반면, 교장이 권위를 내려놓는 일이 전제되어야 학교자치가 가능하다고 인식하는 경우도 적지 않으며, 현실적으로 교사가 학교자치의 주도자가 될 수밖에 없다고 인식하는 경우가 있다. 더불어 학부모의 적극적인 참여가 중요하다는 인식을 대부분 공유하고 있기는 하지만, 학부모의 적극적인 개입으로 인해 되레 교사가 병들고 있는 것은 아닌지 우려하며, 때로 힘에 부친다고 토로하는 교사도 있다. 이러하다 보니 학교자치의 당위적 주체와 실제 실행 주체로서의 역할 행사, 우선순위, 한계 등에 대한 관심이 학교자치의 구현 과정에서 교사들의 중요한 관심사가 되기도 한다. 실제 '학교 현장에서 학교자치를 누가 주도하는가?'에 대해 교사 개인의 경험과 이해에 따라서 교사, 학생, 관리자 등 상이하게 인식하기 때문일 것이다. 학교자치를 통한 건전한 관계 형성과 공동체성 고양이라는 동일한 교육목표를 공유하고 있지만, 교원이 처한 학교의 여건과 특성에 따라서 구성원의 역할과 주도성 정도에 대한 인식에 차이가 존재하게 된다는 것이다.

이 가운데 학교자치는 필연적으로 교사가 주도할 수밖에 없다는 관점이 가장 우세한 것으로 보인다. 교사들이 학교자치 실행 경험을 통해 교사가 앞장설 수밖에 없다고 느끼는 경우가 많은 것이다. 하지만 교사의 역할을 지나치게 강조하다 보니 이 과정에서 학생자치가 소홀히 되는 경우도 있는 것으로 나타났다. 이에 대해 스스로 학교자치의 개념을 정립해 가고 경험을 시작하는 교사들이 혼란을 토로했다. 다음으로 학교자치를 학생이 주도하도록 해야 한다고 보는 관점도 있었다. 이는 「초・중등교육법」 제17조에서 보장하고 있는 "학생자치활동"을 구현하기 위한 방안으로 학교자치의 성격을 이해하는 경우라고 할 수 있다. 학교자치가 학교 교육의 주요한 목표인 시민교육 실행 그 자체라고 이해하기 때문이다. 하지만 실제 학생자치 실천은 다소 형식적인 경우가 많으며, 학생의 학교 운영 참여와 의사 개진의 기회가 제한적인 것으로 보인다(박희진, 2019; 최창욱 외, 2018).

관리자의 리더십이 학교자치의 성패를 좌우하는 경우가 많기 때문에 관리자가 주도적인 역할을 해야 한다는 입장도 있다. 교사들의 민주적 학교를 만들기 위한 노력과 학생자치활동, 학부모회의 활성화가 이루어져 있더라도 관리자의 리더십이 부재하다면 학교자치는 가능하지 않다고 보는 것이다. 교장의 민주적 리더십 함양의 필요성과 리더십을 발휘할 수 있는 법적・제도적 기반 마련이 필요함을 알 수 있다. 마지막으로, 교원을 중심에 두고 학생과 학부모를 포함하는 3주체가 균형 있게 학교자치에 참여하는 것은 현실적으로 쉽지 않은 과제인 것으로 보인다. 온전한 학교자치의 구현은 지역 공동체의 일부로서의 학교에 대한 적극적인 주민 참여와 기여를 포함할 수밖에 없다. 주민 참여 보장에 관한 조항을 신설하는 것에 관한 학계의 제안은 이 때문일 것이다(황준성, 2020). 그럼에도 불구하고 학부모가 가장 직접적인 학교 교육의 당사자라는 점에 대해서는 이견이 없어 보였다. 하지만 이와 같은 공감대에도 불구하고 실제 학교 현장에서 경험하는 학부모의 학교 운영에 대한 개입과 참여는 교사들에게 난제로 여겨질 수 있다는 것이다.

이상 학교자치는 학교의 공동체성을 전제로 할 때 학교 교육 개선과 질 제고를 위한 최근 노력 가운데 가장 중요한 운영 원리일 수밖에 없음을 살펴보았다. 때로 학교자치가 그 자체로 목적으로 간주되거나 혁신학교나 학교자율화와 같은 학교 개혁 논의와 구분 없이 등장하는 경우도 있어 법적·제도적 근거도 정리하여 제시했다. 더불어 유사 개념 인 교육자치, 학급자치와 학생자치와의 관계 속에서 구분하여 명확히했다. 마지막으로 학교자치의 실천 과정에서 구성원의 역할을 비판적으로 살펴보았다. 이상의 내용을 통해 시민교육과 사회정의의 맥락에서 학교자치의 의의를 이해하고 실천적 과제를 도출하는 데 도움이 되기를 기대한다.

🐼 생각해 봅시다

1. 학교 교육이 학교자치 실행으로 대변되는 공동체 가치에 관심을 가져야 하는 이유에 대해서 생각해 보자. 현재와 미래에 대한 대비의 측면에서 각각 생각해 보자.

2. 교원은 학교자치의 주요한 역할자이다. 이를 위해 예비교원이 갖추어야 할 역량은 무엇인지 조사해 보자.

3. 학교자치의 균형 있는 실행을 통해 시민교육이라는 목표를 달성하기 위해서는 학부모와 지역사회의 교육참여가 이루어져야 한다. 불가피한 의사소통의 어려움이나 갈등을 예방하고 적극적으로 대응하기 위해 필요한 정책을 제안해 보자.

🌍 참고문헌

강호수, 박희진, 이동엽(2024). 학교자치가 교사의 직무만족도 및 교직효능감에 미치는 영향. 법과인권교육연구, 17(1), 81-101.

고전(2018). 한국 교육행정·교육자치제 원리 논의, 그 연원에 대하여. 교육행정학연구, 36(2), 1-30.

김성천, 김요섭, 박세진, 서지연, 임재일, 홍섭근, 황현정(2018). 학교자치. 테크빌교육.

김영환, 이승민, 배혜림, 손미(2019). 교육혁신관련 연구주제 변화 동향분석: 네트워크 텍스트 분석을 중심으로. 교육혁신연구, 29(1), 91-116.

김용(2019). 학교자율운영 2.0. 살림터.

김용(2021). 학교자치의 개념 정립의 과제: 독일 학교자치론 전개 과정의 교훈을 중심으로. 교육행정학연구, 39(2), 43-68.

김이경(2015). 『학교 교육 혁신의 주체로서 교원의 위상』에 대한 토론. 한국교원교육학회 학술대회 자료집, 155-159.

박가나(2009). 청소년 참여활동이 공동체의식에 미치는 효과. 청소년학연구, 16(10), 273-306.

박균열(2010). 학교자율경영제(School Based Management) 관점에서의 학교자율화정책 분석. 교육행정학연구, 28(2), 1-25.

박상완(2009). 학교 자율화의 관점에서 본 초등 교원양성교육의 진단과 과제. 한국교원교육연구, 26(1), 85-107.

박수정, 박정우(2020). 시·도교육청의 혁신학교 정책 분석: 2019학년도 혁신학교 계획을 중심으로. 학습자중심교과교육연구, 20(9), 621-645.

박수정, 정바울, 박정우(2021). 학교자치 진단도구 개발 연구. 한국교육문제연구, 39(3), 107-133.

박희진(2019). 학급자치 활동이 시민의식에 미치는 영향. 교육행정학연구, 37(2), 93-122.

박희진(2023). 다문화교육을 위한 학부 교양강좌 개설의 근거와 요건 탐색. 다문화와 평화, 17(1), 62-84.

박희진, 강호수, 이동엽. (2022). 학교자치 개념에 대한 교원의 인식 탐색. *Global Creative Leader: Education & Learning, 12*(2), 83-109.

박희진, 강호수, 이동엽(2023). 교원이 인식하는 학교자치 주체의 현실과 과제 : 학교 구성원 간의 역할과 관계를 중심으로. 교육혁신연구, 33(2), 269-297.

박희진(2024). 건강한 관계맺기를 위한 학교공동체 세우기: 새로운 '이야기'가 필요하다. 서울교육 특별기획 봄호(254호). 서울특별시교육청.

서충섭(2023. 4. 1.). EBS 듣기평가가 우선… 함평·순천 산불헬기 30분간 운행 중단. 뉴스1 https://www.news1.kr/articles/?5004152

조윤정, 박미희, 박진아, 이지영(2015). 경기도 학생자치 실태 및 활성화를 위한 연구(기본연구 2015-02). 경기도교육연구원.

주삼환, 천세영, 김태균, 신붕섭, 이석열, 김용남, 이미라, 이선호, 정일화, 김미정, 조성만 (2015). 교육행정 및 교육경영. 학지사.

최대욱 (2015). 학교 교육혁신의 주체로서 교원의 위상-성과, 한계 그리고 과제-지정 토론문. 한국교원교육학회 학술대회자료집, 161-171.

최의창(2015). 학교 교육 혁신의 주체로서 교원의 위상-성과, 한계 그리고 과제-. 한국교원교육 학회 학술대회자료집, 129-153.

최창욱, 황세영, 유민상, 이민희, 김진호, 문지혜(2018). 아동·청소년 권리에 관한 국제협약 이행 연구-한국아동·청소년 인권실태 2018 총괄보고서. 한국청소년정책연구원 연구보고서, 1-778.

황준성(2020). 교육자치법상 자치운영원리 및 주민권리 조항 신설 등의 필요성과 방안. 대한교육
    법학회 학술대회자료집. 2020(12), 132-141.

Harari, Y. N. (2014). *Sapiens: A brief history of humankind.* Harper.

Harari, Y. N. (2015). *Homo deus: A brief history of tomorrow.* Harper.

Muijs, D., & Harris, A. (2006). Teacher led school improvement: Teacher leadership in the UK.
    Teaching and Teacher Education, 22(8), 961–972.

OECD. (2019). *OECD future of education and skills 2030 concept note.* OECD.

Putnam, R. (2000). *Bowling alone: The collapse and revival of American community.* Simon &
    Schuster.

국가법령정보센터. https://www.law.go.kr

개요 ....

교육재정은 질 높은 교육을 제공하는 데 필요한 교육비를 확보하고 학교의 여건과 상황을
고려하여 적절히 배분함으로써 균등한 교육기회를 보장하는 제도적 장치이다. 우수한 교원
을 채용하거나 교수·학습 활동에 필요한 자원을 사용하고, 안전하고 쾌적한 교육환경을 제
공하기 위해서는 충분한 재정 지원을 확보해야 한다. 아울러 「대한민국헌법」 제31조 제1항
에 명시된 "능력에 따라 균등하게 교육을 받을 권리"를 보장하기 위해서는 형평성을 고려한
교육재정 배분 방식이 중요하다. 이 장에서는 적정성의 관점에서 균등한 교육기회의 개념을
새롭게 이해하고 교육재정을 둘러싼 다양한 쟁점을 살펴보는 것을 목표로 한다. 이를 위해
균등한 교육기회의 의미를 살펴보고, 균등한 교육기회와 관련해서 적정성의 개념이 중요한
이유를 탐색한 후, 교육재정의 근간이 되는 「지방교육재정교부금법」의 주요 내용을 되짚어
보고자 한다.

학습목표 ....

1. 균등한 교육기회의 개념을 이해할 수 있다.
2. 적정성의 관점에서 균등한 교육기회의 의미를 설명할 수 있다.
3. 적정성에 기반한 균등 교육기회 측면에서 교육재정의 현안과 쟁점을 설명할 수 있다.

제 **11** 장

균등한 교육기회란 무엇인가[1]

이호준, 정설미

1. 균등한 교육기회란

2. 적정성은 왜 중요한가

3. 적정성의 관점에서 지방교육재정교부금 제도를
   둘러싼 쟁점은 무엇인가

[1] 이 장은 저자의 다른 글(정설미, 이호준, 2023)을 수정 및 보완한 것임.

EDUCATIONAL ADMINISTRATION
EDUCATIONAL MANAGEMENT

1. 균등한 교육기회란

법적으로 '균등한 교육기회'의 보장은 모든 국민의 행복추구권 및 평등권을 실질적으로 구현하고 국민 생활의 균등한 향상을 기하기 위한 규정이다(김광석, 주동범, 2016). 또한 교육적으로 '균등한 교육기회'의 보장은 한 개인이 교육을 통해 사회의 지적 유산을 물려받음으로써 동등하게 성숙한 인간으로 성장하는 데 작용할 수 있는 여러 제약 조건을 없애 주는 원리이다. 특히 교육행정에서 '균등한 교육기회'는 교육권을 보장하는 주요한 방법 원리의 하나로 논의되어 왔다. 예컨대, [그림 11-1]과 같이 이종재 외(2012)는 「대한민국헌법」 제31조에 근거하여 교육권 보장을 교육행정의 목적 원리로 보고, 교육의 자주성, 정치적 중립성, 전문성을 실질 보장 원리로 제시했다. 그리고 교육의 기회 균등과 무상 의무 교육을 교육권 보장이라는 목적을 위한 방법 원리로 각각 분류했으며, 이러한 원리들은 교육제도 법률주의에 근거하여 제도화된다고 설명한 바 있다.

교육권 보장을 위한 방법 원리로서 '균등한 교육기회'는 다양한 차원의 평등 개념을 내포하고 있다. 가장 대표적으로 균등한 교육기회를 ① 취학을 가로막는 경제적·지리적·사회적 제반 장애를 없애고 누구나 차별 없이 학교 교육을 받을 수 있도록 하는 교육 기회의 평등, ② 학교 시설, 교사의 질, 교육과정 등 학교 제반 여건에서 차별 없이 동등

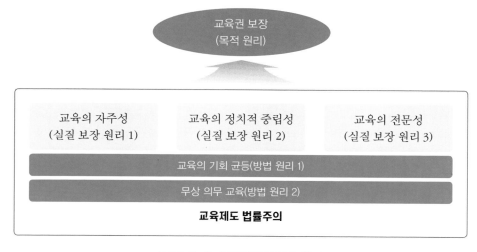

[그림 11-1] 교육행정의 주요 원리

출처: 이종재 외(2012).

한 기회를 보장하는 교육조건의 평등, ③ 그럼에도 발생할 수 있는 집단 간 교육성과의 격차를 보상적으로 완화하고자 하는 교육결과의 평등으로 유형화한 관점이 존재한다(김신일, 강대중, 2022). 또한 균등한 교육기회를 ① 누구나 인종, 성별, 종교 등을 이유로 차별받지 않는다는 형식적 교육기회 균등(formal equality of educational opportunity), ② 환경의 영향 없이 개인의 노력과 능력에 의해 기회 획득이 이루어져야 한다는 능력주의 교육기회 균등(meritocratic equality of educational opportunity), ③ 현실적으로 환경의 영향을 완전히 배제하기 어려우므로 환경적 요인으로 인한 결과에 개입 및 보상할 수 있다는 공정한 교육기회의 균등(fair equality of educational opportunity)으로 구분하는 관점도 있다(김정래, 2010; Shields et al., 2017).

'균등한 교육기회'가 담고 있는 이러한 여러 차원의 평등은 해당 원리가 사전적으로 고정된 것이 아니라 시대와 사회적 맥락에 따라 변화 혹은 발전해 왔음을 시사한다. 예를 들어, 1954년 미국 켄자스주 대법원은 'Brown v. Board of Education 판결'에서 흑인과 백인의 분리 교육이 위법임을 최초로 인정했다. 해당 판례는 이후 모든 학령기 아동에게 동등한 기회(equal opportunity)를 제공할 수 있도록 공교육 시스템 개혁을 요구하는 여러 법적 분쟁과 노력의 단초가 되었다. 이에 1950년대 이후부터 미국에서 균등한 교육기회에 대한 관심은 모두가 동등한 조건의 교육을 누릴 수 있어야 한다는 교육조건의 평등에서 점차 학업성취와 같은 교육결과의 평등으로 변화하고 있다(Reich, 2006). 가장 최근 주목할 만한 판례는 2020년의 'Gary B. v. Whitmer 판결'이다. 이는 미국 연방헌법의 실체적 적법 절차에 근거한 최소한의 기초적인 교육에 관한 권리(right to minimal basic education)를 인정한 최초의 사례로, 앞으로 학력 격차의 해소와 기초학력 보장을 위한 국가 차원의 정책적 지원 노력에도 더욱 적극적 변화가 일 것으로 보인다(정순원, 2020).

미국에서 균등한 교육기회 논의는 역사적으로 다음 세 번의 주요한 전환점을 지나며 발전해 왔다(Heise, 1995; Reich, 2006). 전환점의 시기마다 교육재정과 관련한 주요한 판례가 축적되면서 균등한 교육기회의 담론이 평등(equality)이나 형평성(equity) 중심에서 점차 적정성(adequacy)으로 확대되고 있음을 알 수 있다.

- 첫 번째 전환점(1971~1973년): 캘리포니아주 'Serrano v. Priest 판결'은 교육구별로 학생 1인당 교육비에 격차가 존재하는 것은 수정헌법에 위반됨을 인정했다. 반면 텍사스주

'Rodriguez v. San Antonio 판결'은 이를 주(州) 정부의 자율권 행사로 보고 기각했다. 비록 일관된 판결을 얻지 못했지만, 단지 동등하게 교육에 접근할 수 있다는 형식적 평등에서 교육재정의 수평적 형평성 및 재정적 중립성으로 인식을 확대했다는 데 의미가 있다.

- 두 번째 전환점(1973~1989년): 오리건주 'Olsen v. State 판결'은 교육구별 학생 1인당 교육비 격차가 반드시 교육시설이나 교육과정 등의 격차로 이어진다는 근거가 부족하다고 판단하여 원고의 주장을 기각했다. 중요한 것은 교육조건이나 결과의 '실질적인 균등함' 여부이지, 단지 재정의 균등함 여부를 통해 교육불평등을 판단할 수 없다고 보았다. 이는 기존의 교육평등 및 형평성 이론의 한계를 인식하고 '무엇을 균등하게 해야 하는가?'에 대해 근본적인 질문을 제기하는 중요한 계기가 되었다. 예컨대, 학생 1인당 교육비가 같다면 모든 학생에게 실제 동등한 교육 조건과 성취를 보장한다고 말할 수 있는가? 과연 학생 1인당 교육비를 동등하게 하는 것만이 중요한가?
- 세 번째 전환점(1989년~): 켄터키주 'Rose v. Council for Better Education 판결'과 뉴저지주 'Abbott v. Burke 판결'은 가난한 교육구 학생들이 받는 불충분하고 불평등한 교육이 위법임을 인정하고, 모든 아동이 '적정한 교육(adequate education)' 또는 '같은 수준의 교육결과'를 얻을 수 있도록 해야 함을 명시했다. 이후 많은 주에서 '충분한(sufficient)' 또는 '건전하고 기본적인(sound and basic)' 교육 등의 표현을 사용하며, 상대적인 자원의 차이보다 특정 수준의 교육목표를 달성하는 데 요구되는 절대적인 자원에 초점을 두게 되었다.

우리나라는 「대한민국헌법」 제31조 제1항을 통해 교육의 기본권성을 인정하고, 국가는 이러한 권리를 보장하도록 노력해야 할 의무와 과제가 있음을 규정하고 있다(노기호, 2022; 이상명, 2017). 이에 국가는 「지방교육재정교부금법」의 제정을 통해 교육재원을 안정적으로 마련하고 지방자치단체 간 교육여건을 형평하게 함으로써 균등한 교육기회를 보장하고자 노력하고 있다. 미국과 달리 우리나라는 지역 간 교육 재정 및 여건의 격차에 관한 첨예한 대립이나 판례를 거의 찾아보기가 어렵다. 이는 두 국가가 법적으로 '균등한 교육기회' 보장을 위한 국가의 역할과 책무에 대해 서로 다르게 인식 및 정의하고 있는 데에서도 일부 연유한다.

오히려 우리나라에서는 균등한 교육기회를 보장하기 위해 도입 및 추진했던 정책이나 제도가 학생과 학부모의 학교 선택권, 수월성과 다양성의 가치를 침해하는지 여부가 주요한 법적 쟁점이 되었다. 가장 대표적인 예가 고교 평준화[2]와 자율형 사립고등학교[3]와 관련한 헌법소원이다. 이는 근본적으로 「대한민국헌법」 제31조 제1항의 "능력에 따라 균등하게"가 다의적인 표현이라는 점에서 기인한다. 교육평등 및 형평성을 강조하는 관점에서 "능력에 따라 균등하게"의 의미는 "각인에게 적합한 성질의 교육을 받을 권리가 보장되어야 한다."(신현직, 1990, p. 121)라는 것으로, 합리적 차별 사유 없이 교육권을 제한하지 않으며 경제적 약자를 포함한 모든 국민의 실질적인 교육평등을 위해 적극적으로 정책을 실현해야 함을 의미한다. 즉, 개인의 타고난 능력이나 재능과 같은 자연적 우연성에 따라 응분의 몫에 차등을 둔다는 것과는 거리가 멀다.

　반면 수월성을 강조하는 관점에서 "능력에 따라 균등하게"의 의미는 개인의 노력에 따른 성과로서 응분의 몫을 차등적으로 배분할 수 있음을 뜻한다. 이에 "차등을 허용하지 않는 사회는 정체를 피할 수 없으며 ……형평과 기준은 사회공학적 계획 의도에 따른 국가 개입을 초래하므로 자율과 조화를 바탕으로 자유민주적 기본질서를 천명한 「대한민국헌법」 전문에 위배된다."라는 주장(김정래, 2010)을 제기하기도 한다. 그러나 이러한 관점은 개인의 재능과 능력에 영향을 미칠 수 있는 자연적·사회적 우연성을 고려하지 않고 교육성과를 온전히 개인의 노력에 따른 정당한 권리로 인식하는 경향이 있으므로 능력주의(meritocracy)로 귀결될 우려가 존재한다.

　학계에서는 전자의 관점으로 해석하는 "능력에 따라 균등하게"가 통설이지만(김범주, 2022), 그와 별개로 우리 사회에서 교육의 평등 및 형평성은 수월성과 양립하기 어려운 것으로 인식되며, 정부의 정치적 성향과 이념에 따라 특정 정책이 일시적으로 약화 혹은

---

2) 2005년 고교 평준화 헌법소원에서 "고등학교 교육을 획일화하고 평준화하는 것은 교육의 본질적 특성인 다양성을 해치고 적성과 능력에 맞는 교육을 받을 권리를 무시하는 것이다."라는 청구인의 주장에 대해 헌법재판소는 "학교 간 격차 및 지역 간 격차 해소를 통하여 고등학교 교육기회의 균등 제공을 위한 것으로서 입법 목적이 정당하며 …수단의 적정성이 인정되므로" 합헌이라고 결정했다(헌법재판소 2009. 4. 30. 2005 헌마514 결정).

3) 2018년 자율형 사립고등학교 헌법소원에서 「초·중등교육법 시행령」 제80조와 제81조의 개정으로 인해 자율형 사립고등학교를 지원한 학생에게 평준화 지역의 후기 학교에 중복 지원하는 것을 금지하는 것은 학생과 학부모의 학교 선택권, 학교법인의 사립학교 운영의 자유를 침해한다."라는 청구인의 주장에 대해 헌법재판소는 자율형 사립고등학교에 지원했다는 이유만으로 평준화 지역 후기 학교에 지원하지 못하는 불이익을 주는 것은 위헌임을 인정했으며, 나머지는 기각했다. 그리고 결국 "자율형 사립고등학교에 대한 논쟁은 사학의 자율성과 공공성, 교육의 수월성과 형평성 중 무엇을 강조할 것인가라는 교육철학의 문제로 귀결된다."라는 점을 언급했다(헌법재판소 2019. 4. 11. 2018헌마221 결정).

강화되는 현상이 나타나기도 했다(김지혜 외, 2022). 균등한 교육기회를 보장하는 과정에서 교육의 평등 및 형평성과 수월성 및 다양성 간의 대립은 분명 큰 난제이다. 하지만 두 원리의 축은 정말 양립 불가능한 것일까? 계층 간 교육격차 심화 문제와 수월성 및 다양성을 요구하는 사회로의 변화가 병존하는 현실 속에서 이제는 두 원리의 조화 가능성에 대해 고민해 볼 필요가 있다.

존 롤스(John Rawls, 1999)의 분배정의 원칙은 무엇일까

제1원칙: 각자는 다른 사람들과 유사한 자유체계와 양립하는 가장 광범위하고 동등한 기본적 자유체계에 대한 평등한 권리를 가져야 한다.

제2원칙: 사회적·경제적 불평등은 다음의 두 조건을 만족시키도록

(a) 정의의 저축 원칙과 일치하여 최소수혜자들에게 최대 이익이 될 때 (차등 원칙)

(b) 공정한 기회 균등 조건 하에 모두에게 직책 및 직위가 개방되어 있는 것과 결부될 때(공정한 기회 균등 원칙) 편성될 수 있다.

그간 한국 사회에서 교육의 기회 균등 논의는 주로 교육의 평등 및 형평성의 관점에서 최소수혜자에 대한 차등 원칙에 집중해 왔다. 예컨대, 사회적 취약계층 학생들을 위한 추가적인 자원 또는 기회의 배분이 이에 해당한다. 하지만 더 나아가 공정한 기회 균등 원칙을 살펴보면 이는 사회 구성원이 자연적·사회적 우연성에 의해 사회에서 배제되는 것을 막음으로써 그들의 자존감을 증진할 뿐만 아니라 각자가 가진 잠재력을 발굴해 탁월성을 획득하게 함으로써 자아실현에 기여하는 주요 원칙이라고 할 수 있다(목광수, 2020). 그렇다면 롤스의 분배정의 원칙이 적용된 교육은 보편적이고 기본적인 교육기회를 제공하는 것뿐만 아니라 각자가 자신의 다양한 능력과 재능을 충분히 계발하여 자아를 실현할 수 있는 수월성(탁월성)의 교육기회 또한 제공해야 한다. 이러한 교육기회가 사회적·경제적 불평등으로 전이되지 않도록 차등 원칙을 적용함으로써 공정한 사회를 실현할 수 있다.

결국 이러한 논리 구조의 핵심은 '학생 개개인의 잠재력 개발 및 교육목적의 다양화'이다(목광수, 2020; 이상명, 2017; Satz, 2007). 만약 학업성취라는 단일한 목표만을 추구한

다면 모든 학생이 하나의 창구를 향해 경쟁하고 서열화되는 것을 피할 수 없으므로 공정한 기회 균등 원칙이 작동할 수 없으며, 사실상 교육에서 평등 및 형평성과 수월성 및 다양성의 양립은 불가능하다. 이런 이유에서 균등한 교육기회의 보장을 위해서는 무엇을 목적 또는 목표로 하는 교육을 제공할 것인지, 교육목표를 얼마나 다양하게 설정할 것인지, 그리고 그에 따라 자원을 어떻게 배분할 것인지 등에 대한 사회적 고민과 합의가 선행될 필요성이 제기된다.

2. 적정성은 왜 중요한가

균등한 교육기회 논의의 발전 과정에서 전통적인 평등 및 형평성의 강조를 통해 교육구나 학교 간의 상대적인 차이를 일부 줄일 수 있었으나, 학교재정 시스템을 궁극적으로 개혁하는 데에는 효과가 제한적이었다. [그림 11-2]에서 볼 수 있듯이, 왼쪽 A 집단과 B 집단의 상대적 차이를 줄이기 위해 B 집단에 추가적인 정책지원을 제공한다면 두 집단 간의 상대적 차이를 줄일 수는 있지만 결국 두 집단 모두 목표한 성취 수준에 도달하지는 못한다는 점에서 근본적 한계가 잔존한다. 반면 오른쪽 B 집단에 추가적인 정책지원을 제공하는 것은 두 집단 간의 상대적 차이를 줄이면서 동시에 A 집단과 B 집단 모두 목표한 성취 수준에 도달할 가능성을 보장한다는 측면에서 의미가 있다. 이에 균등한 교

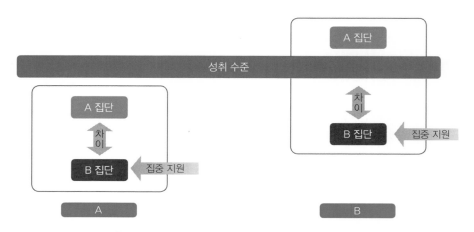

[그림 11-2] 적정성 논의의 필요성에 관한 개념도

출처: 정동욱, 이호준(2014).

육기회 논의는 점차 형평성에서 교육결과의 실질적인 보장에 초점을 둔 적정성으로 변화하고 있으며, 앞서 살펴본 미국의 판례들을 통해서도 이러한 흐름을 읽을 수 있다.

요컨대 형평성은 교육의 기회·과정·결과 차원에서 집단 간 차이에 초점을 두고 사회적 배려 대상 집단에 대한 재정 지출을 다른 집단과 비교하여 상대적인 부족을 타파하는 것이 목적이라면, 적정성은 학생이 일정 수준의 교육목표에 도달하는 데 필요로 하는 것에 대한 재정 지출을 통해 개인 수준의 절대적인 부족을 타파하는 것이 목적이라는 점에서 차이가 있다(Reich, 2006; Satz, 2007). 선행연구에서 제시한 적정성 개념의 주요한 차원과 쟁점을 체계적으로 살펴보면 [그림 11-3]과 같이 목적 차원, 원리 차원, 그리고 자원 차원으로 정리할 수 있다.

첫째, 목적(purpose) 차원은 교육을 통해 무엇을 달성하고자 하는가, 무엇을 위한 적정성인가(adequacy for what)와 관련이 있다. 목적의 설정은 앞서 [그림 11-1]에서 방법 원리로서 교육의 기회 균등이 궁극적으로 보장하고자 하는 교육권이 과연 무엇인가를 밝

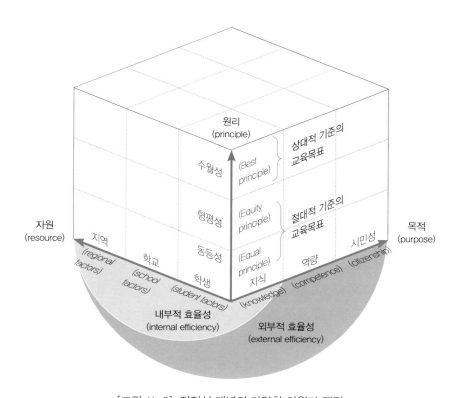

[그림 11-3] 적정성 개념의 다양한 차원과 쟁점

출처: 정설미, 이호준(2023).

히는 것과 일맥상통한다. 통상 적정성은 모든 학생이 '일정한 교육기준에 도달'하는 것을 보장하는 것이지만, 때로 일정한 교육기준은 '정해진 최소한의 학업성취 수준'에 제한된 경우도 있다(Satz, 2007). 이에 와이즈(Wise, 1976)는 최소한의 교육에 기반한 적정성 담론은 교육이 최소한의 학업성취와 프로그램에 몰두하게 함으로써 스스로 이상을 낮춘다고 비판하기도 했다. 이후 학자들은 기존의 논의를 더욱 발전시켜서 교육의 목적이 개인의 성장, 노동시장에서의 성공을 위한 역량뿐만 아니라 민주주의 사회의 구성원으로서 시민성을 함양할 수 있도록 나아가야 함을 역설하고 있다(Satz, 2007; Shields et al., 2017). 우리나라는 「교육기본법」 제2조에서 "교육은 홍익인간의 이념 아래 모든 국민으로 하여금 ① 인격을 도야하고, ② 자주적 생활능력과, ③ 민주시민으로서 필요한 자질을 갖추게 함으로써 인간다운 삶을 영위하게 하고 민주국가의 발전과 인류공영의 이상을 실현하는 데에 이바지하게 함을 목적으로 한다."라는 점을 분명히 하고 있다. 이는 지식, 역량, 인격 등에서의 전인적 성장을 추구하는 것으로, 앞서 학자들이 강조하는 개인의 성장, 역량, 시민성과 크게 다르지 않음을 알 수 있다.

　둘째, 원리(principle) 차원은 교육목표별 성취 수준을 얼마나 다양하게 설정할 것인가 또는 학생의 요구를 얼마나 반영할 것인가와 관련이 있다. 기본적으로 교육결과의 실질적인 보장에 초점을 둔 적정성의 관점에서 자원은 '성취도'를 고려하여 배분되므로 이를 어떻게 설정하는가는 중요한 쟁점이 된다. 원리 차원은 모든 학생에게 목표 성취 수준이 동일하게 적용되는 절대적 기준(absolute standards)의 경우와 다양한 교육적 요구를 가진 학생 또는 서로 다른 교육적 맥락을 가진 학생을 고려하는 상대적 기준(relative standards)의 경우로 대별할 수 있다(Baker, 2005). 절대적 기준의 성취 수준을 적용하는 경우 동등성의 원리와 형평성의 원리가 중요하다. 우선, 동등성의 원리는 각 집단이 절대적 교육목표에 가까워질 수 있도록 하는 가운데 동일한 성취 향상도를 얻을 수 있도록 보장하는 것을 의미한다. 예컨대, 비용의 증가분을 산출할 때 모든 집단을 동등하게 대우하며, 모든 집단이 동일한 성취 향상도를 얻는 데 필요한 비용의 증가분을 산출하는 방식을 적용할 수 있다(Carnoy, 1983). 다음으로 형평성의 원리는 더 적극적으로 절대적 성취 수준 달성을 보장하고 성취 격차를 해소하기 위한 것으로, 보상적인 지원 방식을 택한다. 예컨대, 비용의 증가분을 산출할 때 집단의 특성에 따른 필요의 차이를 고려하며, 각 집단이 절대적 성취 수준에 도달하기까지 필요한 비용의 증가분을 산출하는 방식에 관심을 둔다(Carnoy, 1983). 이는 일정 수준 이상의 성취 수준에 도달하기 위한 자원의 배분에서 동일한 여건에 처한 사람과 그렇지 않은 사람에 대한 '가중치'를 고려한다는 점에서 전통적인 형평성 개념과도 맞닿아 있다. 이에 오든(Odden, 2003)은 적정성의 실현이 자연스럽게 형평성 제고로 이어질 수 있다고 언급하기도 했다.

더 나아가 각 개인이 성취할 수 있는 가장 높은 수준에 도달 혹은 성공적인 교육결과의 성취를 추구한다면 학생별 요구와 특성을 고려한 상대적 기준을 설정할 수 있다. 즉, 적정성의 관점에서는 목표하는 학업성취도 점수의 임계점이 학생마다 다르게 설정될 수 있으며, 아울러 교육목표 자체와 그에 대한 성취 수준이 다양화될 수 있다. 예컨대, 공동체적 관점에서 사츠(Satz, 2007)는 적정성이 학업성취도가 아니라 학생별로 재능과 흥미가 나타나는 분야에서 달성할 수 있는 최고 수준을 교육목표로 설정해야 함을 역설하기도 했다. 이는 적정성이 형평성뿐만 아니라 수월성의 원리를 포괄할 수 있음을 시사한다. 지금까지 우리나라에서 수월성은 주로 신자유주의적 맥락에서 접근되었으므로 소수 학생의 우수한 학업성취와 같은 엘리트주의의 의미가 강했지만, 이를 누구나 가지고 있는 다양한 내적 소질을 최대한 발현시킨다는 '탁월성'의 의미로 재해석한다면 교과 성적 기준의 서열화 교육에서 탈피하여 형평성과 수월성의 공존을 기대해 볼 수 있다(김지혜 외, 2022). 그리고 이때 적정성은 누구나 자신에게 가장 적합한 최선의 교육을 받아 개인 능력의 최고 수준으로 성장할 수 있도록 하는 '수월성의 원리(best principle)'를 추구한다는 점(Wise, 1983)에서 형평성과 수월성(탁월성)의 양립 가능성을 열어 주는 개념이 될 수 있다. 물론 학생별로 서로 다른 교육적 요구와 교육적 맥락을 고려하여 상대적 교육목표와 성취 수준을 설정하는 것은 적정 교육을 위한 비용 산출에 하나의 기준을 적용하기 어렵게 한다는 단점이 있지만(Baker, 2005), 진정한 의미의 적정성 실현을 위해 반드시 고려해 보아야 할 지점이다.

셋째, 자원(resource) 차원은 설정한 교육목표와 성취 수준을 달성하기 위해 얼마만큼의 자원이 충분한지 그리고 어떻게 충분한 자원을 배분할 것인가와 관련이 있다. 적정교육비를 산출하는 방법은 전문가 판단 모형, 성공 교육청 모형, 비용함수 모형, 증거기반 모형, 그리고 오든-피커스 적정성 지수(Odden-Picus Adequacy Index: OPAI) 등으로 다양하다(최준렬, 2013). 적정성은 타고난 재능의 차이와 환경적 여건의 차이로 인해 개개인이 일정 수준 이상의 교육목표에 도달하는 데 필요한 자원도 서로 다름을 고려한다. 따라서 적정교육비 산출 과정에서 개인·학교·지역 차원에서 더 필요한 혹은 덜 필요한 자원을 식별하여 지원할 필요가 있다. 개인 차원에서는 학생의 모국어, 이민 여부, 장애, 빈곤, 이전 성취도 등을, 학교 차원에서는 학교·학급 규모에 따른 규모의 경제나 학교급, 학생 1인당 교사 비율, 학급당 학생 수, 교원 전문성 등을, 그리고 지역 차원에서는 학군이나 지역 발달 수준에 따른 교육 자원 구입 비용 등을 고려할 수 있다(Baker, 2005; Baker & Levin, 2014).

그런데 적정성이 강조됨에 따라 정부는 더 많은 교사를 고용하고, 더 많은 자료와 장비를 구입하는 등의 노력을 기하므로 자연스럽게 교육비 지출은 증가한다. 물론 교육목적의 달성을 위해서는 충분한 자원이 투입되어야 하지만 더 많은 재정 지출이 반드시 더 높은 효과를 가져오는 것은 아니므로 결국 적정성 논의에서 투입 대비 산출이라는 효율성의 문제를 배제할 수 없다(Goertz, 1999; King et al., 2005). 이에 카노이(Carnoy, 1983)는 적정성을 위한 교육재정의 운용에서 '단위비용으로 얻게 되는 성과'로서 효율성도 함께 고려할 필요가 있음을 피력하며, 이를 교육의 목적에 따라 내부적 효율성과 외부적 효율성으로 구분했다. 내부적 효율성(internal efficiency)은 효율적인 자원 관리를 통해 같은 비용으로 더 높은 학업성취도를 달성할 수 있도록 하는 것을 의미하며, 과대 할당된 학교에서 과소 할당된 학교로의 자원 이전, 학교 조직의 재구조화, 교육과정의 질 제고 등의 방식을 적용하므로 추가적인 재정 비용이 발생하지 않을 수 있다. 외부적 효율성(external efficiency)은 학업성취도 외에 노동시장과 시민사회에서 요구되는 역량을 갖추는 데 소요되는 비용을 최적화하는 것을 의미하며, 특히 노동시장과 관련해서는 다른 영역에 대한 투자수익률과 교육투자수익률의 비교를 통해 교육투자 비용 증액 여부를 결정해야 한다고 보고 있다.

이상과 같이 적정성은 아직 여러 쟁점이 존재하므로 개념의 정교화와 구체적인 실현 방안 모색이라는 과제가 남아 있는 주제이다. 하지만 적정성 개념에 비추어 균등한 교육기회의 의미를 확장시키는 과정은 나름의 실익이 있다. 전통적으로 교육평등 및 형평성은 다른 교육청, 학교, 학생과 비교했을 때 얼마나 더 혹은 덜 혜택을 받거나 교육 결과를 성취하는가 하는 상대적인 차이에 초점을 두는 비교의 관점이었다. 그러나 적정성은 한 학생이 절대적으로 충분한 교육을 받고 있는가에 초점을 두는 비-비교(non-comparative)의 관점으로(Satz, 2007), 공교육에서 실질적으로 균등한 교육기회를 실현하는 데 중요한 통찰을 제공한다. 특히 교육의 평등 및 형평성과 수월성 및 다양성 사이의 긴장과 갈등 속에서 균등한 교육기회 보장 방안을 모색하고 있는 오늘날 우리 교육의 현실에 유의미한 시사점을 제시할 수 있다.

이상의 내용을 정리해서 적정성에 기반한 균등한 교육기회의 의미를 도식화하면 다음의 [그림 11-4]와 같다. 수평적 형평성은 태생적으로 가진 생득적 능력이 동일한 학습자를 동일하게 대우하며(B 학습자와 C 학습자의 관계), 수직적 형평성은 생득적 능력이나 환경적 여건에서 차이가 있는 학습자를 고려하여 정책적 개입 과정에서 서로 다르게 대우한다(A 학습자와 B 학습자의 관계). 다만 이때는 동일한 대상을 같게 처우하거나 다른 대상을 다르게 처우하여 교육기회의 균등함을 기하는 데 초점을 두므로 교육을 통해 도달하고자 하는 목적이나 목표에 관한 관심은 상대적으로 소홀했다.

반면 적정성은 기존의 수평적·수직적 형평성에 학습자가 도달하고자 하는 교육목표나 성취 수준에 대한 지향성을 중시하며, 목표에 도달하는 데 고려되어야 할 개인의 특성과 여건의 차이에 주목한다는 점에서 차이가 있다. 먼저 교육의 목적(purpose) 차원에서 적정성은 각 개인이 도달해야 할 교육 목적 및 목표를 제시한다. 좁은 범위에서는 학업성취도 점수일 수 있고, 더 넓은 범위에서는 예술, 과학 및 기술 등의 분야와 관련한 다양한 역량이나 민주시민에게 요구되는 시민성 등이 될 수 있다. 이때 적정성의 관점은 학습자마다 태생적으로 갖게 된 생득적 능력이 다르고 개개인이 처한 환경적 여건도 다

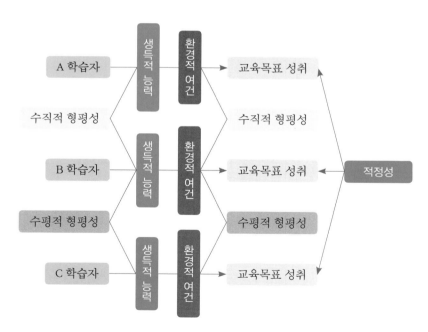

[그림 11-4] 적정성에 기반한 균등한 교육기회의 개념도

출처: 정설미, 이호준(2023).

를 수 있지만, 이런 상황과 여건의 차이로 인해 교육목표를 달성할 가능성이 저해되지 않도록 충분한 처우가 이루어져야 한다는 점을 강조한다. 따라서 A 학습자, B 학습자, C 학습자 모두가 자신의 교육목표를 달성할 수 있도록 충분한 지원이 요구된다.

아울러 원리(principle)의 차원에서 적정성은 절대적 기준의 적용을 통해 모든 학생이 도달해야 할 공통된 성취 수준을 제시할 수 있으며, 더 나아가 상대적 기준의 적용을 통해 개별 학생의 적성과 재능을 고려하여 각 학생이 도달해야 할 다양한 성취 수준을 제시할 수 있다. 이때 적정성은 형평성의 관점에서 균등한 교육기회를 바라보았을 때는 고려하기 어려웠던 수월성의 요소를 반영한 논의를 가능하게 한다는 점에서 의의가 있다. 사츠(Satz, 2007)의 견해와 같이, 현실에서는 학생의 사회경제적 배경, 사교육과 같은 요인이 교육결과에 영향을 미치기 때문에 교육목표에 학업성취도 점수나 명문대 진학과 같은 하나의 창구를 고집하여 학생들을 줄 세운다면 교육결과의 평등이라는 적정성을 실현하는 것은 사실상 불가능하다. 따라서 진정한 의미의 적정성 실현을 위해서는 학생 개개인의 재능, 관심, 진로에 따라 서로 다른 교육목표 및 성취 수준을 인정하고 이를 달성하기에 충분한 지원을 제공하려는 노력이 요구된다.

마지막으로 자원(resource)의 차원에서 적정성은 각 학습자나 학교가 처한 상황과 여건을 고려하여 교육목표 및 성취 수준에 도달하는 데 소요되는 자원을 충분하게 확보, 배분, 집행, 평가하는 것을 강조한다. 이는 교육 공급자의 관점에서 교수·학습 활동을 정상적으로 '운영'하는 데 드는 비용을 산출하는 방식에서 나아가 교육 수요자의 관점에서 다양한 학습자가 학교 교육을 통해 일정한 성취 수준에 '도달'하는 데 충분한 비용을 산출하는 방식으로 관점의 확장이 필요함을 시사한다. 다만 충분한 자원이 전제되지 않은 적정성은 교육목표의 하향평준화나 또 다른 불평등을 초래할 수 있다는 점에서 (Brighouse, 2002; Brighouse & Swift, 2009) 충분한 자원의 확보 및 배분은 형평성과 적정성을 모두 고려한 균등한 교육기회 실현에 있어 핵심 요건이라고 할 수 있다.

'적정성에 기반한 균등한 교육기회'를 간결하게 정의한다면? 적정성에 기반한 균등한 교육기회란 "교육의 기회·과정·결과 측면에서 개인의 생득적 능력과 환경적 여건의 차이를 고려하여 학습자가 도달해야 하는 교육목표를 성취하고 전인적 성장을 이루는 데 충분한 처우가 이루어진 상태"라고 정의할 수 있다.

3. 적정성의 관점에서 지방교육재정교부금 제도를 둘러싼 쟁점은 무엇인가

지금까지 적정성의 관점에서 균등한 교육기회의 의미를 살펴보았다. 여기서는 균등한 교육기회의 보장과 관련해서 가장 대표적인 교육제도 중 하나인 지방교육재정교부금 제도를 살펴보며, 적정성의 관점에서 교육재정의 현황과 실태를 바라보았을 때 어떠한 쟁점이 존재하는지를 논의한다. 이를 통해 지방교육재정교부금 제도를 중심으로 교육재정의 실제를 이해하고, 적정성의 관점에서 향후 교육재정 정책이 지향해야 할 변화의 방향성을 탐구한다.

일반적으로 교육재정은 "국가 · 사회의 공익사업인 교육활동을 지원하기 위하여 국가나 공공단체가 필요한 재원을 확보 · 배분 · 지출 · 평가하는 일련의 경제활동"을 의미한다(윤정일 외, 2015, p. 46). 확보, 배분, 지출, 평가 모두 중요하지만,[4] 교육활동 및 교육기관 운영에 필요한 비용을 '확보'하고 교육청과 학교의 여건과 상황을 고려해서 확보한 재원을 적절히 '배분'하는 과정은 학교나 교육기관이 지출할 교육비 규모를 결정한다는 점에서 무엇보다 중요하다. 지방교육재정교부금 제도는 교육재정의 확보 및 배분에 관한 구체적 내용을 규정한 제도라는 점에서 교육재정의 적정성을 논의하는 데 있어 중요한 분석 대상이라고 볼 수 있다.

1972년에 시행된 「지방교육재정교부금법」은 균등한 교육기회를 보장하는 중요한 법적 기제이다. 해당 법령의 제1조는 교부금 제도의 목적을 "지방자치단체가 교육기관 및 교육행정기관을 설치 · 경영하는 데 필요한 재원의 전부 또는 일부를 국가가 교부하여 교육의 균형 있는 발전을 도모"하는 데 있다고 규정하고 있다. 이를 통해 지방교육재정

---

[4] 지방교육재정교부금 제도와 관련해서 다양한 영역에 대해 논의가 가능하다. 예컨대, ① 재원확보제도는 지방교육재정교부금, 지방자치단체 일반회계전입금, 유아교육지원특별회계전입금, 지방채, ② 재원배분제도는 보통교부금, 특별교부금, ③ 재원지출제도는 각종 기금, 학교회계, 교육비특별회계, ④ 재정평가제도는 재정운용평가, 재정분석 · 진단, 재정정보공시, 재정투자심사, 주민참여예산, 재정감사, 사업심사 등이 있다. 여기서는 재원확보제도의 지방교육재정교부금과 재원배분제도의 보통교부금에 한정하여 살펴본다. 지방교육재정교부금 제도에 관한 세부적 내용에 관한 학습은 이선호 외(2023)의 『2022 교육재정백서』를 참고하기를 바란다.

교부금 제도가 우리나라 교육의 균형 있는 발전을 도모함으로써 궁극적으로 균등한 교육기회를 보장하는 제도적 장치라고 볼 수 있다.

　교육재정 확보와 관련해서 지방교육재정교부금의 재원은 내국세 교부금, 교육세 교부금, 증액교부금 등 크게 세 가지로 나뉜다(이선호 외, 2023, p. 8). 첫째, 내국세 교부금은 목적세 및 종합부동산세, 담배에 부과하는 개별소비세 총액의 45%, 다른 법률에 따라 특별회계의 재원으로 사용되는 세목의 해당 금액 등을 제외한 해당 연도 내국세 총액의 20.79%에 해당하는 금액을 재원으로 한다. 둘째, 교육세 교부금은 해당 연도 「교육세법」에 따른 교육세 세입액 중 유아교육을 지원하기 위해 마련한 유아교육지원특별회계와 고등·평생교육을 지원하기 위한 고등평생교육지원특별회계로 보내는 금액을 제외한 나머지 금액을 재원으로 한다. 셋째, 증액교부금은 「지방교육재정교부금법」 제3조 제4항에 근거하여 국가가 부득이한 교육재정 수요가 있을 경우 증액하여 교부하는 재원이다. 현재 「지방교육재정교부금법」 제14조에 근거하여 2020년부터 2024년말까지 고등학교 등의 무상교육 경비에 필요한 교육비 중 47.5%에 해당하는 비용을 증액교부금으로 교부한다. 이상의 내용을 통해 지방교육재정교부금의 규모가 ① 국세에서 관세를 제외한 내국세, ② 「교육세법」에 따라 과세되는 교육세,[5] ③ 국고보조금[6]을 통해 국가가 증액 교부하는 증액교부금에 따라 달라짐을 알 수 있다.

　교육재정 배분과 관련해서 지방교육재정교부금은 일반적으로 보통교부금과 특별교부금을 통해 교육청으로 교부되는데, 여기서는 보통교부금을 중심으로 살펴본다.[7] 보통교부금은 기준재정수입액과 기준재정수요액의 차액으로 그 규모를 결정한다. 여기서 기준재정수요액은 「지방교육재정교부금법 시행령」과 「지방교육재정교부금법 시행규칙」

---

5) 현행 「교육세법」 제5조에 따르면, 교육세는 금융·보험업자의 수익금액의 0.5%, 개별소비세액의 30%(예외 규정 있음), 교통·에너지·환경세액의 15%, 주세액의 10%(예외 규정 있음) 등을 세액으로 한다. 이에 관한 자세한 내용은 「교육세법」이나 이선호 외(2023)의 『2022 교육재정백서』 제6장을 참고하기를 바란다.

6) 국고보조금은 「보조금 관리에 관한 법률」에서 명시하는 바와 같이 "국가 외의 자가 수행하는 사무 또는 사업에 대하여 국가가 이를 조성하거나 재정상의 원조를 하기 위하여 교부하는 보조금, 부담금, 그 밖에 상당한 반대급부를 받지 아니하고 교부하는 급부금"을 의미한다. 자세한 내용은 한국재정정보원 홈페이지의 'e나라도움 운영'- '국고보조금 소개'를 참고하기를 바란다(https://www.fis.kr/ko/major_biz/eNara_help_oper/government_subsidies).

7) 특별교부금에 관한 구체적인 내용을 학습하기를 희망할 경우 이선호 외(2023)의 『2022 교육재정백서』 제4장을 참고하기를 바란다.

표 11-1　기준재정수요액 측정항목 및 측정단위

측정항목		측정단위
1. 교직원인건비		교원 수, 교육전문직원 수 등
2. 학교운영비	가. 학교경비	학교 수
	나. 학급경비	학급 수
	다. 학생경비	학생 수
	마. 교과교실 운영비	학교 수, 증설 교과교실 수 등
3. 교육행정비	가. 기관 운영비	학교 수, 학생 수 및 기준 교직원 수
	나. 지방선거 경비	지방선거경비
4. 교육복지 지원비	가. 지역 간 균형교육비	학교 수, 소재 행정구역 면적, 도서 · 벽지 소재 학교의 학생 수
	나. 계층 간 균형교육비	학생 수, 수급자 수, 한부모가족 보호 대상 학생 수, 차상위계층 학생 수 등
5. 교육기관 등 시설비	가. 학교 교육환경 개선비	건축 연면적
	나. 공립학교 신설 · 이전 · 증설비	토지면적, 건축 연면적, 증설 교실 수
	다. 공립 통합 · 운영 학교 신설 · 이전비	토지면적, 건축 연면적
	라. 공립 유치원 신설 · 증설비	토지면적, 건축 연면적, 공유재산 전환형 건축 연면적, 증설 교실 수 등
	마. 학교 통폐합 신설 · 이전 · 개축 · 증설 · 대수선비	토지면적, 건축 연면적
	사. 사립학교 이전 · 증설비	건축 연면적, 증설 교실 수
	자. 청사 신설 · 이전비	토지면적, 건축 연면적
6. 유아교육비	가. 유아교육비 · 보육료 지원	유아 수
	나. 유치원 교원 인건비 보조	교원 수
	다. 유치원 교육 역량 지원비	유치원 수 및 원아 수
7. 방과후학교 사업비	가. 방과후학교 사업지원	학급 수
	나. 자유수강권 지원	수급자 수
	다. 초등 돌봄 지원	학급 수, 교실 수
8. 고교무상교육 지원	가. 입학금 · 수업료	학생 수
	나. 학교운영지원비	학생 수
	다. 교과용 도서 구입비	학생 수

9. 재정결함 보전	가. 지방채 상환	원리금 상환액
	나. 민자사업 지급금	임대형 민자사업 임대료
	다. 재정안정화 지원	지원액

출처: 「지방교육재정교부금법 시행규칙」의 [별표 2] 내용을 재구성함.

에 명시된 기준재정수요액의 측정항목, 측정단위 및 산정기준의 공식에 따라 산정한다. 학교 수, 학생 수, 학급 수와 같은 측정단위(〈표 11-1〉 참조)에 「지방교육재정교부금법 시행규칙」에서 제공하는 단위비용(〈표 11-2〉 참조)을 적용해서 시·도교육청의 기준재정수요액 규모를 추산한다.

한편, 보통교부금의 기준재정수입액은 교육·학예에 관한 지방자치단체 교육비특별회계의 수입예상액이다. 「지방교육재정교부금법 시행령」 제5조에 따르면, 기준재정수입액의 산정 항목은 크게 ① 전전년도 지방세 세입결산액에 최근 3년간의 평균증감률을 적용하여 산출한 지방세 수입, ② 지방세를 재원으로 하여 지방교육재정교부금 보전에 충당하는 금액, ③ 학교용지부담금, 고교무상교육 증액교부금, 고교무상교육 전입금, 자체수입과 같은 지방세 외의 수입예상액 등 크게 세 가지로 구분한다.

기준재정수요의 산정과 관련해서 주요 특징을 정리하면 다음과 같다. 첫째, 〈표 11-1〉에서 볼 수 있듯이 교육재정 배분 과정에서 인건비, 운영비, 행정비, 시설비, 사업비, 지원비 등 다양한 지출 수요를 고려한다. 기준재정수요액의 측정항목은 교직원인건비, 학교운영비, 교육행정비, 교육복지 지원비, 교육기관 등 시설비, 유아교육비, 방과후학교 사업비, 고교무상교육지원, 재정결함보전 등이다. 또한 각각의 측정항목별로 서로 다른 측정단위를 활용하는데, 학교운영비는 학교 수, 학급 수, 학생 수를, 교육기관 등 시설비는 건축 연면적, 토지면적, 증설 교실 수를, 방과후학교사업비의 경우 학급 수, 수급자 수를 각각 측정단위로 활용한다. 이렇듯 기준재정수요는 인건비, 학교운영비, 교육행정비 등과 같은 경상적 경비의 성격을 가지는 측정항목과 방과후학교사업비, 고교무상교육지원 등과 같은 정책사업비 성격을 가지는 측정항목 등을 고려하여 추산한다는 점에서 특징적이다.

둘째, 기준재정수요의 학교운영비 산정 과정에서 반영하는 단위비용은 학교급이나 학교 규모의 차이에 따라 다른 값을 가진다. 같은 학교급일지라도 학교 규모가 클 경우 단위비용이 더 크다. 예컨대, 〈표 11-2〉에 나타난 바와 같이 초등학교 30학급의 학교경비 단위비용은 6억 5,092만 원으로, 초등학교 6학급의 단위비용인 3억 8,757만 원보다 많

표 11-2	주요 학교급별 기준재정수요액 단위비용						(단위: 천 원)
구분	유치원		초등학교	중학교	일반 고등학교	특성화고 및 산업수요맞춤고	특수 학교
	단설	병설	본교	본교			
3학급	162,093	53,816	342,859	448,381	448,430	728,703	542,002
5학급	177,453	65,583	–	–	–	–	–
6학급	185,636	74,171	387,573	490,410	496,698	846,745	584,000
7학급	193,131	–	–	–	–	–	–
8학급	202,755	–	–	–	–	–	–
12학급	242,475	–	449,883	558,283	594,497	1,316,433	671,877
18학급	–	–	510,976	642,296	662,901	1,804,109	758,741
24학급	–	–	567,322	688,030	719,098	1,939,273	817,111
30학급	–	–	650,924	739,410	767,497	2,441,934	864,050
36학급	–	–	703,149	799,520	856,790	2,740,815	901,286
42학급	–	–	752,377	876,211	925,797	3,127,713	936,472
48학급	–	–	802,478	921,766	970,767	3,239,796	980,633
54학급	–	–	843,517	956,649	1,008,000	3,589,394	1,017,838
60학급	–	–	898,950	–	–	–	–

출처: 「지방교육재정교부금법 시행규칙」의 [별표 2] 내용을 재구성함.

았다. 또한 같은 학교 규모일지라도 학교급에 따라 단위비용이 달랐다. 예컨대, 동일한 6학급 규모에서 초등학교의 학교경비 단위비용은 3억 8,757만 원이었는데, 중학교의 경우 단위비용이 4억 9,041만 원, 고등학교의 경우 4억 9,669만 원, 특성화고의 경우 8억 4,674만 원으로 모두 달랐다. 이렇듯 현행 보통교부금의 기준재정수요가 학교급과 학교 규모의 차이를 고려해서 단위비용을 달리 산정한다는 점도 주목할 필요가 있다.

셋째, 현행 보통교부금은 수평적 형평성(horizontal equity)과 수직적 형평성(vertical equity)[8]을 보장하기 위한 제도적 장치가 존재한다. 우선, 경상적 성격을 가지는 인건비,

---

8) 수평적 형평성은 일반적으로 '같은 대상을 동일하게 처우'를, 수직적 형평성은 '다른 대상을 다르게 처우'를 의미한다. 즉, 교육재정을 배분함에 있어서 수평적 형평성은 동일한 대상에게 동일한 교육비를 지원하는 데 관심을 두는 반면, 수직적 형평성은 대상들 사이에서 존재하는 다름을 인정하고 다른 정도를 고려하여 교육비를 차등적으로 지원하는 데 초점을 둔다는 점에서 차이가 있다. 이와 관련해서는 윤홍주(2003,

학교운영비, 교육행정비 등의 경우 시·도교육청의 상황과 여건에 관계없이 동일한 측정단위와 단위비용을 적용한다는 점은 동일한 대상을 동일하게 처우하는 수평적 형평성을 반영한 결과라고 볼 수 있다. 반면, '교육복지 지원비'의 '계층 간 균형교육비' 항목은 교육청의 교육급여 수급자 수, 한부모가족 보호대상 학생 수, 차상위계층 학생 수, 다문화가정 및 북한이탈주민가정 학생 수를 고려해서 추가적으로 필요한 교육비를 가산하여 지원한다. 해당 항목은 교육복지 대상 학생 수가 많은 지역에 더 많은 교육비를 배분하는 장치라는 점에서 다른 대상을 다르게 처우하는 수직적 형평성이 반영된 부분이다.

앞의 소절에서 살펴본 적정성에 기반한 균등한 교육기회 측면에서 현행 지방교육재정교부금 제도를 살펴볼 때 다음과 같은 논의가 가능하다. 첫째, 적정성의 목적 측면에서 교육목표를 달성하는 데 충분한 교육비의 규모가 얼마인지를 분석하고 이를 확보하기 위한 노력이 필요하다. 현재 교육재정 확보는 내국세와 교육세 규모에 의해 결정된다. 그렇기에 확보한 교육비가 「교육기본법」에 명시된 교육목적을 달성하는 데 충분한 규모인지 명확하지 않다. 이런 이유에서 교육결과와 관련지어 적정성을 검토하는 것은 교육재정 확보의 충분성을 가늠하게 한다는 점에서 나름의 실익이 있다. 이와 함께 교육청이나 학교가 교육목표를 달성하는 데 필요한 교육비의 규모를 고려해서 배분하려는 노력도 요구된다. 배분 과정에서 적정성 실현에 필요한 단위비용을 적확하게 산출하는 접근 방식을 개발할 필요가 있다. 현재 기준재정수요액 산정 과정에서 활용하는 단위비용은 표준교육비에 근거하여 산출된 단가이다. 표준교육비[9]는 교육목적 달성에 요구되는 교육조건이 확보된 상태를 전제하고 교육활동 수행에 직간접적으로 소요되는 필수 운영비를 산출한다는 점에서 의의가 있다. 그렇지만 현재 표준교육비 산출 방식은 적정성 측면에서 교육청과 학교의 교육목표를 달성하는 데 필요한 비용을 고려하기 어렵다. 교육과정 및 학교 운영에 소요되는 교육비는 표준교육비에 근거하여 교부하더라도, 교육청의 적정교육비 규모를 산출하고 보통교부금의 기준재정수요를 산정하는 과정에서 적정교

2004)와 정동욱 외(2011)의 연구를 참고하기를 바란다.

9) 표준교육비는 '일정 규모의 단위학교가 교육과정상의 교육목적 달성을 위해 필수적으로 요구되는 인적·물적 조건, 즉 표준교육조건을 확보한 상태에서 정상적인 교육활동 수행에 직간접적으로 소요되는 필수적 기준운영비'를 의미한다(김용남 외, 2021). 이에 관한 자세한 내용은 김용남 외(2021)의 『2020년 유·초·중·고 특수학교 표준교육비 산출 연구』를 참고하기를 바란다.

육비를 반영하기 위한 제도적 방안을 검토해 볼 필요가 있다.

둘째, 적정성의 자원 측면에서 학교의 상황과 여건 차이로 인해 학교마다 교육목표를 달성하는 데 필요한 교육비가 다를 수 있음을 고려할 필요가 있다. 현재 측정항목 중 학교운영비는 학교경비, 학급경비, 학생경비, 교과교실 운영비, 추가운영비 등으로 구성된다. 이 중 학교경비, 학급경비, 학생경비 등은 〈표 11-2〉에 제시된 단위비용에 따라 그 값이 결정되는데, 학교급이나 학급 규모가 동일한 학교들은 모두 같은 단가를 적용받는다. 그렇지만 현실에서 학교의 실제 상황은 학생 및 학교 특성이나 지역 특성에 따라서 상당한 차이를 보인다. 다문화학생이 많은 학교는 한국어교실을 운영하고, 특수교육대상 학생이 많은 일반학교는 더 많은 특수학급을 관리한다. 그렇기에 학생 및 학교 특성, 지역 특성 등은 적정한 수준의 교육비 규모를 산출하는 과정에서 반드시 고려되어야 할 부분이다. 학생특성과 관련해서 교육급여 수급자 수, 한부모가족 보호 대상 학생 수, 차상위계층 학생 수, 다문화가정 및 북한이탈주민가정 학생 수 등에 더해 기초학력미달학생 수, 특수교육 대상 학생 수 등과 같은 학생 특성을 고려해서 교육과정 운영에 필요한 비용을 가산할 수 있다. 또한 학교 및 학급 규모, 기간제 교원 비율 등과 같은 학교 특성이나 학교 소재 지역(시읍면, 특수지역 등), 지역의 사회적·경제적·문화적 인프라 등 지역 특성도 고려할 수 있다.

셋째, 적정성의 원리 영역을 고려해 볼 때 교육재정의 배분과 관련해서 동등성, 형평성, 수월성 간의 균형을 지향하는 접근이 요구된다. 그간 지방교육재정교부금 제도가 동등성과 형평성에 초점을 맞춰 왔다면 향후 수월성에 관한 더 큰 관심이 필요할 것으로 보인다. 향후 고교학점제가 본격화될 것으로 예상되는 바, 학생의 다양한 교육적 요구와 관심에 대응하고 수월성을 제고하기 위한 지방교육재정교부금 개편 방안에 대한 고려가 필요하다. 2025년부터 본격적으로 고교학점제가 시행된다면 고등학교에서 개설하며 운영하는 교과목이 더욱 다양해질 것으로 예상된다. 적정성에 기반한 균등한 교육기회를 보장하기 위해서는 학생의 다양한 관심과 흥미에 맞는 다양한 교과목 개설과 교육활동 제공이 필수적이다. 그리고 학생이 자신의 교육목표를 성취하는 데 필요한 충분한 재정적 지원이 이루어질 필요가 있다. 이에 지방교육재정교부금의 기준재정수요액을 산정하는 과정에서 고등학교에서 개설하는 교과의 특성과 차이를 고려한 측정항목을 추가하는 방안도 검토할 필요가 있다.

넷째, 적정성의 내부적 효율성을 고려해 볼 때 규모의 경제를 고려한 지방교육재정교부금 배분 방식을 검토할 필요가 있다. 교육목표를 달성하기 위해 충분한 자원을 투입하는 것이 중요하지만, 이와 함께 교육자원의 투입 대비 교육성과를 제고하기 위한 효율성에 관한 검토도 반드시 이루어질 필요가 있다. 무엇보다도 교육의 효과성을 극대화하는데 적합한 적정 수준의 학교 및 학급 규모에 관한 고려가 필요하다. 이와 관련해서 측정항목으로 교육청의 개입이 가능한 실제 학급 수나 실제 교육공무원 수를 적용하지 않고 표준학급 수나 표준 교육공무원 수를 적용할 수 있다(이선호 외, 2023). 예컨대, 표준학급 수는 교육성과를 극대화하는 데 적합한 적정 수준의 학급당 학생 수를 산출하고 현재 학생 수에 이를 적용해서 산출할 수 있다. 기준재정수요를 산정하는 과정에서 이렇게 산출한 표준학급 수를 적용함으로써 내부적 효율성을 반영하는 것이 가능하다. 교육적 효과를 고려하여 적정 학급 규모가 학급당 학생 수가 20명이라고 가정했을 때, 학생 수가 150명이고 학급 수가 6개인 학교는 효율성 제고 측면에서 8개 학급을 적정 규모의 표준학급 수로 볼 수 있다.

 생각해 봅시다

1. 한국 사회에서 균등한 교육기회를 보장하기 위해서는 적정성의 어떤 차원에서 가장 큰 변화가 요구된다고 생각하는가?

2. 적정성의 개념에 근거하여 현행 기준재정수요 항목(〈표 11-1〉 참조)을 개선할 경우 어떻게 수정 및 보완할 수 있을지 생각해 보자.

3. 교육재정의 적정 규모를 산출한다면 어떤 방식으로 산출할 수 있다고 생각하는가? 이 과정에서 반드시 고려해야 할 부분은 무엇이라고 생각하는지 이야기를 나누어 보자.

🌏 참고문헌

김광석, 주동범(2016). 헌법과 교육기본법에 나타난 교육권 분석. 한국자치행정학보, 30(4), 139-161.

김범주(2022). 헌법 제31조 제1항 '균등', 그리고 '능력에 따라'에 대한 재고(再考). 교육정치학연구, 29(3), 183-203.

김신일, 강대중(2022). 교육사회학 (제6판). 교육과학사.

김용남, 김효정, 김중환, 노선옥, 안재영, 우명숙, 윤홍주, 이호준, 최은영, 최상준(2021). 2020년 유·초·중·고 특수학교 표준교육비 산출 연구. 한국교육개발원.

김정래(2010). 헌법상 교육관련조항 분석. 경기연구원.

김지혜, 우선영, 김정아, 양희준, 이승호, 이상은(2022). 학습자 중심 관점에서 본 교육의 형평성과 수월성 연구: 고등학교를 중심으로. 한국교육개발원.

노기호(2022). 헌법 제31조 제1항 "능력에 따라 균등하게" 교육을 받을 권리에 대한 재해석. 법과 정책연구, 22(2), 3-32.

목광수(2020). 롤즈의 정의론과 교육: 민주주의적 평등을 중심으로. 윤리학, 9(1), 79-107.

신현직(1990). 교육기본권에 관한 연구. 박사학위논문 서울대학교.

윤정일, 송기창, 김병주, 나민주(2015). 신교육재정학. 학지사.

윤홍주(2003). 교육재정 적정성의 논의 및 공평성과의 관련성 탐색. 교육행정학연구, 21(3), 147-168.

윤홍주(2004). 우리나라 교육재정의 공평성 분석. 교육행정학연구, 22(2), 307-326.

이상명(2017). 균등한 교육을 받을 권리 측면에서 본 대학입시제도의 개선방안. 법과 정책연구, 17(2), 1-27.

이선호, 김민희, 김병주, 김용남, 김지연, 김효정, 남수경, 송기창, 오범호, 오병욱, 우명숙, 우인혜, 윤홍주, 이수진(2023). 2022 교육재정백서(기술보고 CTR 2023-24). 한국교육개발원.

이선호, 송기창, 윤홍주, 이영, 이현국, 이호준(2023). 지방교육재정교부금 운용 개선 방안 연구. 한국교육개발원.

이종재, 이차영, 김용, 송경오(2012). 한국교육행정론. 교육과학사.

정동욱, 이호준(2014). 보편적·선별적 교육복지 논쟁. 박주호 (편), 교육복지의 논의: 쟁점, 과제 및 전망 (pp. 34-63). 박영스토리.

정동욱, 홍지영, 지윤경, 이호준(2011). 시·도 교육청별 단위학교 간 교육자원 배분의 형평성 비교 분석. 교육행정학연구, 29(4), 275-295.

정설미, 이호준(2023). 균등한 교육기회 의미 재탐색과 정책적 함의 연구. 교육행정학연구, 41(4), 447-478.

정순원(2020). 미국 헌법상 최소한의 기초적인 교육에 관한 권리의 기본권성-Gary B 판결(2020년)을 중심으로. 미국헌법연구, 31(2), 93-135.

최준렬(2013). 교육재정 배분의 공평성, 적절성 개념과 측정방법의 적용 가능성 탐색. 교육재정경제연구, 22(4), 1-33.

Baker, B. D. (2005). The emerging shape of educational adequacy: From theoretical assumptions to empirical evidence. *Journal of Education Finance, 30*(3), 259-287.

Baker, B., & Levin, J. (2014). *Educational equity, adequacy, and equal opportunity in the commonwealth: An evaluation of Pennsylvania's school finance system.* American Institutes for Research.

Brighouse, H. (2002). *School choice and social justice.* Oxford University Press.

Brighouse, H., & Swift, A. (2006). Equality, priority, and positional goods. *Ethics, 116*(3), 471-497.

Carnoy, M. (1983). Educational adequacy: Alternative perspectives and their implications for educational finance. *Journal of Education Finance, 8*(3), 286-299.

Goertz, M. E. (1999). The finance of American public education: Challenges of equity, adequacy, and efficiency. In G. J. Cizek (Ed.), *Handbook of educational policy* (pp. 31-52). Academic.

Heise, M. (1995). State constitutions, school finance litigation, and the third wave: From equity to adequacy. *Temple Law Review, 68*, 1151.

King, R. A., Swanson, A. D., & Sweetland, S. R. (2005). Designing finance structures to satisfy equity and adequacy goals. *Education Policy Analysis Archives, 13*(15), 1-26.

Odden, A. (2003). Equity and adequacy in school finance today. *Phi Delta Kappan, 85*(2), 120-125.

Rawls, J. (1999). *A theory of justice* (Revised ed.). Harvard University Press.

Reich, R. (2006). Equality and adequacy in the state's provision of education: Mapping the conceptual landscape (Working Paper). Institute for Research on Education Policy & Practice at Stanford University.

Satz, D. (2007). Equality, adequacy, and education for citizenship. *Ethics, 117*(4), 623-648.

Shields, L., Newman, A., & Satz, D. (2017). Equality of educational opportunity. In E. N. Zalta & U. Nodelman (Eds.), *The stanford encyclopedia of philosophy.* Metaphysics Research Lab.

Wise, A. E. (1983). Educational adequacy: A concept in search of meaning. *Journal of Education Finance, 8*(3), 300-315.

급격한 사회적 변화에 따라 사회가 추구하는 인재상과 이를 양성하기 위한 교육의 목적과 내용, 방법도 빠르게 변화하고 있다. 정부와 지방자치단체 등 공공영역에서는 대개 '정책'을 주요한 수단으로 하여 이러한 교육의 목적과 내용, 방법의 변화를 추진하고 공공의 이익을 추구하고 있다. 이에 이 장은 공공정책의 일환으로서 '교육정책'에 대해 면밀히 살펴보고자 한다. 구체적으로 '의사결정이론'과 '정책변동(변화)이론' 등을 바탕으로 교육정책이 무엇이며, 왜 필요한지, 교육정책이 만들어지거나 변화하는 이유는 무엇인지 살펴본다. 또한 어떠한 방법에 의해 변화가 일어나고 그러한 변화를 일으키는 주체는 누구인지 등에 대해 이해하고 일상생활 속에서 발견되는 교육정책의 형성과 변화 사례를 살펴본다.

1. 교육정책의 개념을 이해할 수 있다.
2. 교육정책의 형성과 변화를 결정하는 방식과 주체를 설명할 수 있다.
3. 교육정책이 형성되고 변화하는 과정과 그 특징을 설명할 수 있다.

제 12 장

교육정책은 어떻게 전개되나

송효준

1. 교육정책은 무엇이고, 왜 필요한가

2. 교육정책은 누가, 어떻게 결정하는가

3. 교육정책은 왜, 언제, 어떻게 변화하는가

EDUCATIONAL ADMINISTRATION
EDUCATIONAL MANAGEMENT

1. 교육정책은 무엇이고, 왜 필요한가

1) 정책은 무엇인가

'정책'은 우리의 일상 속에서 흔하고도 다양하게 사용되는 용어이다. 국가와 지방자치단체 수준에서부터 학교, 회사, 공공기관 등 조직 수준 운영의 방향성이나 방침으로서의 정책이란 단어의 다양한 용례를 어렵지 않게 생각해 볼 수 있다. 그러나 정작 정책을 명확하게 정의하기에는 어려움이 있다. 다양한 용례만큼이나 다양한 정의가 존재하기 때문이다. 예컨대, 어떤 물품이나 서비스를 판매하는 회사에서 "우리 회사의 환불정책은 다음과 같습니다."라고 말할 때의 '정책'이라는 표현과 어떤 국가나 지역사회에서 "우리 사회의 복지정책은 다음과 같습니다."라고 말할 때의 '정책'이라는 표현은 같은 단어이지만 그 내포하고 있는 의미나 범위는 서로 다르다. 정책은 "정확하게 정의하기 어려운 직관적인 개념"이다(Smith & Larimer, 2013, p. 3). 그럼에도 불구하고 정책이라는 개념을 비교적 좁게 정의해 본다면 앤더슨(Anderson, 2005, p. 2)이 제안한 것처럼 "(사회적) 관심사나 문제를 다루기 위해 개별 혹은 일련의 행위자(actors)가 취하는 비교적 안정되고 목적이 있는 행동"이라고 보는 것이 대표적이다.

> 정책이 가지는 기본적 특성은 무엇일까? 정책은 기본적으로 다음과 같은 특성들을 내포하고 있다(Smith & Larimer, 2013). ① 정책은 임의적으로 발생하는 것이 아니라 사회적 문제에 대한 의도적이고 목적지향적인 대응의 과정이다. ② 정책은 일정 기간 동안 행해진 일련의 행동 유형으로 구성된다. ③ 정책은 의도적이고 목적지향적인 '행동을 하는 것'과 '행동을 하지 않는 것'을 포괄한다.

2) 정책의 필요성: 낙원에도 정책이 필요한가

정책은 왜 필요한 것일까? 이 질문에 답하기 위해서는 우선 사회에 정책이 필연적으로 존재할 수밖에 없는 상황을 고려할 필요가 있다. 이를 설명하기 위해 그린(Green,

1994)은 '낙원'의 비유를 제시한다. 동서고금을 막론하고 사람들이 오랫동안 꿈꿔 온 낙원(paradise)에 대한 이미지에는 공통적으로 모든 재화가 끊임없이 풍부하고 모든 사람의 모든 욕구가 충족될 수 있으므로 그 안에서는 다툼이나 경쟁이 있을 수 없다는 특징이 발견된다. 그에 비해 우리가 살고 있는 현실 세계는 재화가 유한하고 희소성을 지니고 있으며, 인간의 욕구 또한 완전히 충족될 수 없다. 실생활 속에서 자원, 정보, 시간 등 모든 것은 제약과 한계가 있는 데 비해 인간의 바람은 끝이 없으며, 심지어 누군가의 바람은 다른 누군가의 바람과 정확하게 대치되기도 하고 그 결과를 미처 예측할 수도 없다는 측면에서 불완전할 뿐만 아니라 다툼이나 경쟁의 소지가 있다. 현실 세계가 지닌 이러한 근원적인 불완전함과 이로 인해 발생하는 갈등이나 문제들을 관리하고 질서를 유지하기 위한 노력의 산물이 곧 정책이라고 볼 수 있는 것이다.

3) 정책은 공공정책뿐인가

국가 및 지방자치단체와 같은 공적 영역뿐만 아니라 개별 학교나 상점, 회사와 같이 개인이 생활하고 있는 개별 조직 혹은 사적 영역에서의 정책도 실제 우리의 삶에 직간접적으로 큰 영향을 미치므로 어느 것이 더 중요한지 논하는 것은 무의미하다. 공적인 영역과 사적인 영역 전반에 걸쳐 우리의 사회적 행동을 규제하는 여러 가지 규칙성이 존재한다는 것만은 분명한 사실이다. 하지만 학문의 영역으로서 체계화되거나 사회적 논의와 관심의 대상이 되는 영역은 상당 부분 '공적인 영역에서의 정책(공공정책)'에 해당한다. 또한 공적인 재원을 활용할 뿐만 아니라 그 영향력이 사회 전반에 비교적 광범위하고 공공의 이익을 고려한다는 점에서도 공공정책의 결정과 실행은 우리의 생활과 밀접한 관련이 있다. 공공정책을 가장 단순한 형태로 표현한다면 결국 어떤 문제를 해결하기 위해 "정부(지방자치단체)가 하거나 하지 않기로 결정한 것"이라고 볼 수 있다(Dye, 1987, p. 1). 공공정책은 그 정의도 다양하고 목적도 다양하지만, 희소한 자원과 이로 인한 갈등을 관리하고 공공의 이익을 최대화하기 위한 목적으로 정부나 지방자치단체가 '강제력을 가지고' 행사하는 것이다.

4) 어디부터 어디까지를 교육정책이라고 볼 수 있을 것인가

사회적 관심이나 문제로서의 '교육'에도 공공정책이 필요하다. 현대사회에서 전 세계적으로 (공)교육은 막대한 공적 자금과 자원, 노력이 투입되는 국가적 사업에 해당한다. 각 국가마다 교육의 범위와 내용, 그 실제적인 양상은 다양하지만 사회적으로 바람직하다고 여기는 인간상과 국가적 이념이 반영되고 있으며, 수많은 사회 구성원의 이해관계와 개인의 자아실현에 대한 열망 등이 혼재되어 있다는 점에서 서로 다른 관점과 관계의 충돌이 예상된다(Labaree, 2000). 공적 이익을 제고하기 위한 정책적 개입의 필요성이 제기되는 것이다. 그럼에도 불구하고 교육정책 또한 많은 사람이 직관적으로는 무엇인지 알고 있으나 그 정의와 범위를 규정하기는 어려운 개념이기도 하다. 예컨대, 대학입시제도의 경우 초·중등 교육과 고등교육을 연계하고 적절한 인재를 선발한다는 점에서 분명히 교육정책으로 바라볼 수 있다. 그러나 한편으로는 사회적으로 필요한 노동인력을 선별하고 그 결과로서 사회적·물리적 재화를 재분배하는 기제로 작용한다는 점에서 사회 전반에의 영향력을 미치는 공공정책으로 생각해 볼 수도 있을 것이다.

무엇이 교육정책에 해당하는가? 정의만큼이나 교육정책의 영역 또한 다양하다. 예컨대, 교육부의 누리집(웹페이지)에서 정하고 있는 교육부의 정책 영역은 '교육개혁, 유아교육, 초·중·고 교육, 대학(원)교육, 평생교육, 학교방역 및 학사운영 정보, 디지털교육전환, 글로컬대학, 유·보통합, 교원, 국외(유학)교육, 교육통계 및 정보화, 지방교육자치, 사회정책 등'을 포함하고 있다(2024년 2월 기준). 이 중 '사회정책'은 교육정책의 하위 정책 분야로 볼 수는 없지만 우리나라는 교육부장관이 사회부총리를 겸하고 있다는 점에서 교육정책과 사회정책 전반의 밀접한 관련성을 생각해 볼 수 있다. 또 다른 영역의 구분으로는 "교육활동의 부문별 영역에 따라 유아교육정책, 초등교육정책, 중등교육정책, 고등교육정책, 교원교육정책, 직업교육정책, 특수교육정책 등"으로 나누어 볼 수도 있다(정일환 외, 2021, p. 37).

5) 교육정책의 전개 과정을 탐구하는 데 중요한 것은 무엇인가

이러한 특징만으로 단순히 교육정책이 실체도, 범위도 불분명한 무언가라고 규정할 수는 없다. 우리가 무엇을 교육정책으로 바라볼 것인가에 관한 문제는 어떤 문제 혹은 어떤 현상이 학교로 대표되는 교육 현장에서 벌어지느냐 뿐만 아니라 그 원인이나 결과가 학교 울타리 안팎 어디에 있느냐를 함께 살펴볼 때 보다 온전하게 이해될 수 있기 때문이다. 공공정책으로서의 교육정책을 탐구함에 있어 중요한 질문은 어떤 정책이 교육정책에 해당하고, 어떤 정책은 교육정책이 아닌가를 구분 짓는 것이 아니다. 그보다는 어떤 현상이 왜 교육에 대한 문제로 규정되고, 누가 그러한 문제를 제기하며, 어떠한 교육적인 대안들이 어떤 과정을 통해서 채택되고 변화하는지 등의 일련의 과정을 이해하는 것이 중요하다.

2. 교육정책은 누가, 어떻게 결정하는가

1) 교육정책이 전개되는 과정에서 주목해야 할 것은 무엇인가

이 절에서는 교육정책이 전개되는 과정을 탐구하는 시작점으로 교육정책에 관한 의사결정이 어떻게 이루어지며, 누가 결정하는지에 대해 이해해 보고자 한다. 앞서 살펴본 앤더슨의 정의에 따르면, 정책은 '사회적 행위자(들)에 의해 어떠한 목적을 가지고 의도적으로 선택된 결과'로 볼 수 있다. 이는 결국 정책이라는 것이 '선택의 문제'와 밀접한 관련이 있음을 시사하며, 실제로 공공정책에 관한 여러 이론은 그 기초를 '의사결정이론 (decision-making theory)'에 뿌리 내리고 있기도 하다. 의사결정이론이란 "개인 또는 집단이 주어진 목표를 달성하거나 문제 해결을 위해 여러 대안 가운데 가장 바람직한 행동 방안이나 방책을 선택하는 과정"에 관한 이론으로(김성준, 2023, pp. 53-54), 무엇을 하거나 혹은 하지 않기로 결정하는 과정이 주요한 관심사로 다루어진다. 따라서 정책이 만들어지고 실행되는 모든 과정에서 주목해야 하는 것은 수없이 많은 사회현상 속에서 과연 무엇이 관심을 기울여 해결해야 할 만한 중요한 문제인지를 '선택'하고, 그 문제를 해결하기 위한 수없이 많은 방법 중에서 무엇을 어떻게 할지를 '선택'하는 것이라고 볼 수 있다.

2) 우리의 삶에서 일반적으로 선택은 어떻게 이루어지는가

일반적으로 무엇인가에 대한 의사결정을 하는 데 있어서 다양한 기준과 방법이 적용될 수 있다. 누군가는 직관이나 느낌에 기초하여 결정을 하는가 하면, 누군가는 제비뽑기와 같은 운에 의지하기도 하고, 또 다른 누군가는 정보를 수집하고 숙고함으로써 의사결정을 한다. 특히, 인간을 합리적인 선택을 하는 존재라고 가정할 때 여러 정보를 수집, 비교함으로써 그 중요성과 예상되는 결과를 판단하여 객관적·효율적 선택을 하는 것을 '합리적 의사결정(rational decision-making)'이라고 볼 수 있다. 점(占)이나 신탁(神託)과 같은 요소로 개인적·사회적 의사결정이 이루어지던 과거와 달리 현대사회에서 합리적 의사결정의 필요성과 중요성은 꾸준히 제기되고 있다. 특히, 공공정책과 같이 공공의 이익과 밀접한 관련이 있고 공적 재원이 투입되는 영역의 경우 근거가 뒷받침하는 합리적 의사결정의 중요성이 강조되고 있으며, (공적) 목적을 달성하기 위한 최선의 선택을 한다는 점에서 정책입안자는 '적어도' 합리적 선택을 하고 있다고 볼 수 있을 것이다.

합리적 의사결정으로서의 근거기반정책(evidence-based policy)은 무엇인가? 공공정책 수립에 있어서 합리성 및 효율성에 대한 요구는 정책 전개 과정에서 근거기반정책 수립의 중요성을 강조하고 있다. 근거기반정책은 일반적으로 과학적·합리적 근거에 따라 정책이 수립됨으로써 공공문제의 해결과 공공재원 활용에 대한 책무성을 요구하는 흐름이라고 볼 수 있다. 이와 같은 근거기반정책의 수립 및 추진을 위해 정부와 지방자치단체의 각종 현황 및 정책 수행의 결과에 대한 통계자료 작성이 적극적으로 이루어지고 있기도 하다. 교육 영역에서도 「유아교육법」 「초·중등교육법」 「고등교육법」 등의 관련 법령에 근거하여 "관계부처 및 유관기관 등에서 산출되는 각종 교육지표를 종합하여 교육현황을 모니터링하고, 미래 사회 변화에 대응한 교육정책 수립, 시행, 평가 등을 지원"하고 있는 것은 합리적 의사결정을 위한 주요한 기초자료를 제공하는 흐름을 보여 준다(교육부, 한국교육개발원, 2023, p. 17).

3) 완전히 합리적인 의사결정은 가능한가

사이먼(Simon, 1997)은 그의 저서 『행정행태론(Administrative Behavior)』에서 인간의 인

264   제12장 교육정책은 어떻게 전개되나

지적 · 환경적 제약에 따른 '제한된 합리성(bounded rationality)' 개념을 제시했다. 그에 따르면 누구도 상황에 대한 완전한 정보를 수집하거나 모든 대안의 장점과 단점에 대한 충분한 검토 결과에 기초하여 온전히 합리적인 의사결정을 할 수 없다. 인간의 인지적 제약과 시간, 정보, 자원의 한계로 인해 인간은 어떠한 경우에도 완전한 합리성에 도달할 수 없기 때문이다. 다만 주어진 여러 가지 단서나 직관, 또는 놓여 있는 제도적 · 환경적 맥락에 따라 '적절히 만족스러운' 선택이 이루어질 수밖에 없다. 이를 전통적인 '합리적 의사결정 모형(합리모형)'과 비교하여 '(적절히) 만족스러운 의사결정 모형(만족모형)'이라고 볼 수 있다. 물론 완전히 합리적인 의사결정이 아니라고 해서 곧 완전히 비합리적 의사결정을 의미한다고 할 수는 없다. 그보다는 주어진 상황 속에서 (최선의) 합리적 의사결정을 의미하는 것으로 이해하는 것이 더욱 적절하다. 이러한 설명은 기존의 정책 의사결정에 대한 우리의 이해에 전환을 요구한다. 공공정책에 대한 의사결정 또한 모든 문제에 대한 모든 대안을 비교, 검토하여 완전히 합리적인 의사결정이 이루어질 수 없는 것이다.

허버트 사이먼(Herbert A. Simon, 1916~2001)은 의사결정 모형에 관한 이론으로 노벨 경제학상을 수상한 미국의 경제학자이자 컴퓨터학자이기도 하다. 그는 행동경제학과 조직학에 큰 영향을 미쳤으며, 인공지능과 인지심리학의 기초를 마련하는 등 다방면에서 업적을 남겼다.

허버트 사이먼(1916~2001)
출처: 카네기멜론대학교

4) 제한된 합리성에 기초한 정책 의사결정은 어떤 방식으로 가능한가

'제한된 합리성' 개념은 공공정책 분야에서 '점증주의(incrementalism)'라고 알려진 정책 의사결정 모형과 밀접한 관련이 있다. 점증주의를 제안한 린드블롬(Lindblom, 1959)에 따르면 정책입안자들이 정책을 결정하는 것은 완벽한 정보에 기초하여 모든 대안을 검토한 후에 이루어지는 것이 아니다. 그보다는 기존 정책에 대한 작은 변화를 통해 점증적으로 변화해 나가는 "그럭저럭 헤쳐 나가는(muddling through)" 결정의 과정이라고 볼 수 있다. 지난 100여 년 간 미국 공교육 정책의 역사적 변화를 다룬 타이악과 큐번(Tyack & Cuban, 1995/2017)의 저서인 『이상향을 향한 땜질(Tinkering Toward Utopia)』에서 '땜질'이라는 표현은 교육적 이상을 향한 정책의 점증적인 변화를 임시방편으로 만들어 나간다는 뉘앙스를 담고 있다. 제한된 합리성 개념은 그것이 사회 엘리트 혹은 지도층이든, 일반 시민이든 결국 인간이라는 존재가 가지고 있는 인지적·환경적 한계에 기초한다. 다만 완전히 합리적이든 제한적으로 합리적이든, 그것이 완전한 결정이든 불완전한 결정이든 결국 정책에 대한 의사결정은 이루어진다.

5) 공공정책은 누가 결정하는가

그렇다면 어느 누가 해도 제한적으로만 합리적일 수밖에 없는 정책에 대한 의사결정은 누가 하는 것인가? 정책 의사결정의 주체에 대해서는 여러 가지 상반된 시각이 있을 수 있다. 예컨대, 김성준(2023, pp. 119-121)은 정책의제 설정이나 채택에 대한 결정의 주체를 설명하는 이론으로 '다원론'과 '엘리트론'을 제시하며 서로 상반되는 시각을 설명했다. 다원론은 정책입안자가 "어떤 특정한 문제에 대하여 일반 시민이나 관련 집단의 요구에 민감하게" 반응함에 따라 정책결정이 이루어진다고 보는 반면, 엘리트론은 "정책이 지배 엘리트들의 가치와 선호를 반영"한다고 봄으로써 두 이론이 각각 정책결정 과정에서 특정 집단의 시각과 이해관계를 반영하고 있음을 주장했다. 한편, 정책입안자를 기능별로 구분 짓는다면 앤더슨(Anderson, 2005)이 제시한 '공식적 정책입안자'로서의 대통령, 입법부(국회), 사법부(법원), 행정부(중앙행정기관)와 '비공식적 정책입안자'로서의 이익집단, 정당, 연구기관, 대중매체 등도 정책의 형성 및 채택에 직간접적인 영향을 미친다고 볼 수 있다. 이와 같은 여러 주장은 정책이 단순히 한 개인 혹은 한 집단에 의해 형성되는 것이 아니라 여러 정책 행위자 간의 상호작용 과정을 통한 '정치'의 산물임을 짐작해 보게 한다.

6) 교육정책은 교육부장관이나 교육감이 결정하는가

교육정책에 대한 의사결정 또한 다양한 행위자와 관련되어 있다. 앞서 설명한 것처럼

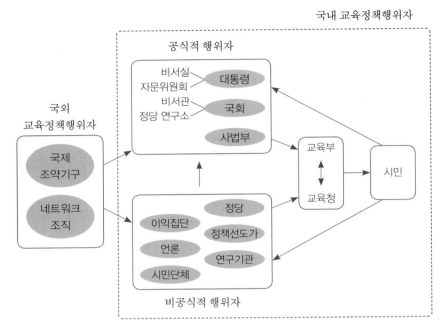

[그림 12-1] 한국의 교육정책행위자 모형

출처: 이종재 외(2015), p. 139.

교육이 개인적 또는 국가적으로 중요한 과제로 여김에 따라 다양한 이해관계가 존재한다. 학생과 학부모, 교사와 학교장 등 교육 현장에 밀접하게 놓여 있는 이해관계자들은 시민사회의 발전과 함께 다양한 이익집단이나 대중매체, 연구기관 등과 연합하여 정책 형성 및 채택에 직간접적인 영향을 주기도 한다([그림 12-1] 참조). 반면, 교육정책에 대한 가장 합법적 영향력을 행사할 수 있는 행위자로서 교육부장관(중앙행정기관)이나 교육감(지방자치단체) 등은 직접적이고 실제적인 의사결정을 수행한다(이종재 외, 2015). 하지만 동시에 대통령, 입법부, 사법부뿐만 아니라 비공식적 정책입안자 등의 영향권 안에서 상호 보완과 견제가 이루어지므로 전적으로 독자적인 의사결정이라는 것은 불가능하다고 봐야 할 것이다(교육감의 역할에 대해서는 이 책의 제9장 참조). 따라서 중요한 것은 어떤 과정을 통해 교육정책이 전개되는지를 살펴보는 것이라고 할 수 있다. 다음에서는 교육정책이 제기되고 만들어지며 변화하는 일련의 과정(단계)들을 중심으로 교육정책이 어떻게 전개되는지에 대해 살펴보고자 한다.

3. 교육정책은 왜, 언제, 어떻게 변화하는가

1) 공공정책이 만들어지고 실행되는 과정은 어떠한가

정책 과정을 체계적으로 이해하기 위한 다양한 이론적 시도가 이루어져 왔는데, 가장 대표적인 것이 '단계이론(stage theory)'이라고 볼 수 있다. 단계이론은 여러 학자에 의해서 정리되어 왔으나, 대체로 '문제의 인식' '해결 방안의 발굴' '해결 방안의 채택 및 실행' '문제의 해결(목적의 달성) 여부 판단'이라는 공통적인 요소들을 포함하고 있으며, 이들 각 단계가 순차적 · 선형적 · 순환적 관계를 가지고 있음을 가정하고 있다(Smith & Larimer, 2013). 문제를 인식하고 여러 대안을 고려하여 최선의 방안을 채택해서 실행한

표 12-1 앤더슨의 정책 과정별 특성

단계	1단계 문제 파악 및 정책의제 설정	2단계 정책형성	3단계 정책채택	4단계 정책실행	5단계 정책평가
정의	• 공공의 주목을 받는 문제의 파악 및 설정	• 문제를 해결하기 위해 적절하고 수용 가능한 일련의 행위 개발	• 특정한 해결 방법을 공인 또는 정당화하기 위한 지지 형성	• 정부 행정 조직에 의한 정책의 적용	• 정책의 효과성과 이유의 파악
초점	• 어떤 문제를 공적으로 다룰지 결정	• 공공의 문제를 해결하거나 개선하기 위한 대안의 생성, 파악, 차용(borrowing)	• 문제 해결에 사용될 대안의 결정	• 채택된 대안(정책)의 효과적 실행	• 정책이 목표를 달성하고 있는지, 어떤 결과를 가지고 있는지, 변화가 필요한지 확인
주요 질문	• 공공의 문제는 무엇인가? • 왜 많은 문제 중 특정한 문제만 공공의 주목을 받는가?	• 대안을 누가 만드는가? • 대안은 어떻게 개발되는가?	• 대안은 어떻게 채택되는가? • 채택된 내용은 무엇인가?	• 무엇이 어떻게 행해지는가?	• 결과에 누가 관련이 있으며, 결과는 어떠한가? • 정책변화에 대한 요구가 있는가? • 새로운 문제가 확인되었는가?

출처: Anderson (2005), pp. 27-29의 내용 및 표를 토대로 정리함.

후 그 방안의 실행 결과를 평가하고, 이에 따라 정책의 후속적인 변화가 일어나는 일련의 순환 과정을 통해 정책의 전개 과정을 설명하는 것이다. 예컨대, 대표적으로 널리 알려진 앤더슨(Anderson, 2005)의 정책단계이론은 '문제 파악 및 정책의제 설정(problem identification)' '정책형성(formulation)' '정책채택(adoption)' '정책실행(implementation)' '정책평가(evaluation)'의 다섯 단계로 이루어져 있다. 앤더슨이 주장한 각 단계의 정의와 초점, 해당 단계에서 해결되어야 할 주요한 질문 등이 〈표 12-1〉에 정리되어 있다(정책평가에 대해서는 이 책의 제13장 참조).

2) 정책은 항상 단계적으로 형성되고 변화하는가

단계이론은 복잡하고 다양한 공공정책이 만들어지고 변화하는 과정을 우리가 이해하고 분석할 수 있는 단위로 세분화하여 제시하고 있다는 점에서 분명한 의의를 지닌다. 반면 정책형성 및 변화의 원인을 설명하기보다는 발생하는 현상 그 자체를 설명하는 측면이 강하며, 심지어 실제 사회 속에서는 단계이론이 주장하듯이 정책의 전개 과정이 순차적이거나 선형적이지 않고 동시적이며 복잡하다는 점에서 단계이론의 한계가 있다. 이에 단계이론이 사회현상에 대한 과학적 '이론(theory)'이라기보다는 정책 과정을 이해하는 '경험적 · 직관적 사고(heuristic)'의 영역이라는 시각도 존재한다(Sabatier, 2007). 예컨대, 단계이론으로는 사회적으로 존재하는 수많은 문제 중 왜 어떤 문제는 관심을 받고(정책이 되고) 어떤 문제는 관심을 받지 못하는지(정책이 되지 못하는지)에 대해서는 설명하지 못한다. 또한 공공정책은 분명히 계속해서 변화하고 있음에도 불구하고 그러한 변화가 언제, 어떻게 일어나는지에 대한 설명 또한 부족하다. 다음에서는 이러한 질문에 대한 보완적 설명을 제시하는 이론으로 '옹호연합 모형' '다중흐름 모형' '단속평형 모형' 등을 살펴보고자 한다. 이들 이론은 모두 정책변화(변동)에 대한 체계화된 설명을 제시하고 있으며, 각자가 조금씩 다른 부분에 초점을 맞추고 있기도 하다.

3) 왜 특정한 문제나 대안이 공공정책으로서 관심을 얻는가

어떤 사회문제가 사회적 관심을 받고 있다면 그 사회문제가 가장 시급하고 중요한 사회문제라고 볼 수 있는가? 중요한 것은 사회 내에 존재하는 수많은 사회문제 중에서 무엇을 '사회적으로 해결해야만 하는 문제'라고 규정할 것인가에 있다. 정책의제 설정에 따라 정책이 결정되며, 결국은 이 과정을 결정하는 데에서 사회적인 '권력'이 생겨난다. 만약 어떤 사회가 정책에 대한 결정이 특정 집단에 의해 독점된다면 그 사회는 권력이 분산되지 않은 사회라고 볼 수 있을 것이다. 정책결정이 입법부(의회)와 행정부(관료), 그리고 특정한 이해관계를 가진 집단(이익집단)에 의해 좌지우지된다고 보는 소위 '철의 삼각(iron triangle)' 개념에 따르면[1] 사회적으로 해결해야 하는 문제는 소수의 엘리트에 의해 결정되며, 정책 과정에서 일반적인 시민의 역할은 부각되지 않는다.

한편 '옹호연합 모형(advocacy coalition framework)'을 제시한 사바티에(Sabatier, 1988)는 보다 다양한 참여자에 의해 정책 과정이 결정된다고 주장했다. '정책옹호연합'은 특정 정책에 대한 공동의 신념체계를 가진 집단으로, 입법부와 행정부, 이익집단뿐만 아니라 정당, 연구기관, 언론 등 다양한 정책행위자가 각자의 정책선호도를 관철시키기 위해 연합을 형성하는 것을 의미한다. 이때 연합 내에서는 주요한 신념체계가 공유되고 있으며, 각 연합의 정보와 자원, 전략을 동원하여 다른 연합과 서로 경쟁하고, 정치적·사회적·경제적 환경 변화에 따라 정책에 대한 선호도를 변경하거나 '정책중재자(policy brokers)'의 중재 과정을 통해 입장이 조정된다는 특징을 가지고 있다. 이러한 경쟁과 조정의 결과, 우세한 정책옹호연합의 특정한 정책의제와 대안은 사회적으로 채택되는 반면 어떤 문제는 사회적 관심을 받지 못하는 상황이 발생하기도 한다.

4) 공공정책은 언제 변화하는가

만약 어떤 정책옹호연합이 경쟁에서 승리하면 해당 연합이 옹호하는 정책은 언제든지 항상 변화한다고 볼 수 있는가? 킹던(Kingdon, 1995)이 발전시킨 '다중흐름 모형(multiple streams approach)'에서 이에 대한 답을 일부 찾아볼 수 있다. 킹던에 따르면 정책의 변화는 선형적이거나 점증적인 것이라고만 볼 수 없다. 정책의제 단계 이후 정책형성 및 정책채택이라는 시간의 순서에 따라 점차 이행하는 것이라기보다는 각기 독립적으로 작동하는 세 개의 흐름이 어느 특정한 시점에 서로 만남으로써 정책이 급격하게 변화한다고

---

1) "정책 과정에서 이익집단, 관료조직, 의회 위원회가 상호 간의 이해관계를 보호하기 위해 밀접한 동맹관계를 형성하고 있는 현상을 가리키는 개념"이다(이종수, 2009).

주장했다. 이때 세 개의 흐름은 다음과 같다. '문제의 흐름(problem stream)'은 특정 문제가 정책의제로 인식되는 과정을 의미하며, '정책의 흐름(policy stream)'은 문제를 해결하기 위해 정책대안이 개발되는 과정이다. 마지막으로 '정치의 흐름(political stream)'은 특정한 문제나 정책이 주목받는 정치적 변화의 과정을 의미한다. 각기 다른 이들 세 개의 흐름이 어떤 우연한 계기나 능동적 행위자로서 '정책선도자(policy entrepreneur)'의 의도적 노력에 의해 서로 결합하게 되는 시점이 바로 정책이 만들어지고 변화하는 지점인 것이다. 특정한 문제가 사회적으로 주목받고, 특정한 정책 대안이 개발되며, 특정한 정치적 상황이라는 여러 조건이 종합적으로 만날 때 정책이 만들어지고 변화한다는 점에서 이 모형의 특징을 찾아볼 수 있다. 킹던은 세 개의 서로 다른 흐름이 만나 정책변동이 이루어지는 것을 일종의 비유로서 '정책의 창(policy window)'이 열린다고 표현했으며, 이에 따라 다중흐름 모형은 다른 표현으로 '정책의 창 모형'이라고 부르기도 한다.

> 의사결정이 '쓰레기통' 같다고? 코헨과 동료들(Cohen et al., 1972)이 제안한 조직 내 의사결정에 대한 '쓰레기통 모형(Garbage Can Model)'은 다중흐름 모형의 기초가 되었다. 쓰레기통 모형은 조직 내 의사결정이 합리적 규칙성에 따라 논리적으로 이루어지기보다는 문제(problems)와 해결방안(solutions), 기회(choice opportunities)와 참여자(participants)라는 네 가지 요소가 마치 '쓰레기통 안의 쓰레기'처럼 서로 무질서하게 움직이다가 어떤 특정한 시점에 서로 만나 이루어진다고 주장했다.

5) 공공정책은 어떻게 변화하는가

다중흐름 모형에서도 정책이 순차적, 단계적으로 변화하지 않을 수 있음을 언급했지만, 정책의 변화 방식에 대한 가장 대표적인 설명은 앞서 언급한 '점증주의'이다. 점증주의적 설명에 따르면 완전히 새로운 사회문제에 대한 완전히 새로운 대안이 정책으로 채택되어 변화하는 것이 아니라, 이미 존재하던 정책에서 약간씩의 조정을 통해 변화한다고 볼 수 있다. 그러나 이러한 방식의 설명은 때로는 급진적인 변화를 겪는 정책에 대해서는 설명하지 못하는 한계를 지닌다. 이에 진화생물학 이론인 '단속평형 이론(punctuated equilibrium theory)'을 정치학 영역에 적용한 바움가르트너와 존스

(Baumgartner & Jones, 2009)는 정책변화가 항상 지속적이거나 선형적인 것은 아니며, (큰 변화 없이) 비교적 안정적으로 변화하는 시기(점증적 변화)가 있는가 하면 급격한 변화의 시기도 있다는 점이 간과되어 왔다고 지적했다. 기존에는 정책의제에서 소외되었던 소수의 이익집단에 의해 새로이 주의가 환기됨에 따라 안정(stasis)을 유지하던 정책의제에 대한 독점이 단절되고 큰 변화를 겪기 때문이다. 바움가르트너와 존스는 이를 단속평형이라고 표현했는데, 그 의미를 그대로 해석한다면 '끊어졌다 이어졌다 하며 안정되어 있는 상태'를 의미한다. 단속평형 모형은 앞선 다중흐름 모형과 함께 정책의 비선형적이고 갑작스러운 변화 방식을 설명하고 있다는 점에서 현실 세계의 정책변화를 더욱 정확하게 포착하고 있다고 볼 수 있다.

교육정책 변화 사례: 대학입학제도 개편

정책의 변화에 대한 분석틀은 일상 속 다양한 사례에 적용해 볼 수 있다. 대표적으로 '2015 개정 교육과정'의 실행에 따른 '2022학년도 대학입학제도 개편' 과정을 살펴보면 다양한 정책변동과 관련한 개념이 발견된다.

우선, 그 어느 때보다도 '2022학년도 대학입학제도 개편방안'의 정책형성 과정에서 중요한 신념체계는 '공정성'이라고 볼 수 있을 것이다(교육부, 2018). 대학입학전형으로서 학생부종합전형이 점차 확대되어 가는 과정에서 전형의 불공정성과 불투명성이 여러 사회적 논란을 야기하였고, 이에 '학생부종합전형(수시)'과 '대학수학능력시험(정시)'이라는 평가방법을 중심으로 각각의 정책옹호연합('수시 옹호연합'과 '정시 옹호연합')이 첨예하게 갈등하는 양상을 드러내기도 했다.

특히 이러한 변화는 단순히 교육과정 개정에 따른 대학입학제도 개편이라는 문제만으로 촉발된 것이 아니라는 점도 주목할 만하다. 각 정책옹호연합은 여러 이익집단을 중심으로 특정한 정책적 대안(수시 확대 또는 정시 확대)에 대한 명확한 정책선호도를 가지고 있으며, 여러 사회적 분위기와 정치적 흐름 또한 정책의 급격한 변화를 촉진하는 환경을 제공하고 있었다고 볼 수 있다(성열관 외, 2022; 이기원, 정제영, 2021).

아울러 '국가교육회의'에서 추진한 '대입제도개편특별위원회'와 '공론화위원회'를 통해 선발방법, 수능최저학력기준, 수능 평가방법 등에 대한 다각도의 의견 수렴과 숙의의 과정을 거친 것도 특징적이며, 이를 정책변동의 관점에서 다각도로 해석하는 시도도 포착된다(박대권, 최상훈, 2019; 양성관, 2019; 이수정, 2019). 이와 같이 복잡한 정치적 과정의 결과로서 발표된 '대입제도 공정성 강화 방안'에서는 최종적으로 '고교 대입 전형자료의 공정성 강화' '대학 평가의 투명성·전문성 강화' '정시 수능위주전형 확대' '사회통합전형 도입' 등의 정책변화가 이루어지게 되었다(교육부, 2019).

 생각해 봅시다

1. 어떤 정책을 교육정책이라고 생각하며, 왜 그렇게 생각하는가?

2. '적절히 만족스러운' 의사결정이 이루어짐에도 학교의 교육적 기능이 원활히 수행되는 것은 어떻게 설명될 수 있는가?

3. 최근 언론을 통해 조명되는 교육정책의 구체적인 사례를 선정하여 그것이 어떠한 이론으로 설명될 수 있는지 생각해 보자.

 참고문헌

교육부(2018). 2022학년도 대학입학제도 개편방안 및 고교교육 혁신방향. 교육부.

교육부(2019). 대입제도 공정성 강화 방안. 교육부.

교육부, 한국교육개발원(2023). 한국의 교육지표 2023. 한국교육개발원.

김성준(2023). 정책학(제2판). 박영사.

박대권, 최상훈(2019). 정책 결정방식으로서의 '공론화'에 대한 성찰적 검토: '대입제도 개편을 위한 공론화위원회' 사례를 중심으로. 교육행정학연구, 37(3), 141-166.

성열관, 안상진, 강경식(2022). 대입제도 옹호연합의 변동과 시사점. 한국교육, 49(1), 87-116.

양성관(2019). 대입제도 개편을 위한 공론화 과정의 '대입전형 공정성' 재검토. 교육행정학연구, 37(4), 23-57.

이기원, 정제영(2021). 옹호연합모형(ACF)을 적용한 대학입학전형제도의 변동 과정 분석. 교육연구논총, 42(4), 33-66.

이수정(2019). '대입제도 공로화' 과정에서 드러난 교육부 정책결정방식의 특징 분석: 「대입제도 개편 공론화 백서」 분석을 중심으로. **교육행정학연구**, 37(4), 1-22.

이종수(2009). **행정학 사전**. 대영문화사.

이종재, 이차영, 김용, 송경오(2015). **교육정책론**. 학지사.

정일환, 주철안, 김재웅(2021). **교육정책학**. 학지사.

Anderson, J. E. (2005). *Public policymaking: An introduction* (5th ed.). Houghton Mifflin.

Baumgartner, F. R., & Jones, B. D. (2009). *Agendas and instability in American politics*. University of Chicago Press.

Cohen, M., March, J., & Olsen, J. (1972). A garbage can model of organizational choice. *Administrative Science Quarterly, 17*, 1-25.

Dye, T. R. (1987). *Understanding public policy*. Prentice Hall.

Green, T. F. (1994). Policy questions: A conceptual study. *Education Policy Analysis Archives, 2*(7), 1-14.

Kingdon, J. W. (1995). *Agendas, alternatives, and public policies*. HarperCollins College Publishers.

Labaree, D. F. (1997). Public goods, private goods: The American struggle over educational goals. *American Educational Research Journal, 34*(1), 39-81.

Lindblom, C. E. (1959). The science of "muddling through". *Public Administration Review, 19*(2), 79-88.

Sabatier, P. A. (1988). An advocacy coalition framework of policy change and the role of policy-oriented learning therein. *Policy Sciences, 21*, 129-168.

Sabatier, P. A. (2007). *Theories of the policy process*. Westview Press.

Simon, H. A. (1997). *Administrative behavior: A study of decision-making processes in administrative organizations* (4th ed.). The Free Press.

Smith, K. B., & Larimer, C. W. (2013). *The public policy theory primer* (2nd ed.). Westview Press.

Tyack, D., & Cuban, L. (2017). 학교 없는 교육개혁: 유토피아를 꿈꾼 미국 교육개혁 100년사(권창욱, 박대권 역). 박영스토리. (원저는 1995년 출판).

개요 ···

교육정책은 개인과 사회에 긍정적인 영향을 주고자 수립되고 이행되지만 그러한 선한 목적
이 반드시 의도된 결과로 이어지는 것은 아니므로 교육정책의 가치를 실증적이고 체계적으
로 검토하고 판단하는 활동, 즉 교육정책 평가가 이루어진다. 이 장은 교육정책 평가를 다양
한 측면에서 살펴봄으로써 교육정책 평가에 관한 개념적인 이해를 돕는 것을 목표로 한다.
이를 위해 먼저 교육정책 평가의 정의, 속성, 의의를 살펴본 뒤, 교육정책 평가의 구체적인
과정과 접근에 대해 알아보고, 마지막으로 교육정책 평가의 어려움에 대해 들여다본다.

학습목표 ···

1. 교육정책 평가의 속성을 설명할 수 있다.
2. 교육정책 평가의 기준과 모형에 따라 구체적인 사례를 분류할 수 있다.
3. 교육정책 평가를 비판적으로 검토할 수 있다.

교육정책은 어떻게 평가할 수 있나

최경준

EDUCATIONAL ADMINISTRATION
EDUCATIONAL MANAGEMENT

1. 교육정책은 항상 성공하는가

2006년 9월 22일에 「학원의 설립·운영 및 과외교습에 관한 법률」(이하 「학원법」)이 일부 개정되었는데, 이를 통해 각 시·도는 학원의 교습시간을 제한할 수 있는 법적 근거를 마련하게 되었다. 그 결과 2009년 10월, 「학원법」 개정 이전부터 조례를 통해 학원의 야간교습시간을 제한해 오던 서울 등 일부 시·도뿐만 아니라 전국의 모든 시·도에서 학원의 야간교습시간을 제한하는 조례를 갖추게 되었다(전학선, 2009). 이러한 조례는 지역에 따라 구체적인 내용(야간교습 마감시간 등)에서 차이를 보이지만, 궁극적으로 청소년의 건강과 행복, 특히 수면권을 보장하는 동시에 가정의 사교육비 부담을 경감시키기 위해 제정되었다(배한진, 진미정, 2019).

「학원의 설립·운영 및 과외교습에 관한 법률」

제16조(지도·감독 등)
② 교육감은 학교의 수업과 학생의 건강 등에 미치는 영향을 고려하여 시·도의 조례로 정하는 범위에서 학교교과교습학원, 교습소 또는 개인과외교습자의 교습시간을 정할 수 있다(이 경우 교육감은 학부모 및 관련 단체 등의 의견을 들어야 한다*).

* 2016년 5월 29일에 추가 개정된 내용임.

일종의 교육정책으로서 학원의 야간교습시간 제한 조례의 효과를 살펴보기 위해 다양한 정책평가 연구가 수행되었다. 구체적으로 학원의 야간교습시간 제한 조례의 목적을 고려하여 해당 조례가 청소년의 수면시간 증대와 가정의 사교육비 경감에 미치는 영향이 통계적으로 분석되었다. 그 결과, 해당 조례가 청소년의 수면시간 증대에 미치는 영향을 뒷받침할 실증적 근거를 발견할 수 없었고(배한진, 진미정, 2019), 가정의 사교육비 경감에 미치는 영향을 지지하는 경험적 증거 역시 발견되지 않거나(김범수, 강소랑, 2017) 그 영향이 상당히 미미한 것(김지하, 2009)으로 드러났다. 결론적으로 해당 조례는 청소년의 수면권 보장과 가정의 사교육비 부담 경감이라는 공익적 목적을 달성하기 위해 공권력을 바탕으로 제정되었지만 결국 의도했던 결과를 실제로는 도출하지 못했다.

학원의 야간교습시간 제한정책에도
불구하고 청소년의 수면시간이 실질적으로
늘어나지는 않았다.

[그림 13-1] 학교에서 잠자는 학생의 모습

2. 교육정책 평가란 무엇이고, 왜 필요한가

앞의 사례가 잘 보여 주듯이, 교육정책이 항상 성공하는 것은 아니다. 교육정책이 항상 합리적으로 수립되는 것은 아니고(교육정책의 제한된 합리성에 대해서는 이 책의 제12장 참조) 실제 이행되는 과정에서 다양한 외부요인으로부터 영향을 받으며 계획했던 것과는 다르게 이행되는 등의 이유로 인해 애초에 의도했던 결과를 가져오지 못할 수 있기 때문이다(Fitzpatrick et al., 2011).

현대 사회에서 교육정책이 주요한 **공공정책**(public policy) 중 하나라는 점과 함께 비춰 볼 때(교육의 공공성에 대해서는 이 책의 제1장 참조), 교육정책이 실패할 수도 있다는 가능성은 교육정책을 수립하고 이행하는 것뿐만 아니라 교육정책의 성공 여부를 체계적으로 검토하는 것도 중요한 공적 과업이라는 점을 시사한다. 먼저 교육은 학생 개인의 발달과 사회 적응은 물론이고 사회의 정치적·경제적 발전에도 결정적인 영향을 미친다는 점(Labaree, 1997)을 고려할 때, 교육에 관한 의사결정의 결과로서 도입된 교육정책의 성공 여부를 확인하는 것이 필수적이다. 또한 교육정책을 수립하고 이행하는 과정에서 필요한 경비를 국민의 세금을 기반으로 하는 공적 자금(public funds)으로부터 확보하기 때문에(주삼환 외, 2023; 교육재정에 대해서는 이 책의 제11장 참조) 교육정책의 성공 여부를 가리는 것이 필요하다. 마지막으로 교육정책은 국가 또는 지역과 같은 집단 수준에서 실보다는 득이 많을 것이라는 기대를 바탕으로 해당 교육정책을 반대하는 개인이나 집단을 포함하는 모든 이해관계자에게 일괄적으로 적용된다는 점(Wheelan, 2011)에서 교육정책의 성공 여부를 확인할 필요가 있다. 이를 종합해 볼 때, 어떤 교육정책이 수립되고 이행된 뒤 '그 교육정책이 실제로 성공했는가?'라는 질문을 던지고 이에 대해 답하는 것은 교육정책을 논함에 있어서 필수적인 요소라고 볼 수 있다.

교육정책의 성공 여부를 실증적이고 체계적으로 분석하여 해당 교육정책의 가치나 질에 관한 판단을 내림으로써 다양한 이해관계자의 의사결정을 돕는 지적인 활동을 **교육정책 평가**(education policy evaluation)라고 한다(정일환 외, 2021; Anderson, 2015; Fitzpatrick et al., 2011; Smith & Larimer, 2017; Yarbrough et al., 2010). 이러한 정의는 교육정책 평가의 다양한 속성 중 특히 다음의 세 가지를 강조한다.

첫째, 교육정책 평가는 **규범적인** 활동이다. 교육정책 평가는 평가 기준(criteria)을 필요로 한다. 〈표 13-1〉에 나와 있듯이 교육정책을 평가하는 기준은 다양한데, 이러한 평가 기준은 평가의 궁극적인 목적을 염두에 두고 평가의뢰자나 기타 이해관계자 또는 평가자에 의해 선정된다. 이때 누구에 의해 어떤 기준이 선택되든지 간에 평가 기준이 존재한다는 것은 교육정책에 관해 단순히 기술하는 수준을 넘어서 교육정책의 가치나 질에 관해 판단하겠다는 의도를 지니고 있음을 분명하게 보여 준다는 점에서 교육정책 평가는 규범적이다. 예를 들어, 효과성이 평가 기준으로 설정된 경우에 교육정책이 그 교육정책을 통해 달성하고자 의도했던 목표를 실제로 달성하면 할수록 더 성공적인 교육정책으로 여길 수 있다.

표 13-1   **교육정책 평가의 기준**

기준	설명
효과성 (effectiveness)	• 교육정책이 목표를 얼마나 달성했는지 그 정도를 나타냄
능률성 (efficiency)	• 교육정책의 목표를 달성하는 과정에서 얼마나 적은 투입(input)으로 얼마나 많은 산출(output)을 도출했는지 그 정도를 나타냄
충족성 (adequacy)	• 교육정책의 효과성이 교육문제를 해결했다고 여길 수 있을 만큼 충분했는지 그 정도를 나타냄
형평성 (equity)	• 교육정책의 비용과 편익이 사회 전체적으로 얼마나 공정하게 또는 정당하게 배분되었는지 그 정도를 나타냄
대응성 (responsiveness)	• 교육정책이 그 정책의 주요한 대상 집단의 필요나 선호 등을 얼마나 만족시켜 주었는지 그 정도를 나타냄

출처: 정일환 외(2021).

둘째, 교육정책 평가는 **과학적인 활동**이다. 교육정책의 가치나 질에 관해 판단하는 것 자체는 규범적이지만 그러한 판단을 위한 근거는 교육정책과 관련된 실증적인 자료를 체계적으로 수집하고 분석하는 과정을 거쳐 확보된다. 예를 들면, 교육정책의 가치를 효과성 측면에서 판단하고자 한다면 교육정책이 목표로 하는 상태나 수준을 나타내는 지표(indicator)를 개발한 뒤 교육정책 목표 달성의 기준으로서 미리 설정된 지표 값과 교육정책의 실제 이행 결과로서 도출된 지표 값을 비교함으로써 교육정책의 목표 달성 여부 또는 정도를 실증적이고 체계적으로 파악할 수 있다.

셋째, 교육정책 평가는 **지원적 활동**이다. 비록 교육정책 평가는 평가자에 의해 주도되지만, 궁극적으로는 다양한 이해관계자를 돕기 위한 것이다. 구체적으로 교육정책 평가 결과는 교육정책의 다양한 이해관계자가 해당 교육정책에 관한 최적의 의사결정을 내릴 수 있도록 그들에게 효율적이고 효과적으로 보고되어야 한다. 이런 의미에서 교육정책 평가의 의의는 평가 그 자체에 있지 않고 평가 결과의 실제적인 활용에 있다고 볼 수 있다. 앞의 예를 한 번 더 활용해 보자. 교육정책의 효과성에 관심을 가지는 교육정책의 이해관계자 중 한 명은 교육정책 입안자이다. 만약 교육정책 평가를 통해 교육정책이 효과적이라는 결과가 보고되면 교육정책 입안자는 해당 교육정책을 유지 또는 확장하고자 할 것이고, 교육정책이 효과적이라는 근거가 확보되지 않았다는 결과가 보고되면 해당 교육정책을 개선하고자 하거나 경우에 따라서는 폐지하고자 할 것이다.

여기서 교육정책 평가의 결과를 활용하는 방안에 대해 조금 더 들여다보는 것은 교육정책 평가가 존재하는 이유를 조금 더 구체적으로 이해하는 데 도움이 될 것이다. 기본적으로 교육정책 평가 결과는 **도구적으로**(instrumentally) 활용될 수 있다(Fitzpatrick et al., 2011; Fowler, 2013; Rossi et al., 2019). 앞서 언급된 것처럼, 교육정책 평가의 결과를 교육정책의 향방(유지, 확대, 폐지 등)을 결정짓거나 교육정책을 개선시키기 위해 활용하는 것이 이에 해당된다. 전자를 주요한 목적으로 두는 평가를 **총괄적 평가**(summative evaluation)라고 부르고, 후자에 초점을 맞춘 평가를 **형성적 평가**(formative evaluation)라고 한다. 형성적 평가를 통해 교육정책의 개선점이 도출되면 해당 교육정책은 다소간 변경된다. 낮은 수준의 변경이 일어나는 경우에는 교육정책의 큰 틀은 그대로 유지되고 국소적인 측면에서만 변화가 일어나는 데 반해 높은 수준의 변경은 〈표 13-2〉에서 확인할 수 있듯이 상당한 수준에서 교육정책의 변화를 불러일으킨다.

이와 달리 교육정책 평가의 결과가 교육정책에 관한 의사결정과 관련하여 직접적이거

변경 방식	설명
대체 (replacement)	• 기존의 교육정책이 같은 목적을 가진 새로운 교육정책으로 대체됨
통합 (consolidation)	• 두 개 이상의 교육정책이 결합되거나 교육정책의 세부 요소가 두 개 이상 결합됨
분할 (splitting)	• 교육정책의 한 측면이 분리되어 개별적인 정책이나 프로그램으로 발전됨
감액 (decrementing)	• 기존의 교육정책의 대부분의 요소를 위해 배정한 예산을 줄임으로써 상당한 수준의 재정적 삭감이 단행됨

표 13-2 형성적 평가 결과에 기반한 높은 수준의 교육정책 변경 방식

출처: Fowler (2013).

나 즉각적으로 활용되지 않는 경우도 존재한다(Fitzpatrick et al., 2011; Fowler, 2013; Rossi et al., 2019). 먼저 교육정책 평가의 결과가 **개념적으로**(conceptually) 활용되는 경우이다. 이 경우에는 평가 결과를 보고받은 교육정책의 이해관계자가 교육정책과 관련하여 새로운 정보를 획득했지만 그러한 정보를 바탕으로 특별한 조치를 취하지는 않는다. 이와 비슷한 활용 방안으로 무대응(inaction)이 있는데, 교육정책에 관해 특별한 조치를 취하지 않는다는 점에서는 동일하지만 평가 결과의 신뢰성이 담보되지 못하거나 평가 결과를 반영한 조치가 정치적으로 부적절하다고 여길 때 발생한다는 점에서 차이가 있다. 한편, 교육정책 평가의 결과는 **상징적으로**(symbolically) 활용되기도 한다. 평가 결과의 내용보다 평가를 수행했다는 것 자체가 의미를 지니는 경우로서 평가 결과를 의도적으로 정치적 목적을 달성하거나 대외적 홍보를 위해 활용하는 경우를 포함한다. 전자의 경우에는 긍정적 방향이든 부정적 방향이든 교육정책 평가를 의뢰한 이해관계자의 의도에 부합하는 방향으로 평가 결과를 도출하고자 하고, 후자의 경우에는 교육정책의 이미지가 대외적으로 긍정적으로 보이도록 평가의 과정과 범위가 통제된다. 교육정책 평가의 결과를 상징적으로 활용하기 위해 수행되는 평가는 유사 평가(pseudo evaluation)라고 불리기도 한다. 윤리적 기준에 비춰 볼 때 이러한 평가는 최대한 지양되어야 하지만 역설적으로 현대사회에서 교육정책 평가가 갖는 파급력을 잘 보여 주고 있다.

3. 교육정책 평가는 어떻게 할 수 있나

앞서 교육정책 평가의 주요한 속성으로서 과학성(scientific quality)을 논할 때 교육정책 평가가 어떻게 수행되는지에 관해 간단하게 언급했는데, 교육정책이 어떻게 평가되는지 조금 더 구체적으로 이해하기 위해서는 교육정책 평가의 과정과 교육정책 평가에 대한 접근 방식을 살펴볼 필요가 있다.

평가의 목적, 방법, 맥락 등에 따라서 다소간의 차이가 있을 수 있지만, 교육정책 평가는 일반적으로 다음과 같은 일련의 과정을 거쳐 이루어진다(정일환 외, 2021; Anderson, 2015; Fitzpatrick et al., 2011). 먼저 **교육정책 평가의 계획이 수립**된다. 이 단계에서는 교육정책 평가의 목적, 대상, 시기, 방법, 활용 방안 등에 관한 청사진이 그려진다. 이는 여느 행정적 행위와 마찬가지로 교육정책 평가를 효율적이고 효과적으로 수행하기 위해 필요하기도 하지만 평가에 착수하는 것 자체가 적절한지를 사전에 점검하는 **평가 사정**(evaluability assessment)을 할 수 있다는 점에서도 의의가 있다. 예를 들면, 교육정책의 도입 시기에 비춰 봤을 때 너무 이른 시기에 총괄적 평가가 요청된 경우 평가자는 당장 평가에 착수하기보다는 그 시기를 늦출 것을 제안할 수 있다. 따라서 교육정책 평가 계획을 수립할 때는 평가자가 평가의뢰자를 포함한 다양한 이해관계자와의 긴밀하고 지속적인 대화를 통해 평가의 대상인 교육정책과 평가의 목적, 범위, 맥락 및 활용 방안 등에 관해 최대한 구체적으로 파악하는 것이 중요하다. 이와 동시에 평가에 필요한 실증적 자료가 합리적인 비용으로 확보될 수 있는지 확인하는 것도 필요하다(Wholey, 2004). 이러한 과정을 통해 만약 교육정책 평가가 충분히 이루어질 수 있다고 판단되면 평가자의 주도 아래 교육정책 평가의 목적에 부합되도록 최적의 평가 기준, 지표, 방법 등이 선정되거나 개발 또는 설계된다.

다음으로 수립된 계획을 바탕으로 **교육정책 평가가 실제로 수행**된다. 이 단계에서는 평가 목적 및 기준과 관련된 다양한 실증적 자료가 수집 및 분석되고 그 결과의 해석이 이루어진다. 실증적 자료 기반의 평가방법에는 크게 **양적 접근**과 **질적 접근**이 있다. 양적 접근(quantitative approach)은 수치 자료(numeric data)를 통계적으로 분석하여 일반적인 경향성을 객관적으로 도출하고자 한다. 이를 위해 정부나 연구소 등에 의해 수집된 통계 자료를 확보하거나 평가자가 설문조사 등을 통해 필요한 자료들을 직접 수집하여 계량화한다. 반면에 질적 접근(qualitative approach)은 계량화하기 어려운 언어적 자료(verbal data)를 체계적으로 분석하여 주관적인 의미나 주제(theme)를 심층적으로 밝히고자 한다. 이를 위해 평가자는 면담과 관찰 등을 통해 필요한 자료들을 직접 수집하고 분류한다. 각 접근을 통해 도출된 분석의 결과는 교육정책 평가의 목적 및 기준에 비춰 적절하게 해석됨으로써 교육정책의 가치나 질에 관한 정보로 전환이 된다.

마지막으로 **교육정책 평가의 결과가 보고된다.** 이 단계에서는 평가의뢰자 및 기타 이해관계자에게 교육정책의 가치나 질에 관한 정보를 포함하여 평가와 관련된 전반적인 내용(개요, 목적, 한계, 초점, 절차, 분석 방법, 결과 및 해석, 결론 및 권고 등)이 문서 또는 구두로 전달된다. 교육정책 평가의 궁극적인 목적이 평가 결과의 실제적인 활용에 있다는 점에 비춰 볼 때, 평가 결과를 직간접적으로 활용할 것으로 예상되는 모든 이해관계자의 개별적인 관심사, 특성, 활용 시기 등을 종합적으로 고려하여 보고하는 것이 중요하다. 예를 들면, 평가 결과를 바탕으로 교육정책에 관한 직접적인 의사결정을 내릴 수 있는 교육정책 입안자에게는 교육정책의 가치나 질에 관한 정보 자체가 가장 중요하겠지만, 교육정책에 관해 학술적으로 연구함으로써 관련 지식체계를 구축해 나가고자 하는 교육정책 연구자에게는 평가에서 활용된 분석 자료와 방법에 관한 내용이 더 중요할 수 있다. 한편, 교육정책 평가 결과의 보고 단계에서는 평가자의 권고(recommendations)가 간단하게나마 제시될 수 있다. 형성적 평가의 경우에는 교육정책의 개선을 위한 의견이 제시되고 총괄적 평가의 경우에는 교육정책의 향방에 관한 의견이 제시된다.

한편, 교육정책 평가에 접근하는 방법은 다음과 같이 크게 다섯 가지로 구분될 수 있다(정일환 외, 2021; Fitzpatrick et al., 2011). 첫째, **정책 지향 접근**(policy-oriented approach)이다. 정책 지향 접근법은 기본적으로 교육정책이 합목적적 활동이라는 점에 착안하여 교육정책의 수립 및 이행으로 인해 목표가 실제로 달성되었는지 여부를 실증적으로 검토하는 것에 초점을 맞춘다. 더 나아가 정책 지향 접근법은 교육정책의 도입이 어떻게

[그림 13-2] 교육정책 평가의 과정

효과로 이어질 수 있는지 설명하는 이론적 틀을 점검하기도 하는데, 이는 교육정책이 목표 달성에 실패한 경우에 투입(input)−과정(process)−산출(output)의 관점에서 실패 원인을 분석하고 교육정책을 개선하는 데 활용하기 위한 것이다. 정책 지향 접근법은 교육정책의 효과성을 검증하는 것에 초점을 맞추고 있기에 교육정책 평가영역에서 가장 자주 활용되지만, 평가 결과를 직간접적으로 활용하는 이해관계자에 대해서는 거의 신경을 쓰지 않는다는 점에서 비판을 받아 왔다.

둘째, **결정 지향 접근**(decision-oriented approach)이다. 정책 지향 접근법과 달리, 결정 지향 접근법은 정책과 관련하여 의사결정을 내릴 수 있는 권한을 가진 이해관계자를 적극적으로 지원하고자 한다. 이에 따라 평가 대상의 범위가 교육정책의 효과에서 교육정책 과정 전반으로 확대된다(교육정책 과정에 대해서는 이 책의 제12장 참조). 즉, 결정 지향 접근은 의사결정자가 교육정책의 목표 달성 여부나 정도를 검토하는 것뿐만 아니라 교육정책 전반에 걸쳐 합리적인 의사결정을 내릴 수 있도록 정책과 관련하여 다양한 평가적 정보를 제공하고자 한다. 예를 들면, 교육정책의 채택 과정에서 다양한 정책 대안의 장단점을 바탕으로 등급을 매겨 의사결정자의 합리적인 정책 채택을 도울 수 있다. 결정 지향 접근법은 정책 과정의 합리성을 지나치게 신뢰할 뿐만 아니라 의사결정 권한이 없는 이해관계자에 대해서는 무관심하다는 점에서 한계를 보이기도 한다.

셋째, **참여자 지향 접근**(participant-oriented approach)이다. 참여자 지향 접근법은 교육정책의 가치와 질에 관한 판단이 합리적인 의사결정자에 의해 객관적으로 내려지기보다는 각 이해관계자의 관점에 따라 다양하게 내려질 수 있다는 것을 전제로 한다. 이에 다양한 이해관계자에게 관심을 가질 뿐만 아니라 그들이 교육정책 평가의 과정에 적극적으로 참여하도록 유도한다. 이해관계자는 교육정책 평가의 과정에서 평가 목적을 제시하거나 자료 분석 결과를 해석하는 등의 다양한 역할을 수행하고 이 과정을 통해 평가에 관해 학습을 하기도 한다. 이해관계자 간의 권력 차가 큰 맥락에서는 참여자 지향 접근법을 활용한 교육정책 평가를 수행하는 것 자체가 비주류 이해관계자에게 힘을 실어 주는 수단이 되기도 한다. 하지만 그로 인해 평가의 질 관리가 더 어려워지고 더 많은 비용을 필요로 한다는 단점도 생긴다.

넷째, **전문가 지향 접근**(expertise-oriented approach)이다. 전문가 지향 접근법은 교육정책 전문가의 지식과 경험에 전적으로 의존하여 전문가가 교육정책의 가치와 질에 관해 판단을 내리도록 한다. 이때 전문가의 평가는 교육정책의 비판적 검토의 근거로 활용될

표 13-3 교육정책 평가의 다섯 가지 접근 간 비교

항목	정책 지향 접근	결정 지향 접근	참여자 지향 접근	전문가 지향 접근	소비자 지향 접근
초점	• 정책 목표가 (어떻게) 달성되었는지 확인함	• 정책에 관한 의사결정에 유용한 정보를 제공함	• 다양한 이해관계자가 평가 과정에 적극적으로 참여하도록 함	• 정책에 관한 전문적인 판단을 내리도록 함	• 정책 수혜자의 정책 선택을 돕고자 정책에 관한 정보를 제공함
특성	• 정책 도입과 효과 간의 관계를 설명하는 이론적 틀을 점검하고자 함	• 주요 의사결정자가 정책 과정 전반에 걸쳐 합리적인 의사결정을 내리도록 지원하고자 함	• 이해관계자의 다양한 관점을 반영하여 정책을 균형 있게 평가하고자 함	• 전문가의 지식과 경험에 전적으로 의존함	• 체크리스트를 활용하여 정책을 (비교)분석함
활용	• 정책 효과성 이해 • 정책 개선 • 정책 관련 지식 증대	• 정책 개발 • 정책 재무성 점검	• 조직 학습 • 비주류 이해관계자에게 힘 실어 주기(empowerment)	• 정책 비판	• 정책 정보 공개
한계	• 정책 효과에 대한 지나친 강조 • 이해관계자에 대한 적은 관심	• 정책 과정이 합리성에 대한 지나친 강조 • 의사결정 권한이 없는 이해관계자에 대한 적은 관심	• 높은 수준의 비용 • 이해관계자 참여로 인한 평가의 질 저하 가능성 • 낮은 수준의 일반화	• 전문가 편향(bias)에 대한 취약	• (재정적) 후원자가 부족 가능성 • 전문성 저하의 가능성

출처: Fitzpatrick et al. (2011)의 내용 일부를 재구성함.

수 있다. 한편, 전문가의 평가는 전문가를 누구로 선정하느냐에 따라서 그 결과가 달라질 수 있다. 즉, 전문가 지향 접근법은 전문가의 개인적인 편향(bias)에 취약하다는 한계가 있다.

마지막으로, **소비자 지향 접근**(consumer-oriented approach)이다. 소비자 지향 접근법은 이해관계자의 의사결정을 지원한다는 점에서는 결정 지향 접근법과 동일하지만, 구체적인 지원 대상이 정책 수혜자라는 점에서 차이를 보인다. 즉, 소비자 지향 접근법은 교육정책의 수혜자가 교육정책 대안을 취사선택할 수 있는 경우에 교육정책 대안들을 효율적으로 비교할 수 있도록 다양한 항목에서 각 대안에 관한 평가 정보를 공개한다. 가장 대표적인 지표로서 각 정책 프로그램 경험자의 만족도를 들 수 있다. 하지만 만족도와 같은 지표가 비전문가의 주관적인 인식을 반영한다는 점에서 소비자 지향 접근법은 평가의 전문성이 떨어진다는 비판을 받을 수 있다. 더불어 소비자 지향 접근법을 활용한 교육정책 평가는 다른 교육정책 평가 접근법과 달리 사립 연구소나 시민단체 등에 의해 수행되는 경우가 많으므로 후원자가 없는 경우에 수행되기 어렵다는 단점이 있다. 교육정책 평가에 대한 다섯 가지 접근법은 〈표 13-3〉에 나와 있는 것처럼 요약 및 비교될 수 있다.

교육정책 평가를 통해 교육정책의 가치와 질에 대한 판단을 내릴 수 있는 것처럼, 교육정책 평가의 가치와 질에 대해서도 판단을 내릴 수 있을까? 교육정책 평가를 평가하는 방법 중 하나는 미국의 '교육평가표준합동위원회(Joint Committee on Standards for Educational Evaluation)'에서 제시한 '프로그램 평가 표준(Program Evaluation Standards, 3rd ed.)'에 비춰 교육정책 평가를 검토해 보는 것이다. 구체적인 평가 표준은 다음과 같다.

● **효용성 표준(utility standards)**

1. 평가는 평가 맥락에서 신뢰성을 확립하고 유지하는 자격을 갖춘 자에 의해 수행되어야 한다.
2. 평가는 프로그램에 투자하고 영향을 받는 모든 개인 및 집단에 주의를 기울여야 한다.
3. 평가 목적은 이해관계자의 필요에 기반하여 식별되고 지속적으로 조정되어야 한다.
4. 평가는 그 목적, 과정, 판단을 뒷받침하는 개인 및 문화적 가치를 분명하게 밝혀야 한다.
5. 평가 정보는 이해관계자에 의해 식별되고 생성되는 필요를 충족시켜야 한다.
6. 평가는 참여자들이 자신의 생각과 행동을 재발견, 재해석 또는 변경할 수 있도록 활동, 기술, 판단을 구성해야 한다.

7. 평가는 다양한 청중의 지속적인 정보 요구에 주의를 기울여야 한다.

8. 평가는 의도하지 않은 부정적 결과와 남용을 미연에 방지하고 책임감 있고 적응적인 활용을 촉진
   해야 한다.

● **실현 가능성 표준(feasibility standards)**

1. 평가는 효과적인 프로젝트 관리 전략을 사용해야 한다.

2. 평가 절차는 실제적이고 프로그램 운영 방식에 기민하게 대응해야 한다.

3. 평가는 개인 및 집단의 문화 및 정치적 이익 및 필요를 인식하고 지속해서 관찰하고 그것들 간의
   균형을 맞춰야 한다.

4. 평가는 자원을 효과적이고 효율적으로 활용해야 한다.

● **적절성 표준(propriety standards)**

1. 평가는 이해관계자와 지역사회에 기민하게 대응해야 한다.

2. 평가 협약은 의무를 명확히 하고 평가의뢰자와 다른 이해관계자의 필요, 기대, 문화적 맥락을 고려
   하여 체결되어야 한다.

3. 평가는 인권과 법적 권리를 보호하고, 참여자 및 다른 이해관계자의 존엄을 유지하도록 설계되고
   수행되어야 한다.

4. 평가는 이해관계자의 필요와 목적을 충분히 이해가능하고 공정한 방식으로 다뤄야 한다.

5. 평가는 법적 테두리에서 벗어나거나 예의에 어긋나지 않는 한 결과, 한계, 결론을 완성된 형태로
   기술해야 한다.

6. 평가는 평가를 손상시킬 수 있는 이해관계자 사이의 실제 또는 인지된 이해관계 충돌을 공개적으
   로 솔직하게 다루어야 한다.

7. 평가는 소비된 모든 자원의 내역을 밝히고 건전한 재정 절차와 과정을 준수해야 한다.

● **정확성 표준(accuracy standards)**

1. 평가 결과와 그에 따른 결정은 이것들이 영향을 미치는 문화와 맥락에서 명시적으로 정당화되어야
   한다.

2. 평가 정보는 의도된 목적 달성에 이바지하고 타당한 해석을 지원해야 한다.

3. 평가 절차는 의도된 사용을 위해 충분히 신뢰할 수 있고 일관성 있는 정보를 산출해야 한다.

4. 평가는 평가 목적에 비춰 볼 때 적절한 수준의 범위 안에서 프로그램과 그 맥락에 관한 구체적인
   정보를 문서화해야 한다.

5. 평가는 체계적인 정보 수집, 검토, 검증 및 저장 방법을 사용해야 한다.

6. 평가는 평가 목적에 비춰 볼 때 기술적으로 적절한 설계 및 분석을 사용해야 한다.

7. 정보 및 분석에서 결과, 해석, 결론, 판단을 이끌어 내는 평가적 추론 과정은 분명하고 완전하게 문서화되어야 한다.
8. 평가와 관련된 의사소통은 충분한 범위 내에서 이루어지고 오해, 편견, 왜곡 및 오류를 미연에 방지해야 한다.

● 평가 책무성 표준(evaluation accountability standards)
1. 평가는 협상된 목적과 활용된 설계, 절차, 자료 및 결과를 완전히 문서화해야 한다.
2. 평가자는 이제껏 제시된 표준들과 기타 적용 가능한 표준들을 활용하여 평가 과정에서 사용한 평가 설계와 절차, 수집된 정보, 그리고 결과의 책무성을 검토해야 한다.
3. 프로그램 평가의 후원자, 의뢰인, 평가자 및 다른 이해관계자는 이제껏 제시된 표준들과 기타 적용 가능한 표준들을 활용하여 프로그램 평가에 대한 외부 평가가 이루어지도록 권장해야 한다.

출처: Yarbrough et al. (2010).

4. 교육정책 평가는 왜 어려운가

1880년대에 미국에서 여러 지역(districts) 학생들의 철자(spelling) 검사 점수를 비교하여 다양한 철자법 교육 프로그램의 가치를 판단하고, 가장 효율적인 프로그램을 전국에 확대 적용한 것이 최초의 공식적인 교육정책 평가로 알려져 있다. 이를 시작으로 교육정책 평가는 본격적으로 수행되어 왔고, 그 과정에서 관련 지식체계가 구축 및 발전됨에 따라 일종의 전문적 영역으로 자리를 잡게 되었다(Fowler, 2013).

교육정책 평가가 공식적으로 수행된 지 100년 이상이 지났음에도 불구하고, 교육정책 평가는 여전히 쉽지 않은 과업이다. 교육정책 평가를 어렵게 만드는 요인은 다양할 수 있는데, 그중 일부는 다음과 같다(Anderson, 2015). 첫째, **교육정책 목표의 불명확성**이다. 교육문제에 대한 정부의 의도적인 대응으로서 교육정책은 설정된 목표를 달성하기 위해 이행되지만 그 목표를 명확하게 파악하는 것이 쉽지 않다. 이는 교육정책이 다양한 정책 대안 중 실제 정책으로 채택되는 과정에서 정치적 지지를 얻기 위해 다양한 이해관계자의 이익이 최대한 많이 반영되도록 정책 목표가 추상화될 수 있기 때문이다. 심지어 교육정책의 목표 자체가 비교적 명확하게 기술되더라도 각 이해관계자의 개념적 이해의 틀이 구체적인 수준에서 다를 수 있기 때문에 교육정책의 목표는 여전히 다르게 이해될 수 있다(소경희 외, 2020). 그 결과, 교육정책의 목표 달성 여부를 나타내는 지표 선정에 대한 합의가 이루어지지 않아 분석 자체가 어려워지거나, 설사 분석 결과가 도출되어도 그 결과를 다르게 해석하거나 신뢰하지 못하는 문제가 발생할 수 있다.

둘째, 인과성(causality) 입증의 어려움이다. 교육정책 평가의 한 요소로서 교육정책의 목표 달성 여부 또는 정도를 체계적으로 분석한다는 것은 교육정책의 수립 및 이행을 원인으로 여기는 동시에 교육정책을 통해 달성하고자 의도했던 변화를 결과로 상정한 채 그 관계를 실증적인 자료의 분석을 통해 입증하는 것을 의미한다. 교육정책 효과의 인과성을 입증하기 위해서는 총 세 가지의 조건이 충족되어야 한다(Shadish et al., 2002). 먼저 교육정책의 수립 및 이행이 의도한 변화에 시간적으로 선행해야 한다. 또한 교육정책의 수립 및 이행과 의도한 변화가 서로 관련되어 있어야 한다. 마지막으로 교육정책의 수립 및 이행 외에 의도한 변화를 설명하는 다른 원인이 없어야 한다. 이 모든 조건을 충족시키기 위해서는 교육정책의 대상을 무작위로(randomly) 두 집단으로 나누고 그중 한 집단에 대해서만 교육정책을 도입한 뒤 교육정책의 효과를 나타내는 지표의 측면에서 두 집단을 비교하는 무작위 실험설계(randomized experimental design)를 적용하는 것이 가장 효과적인 것으로 알려져 있다. 하지만 효과가 아직 입증되지 않은 교육정책을 특정 집단에게만 적용하는 것이 윤리적으로 문제가 될 뿐만 아니라 이러한 정책적 실험을 수행하는 데 막대한 비용이 투입된다는 점에서 무작위 실험설계는 현실적으로 활용하기가 쉽지 않다. 이에 대한 대안으로서 무작위 실험설계에서 무작위 할당(random assignment) 요소가 제거된 준실험설계(quasi-experimental design)나 상관관계 분석(correlation analysis) 등이 활용된다. 하지만 무작위 실험설계를 사용하든, 대안적 방법을 사용하든 〈표 13-4〉에 나와 있는 것들을 포함한 다양한 요인이 교육정책 효과의 인과성 입증을 위한 분석의 엄밀성을 떨어뜨릴 가능성이 있다.

셋째, 이해관계자의 개입이다. 교육정책 평가에 따라 개인적인 이해관계가 달라질 수 있는 이해관계자는 다양한 방식으로 평가에 부정적인 영향을 끼칠 수 있다. 먼저 교육정책 평가의 결과로 인해 자신들의 입지가 좁아질 것으로 예측하는 정책이행자는 평가 자체를 반대하거나, 분석에 필요한 자료에 대한 접근을 제한하거나, 불완전한 자료만 제공할 수 있다. 또한 재선(reelection)에 많은 관심을 두고 있는 선출직 정책입안자는 교육정책 효과의 발현이 비교적 장기간에 걸쳐 이루어질 때에도 그러한 정책의 특성보다는 선거 주기에 맞춰 교육정책 평가를 의뢰함으로써 평가의 질을 떨어뜨릴 수 있다. 한편, 일

부 이해관계자는 교육정책에 관한 자신의 입장을 철회하는 것을 감정적으로 불쾌하게
여겨 교육정책 평가의 결과 자체를 무시하고 기존의 기조를 유지함으로써 평가의 의미
를 퇴색시키기도 한다.

표 13-4 **교육정책 효과의 인과성 식별의 장애 요인**

요인	설명
자기 선택 (self-selection)	• 특정 속성을 지닌 집단이 교육정책의 대상이 되기를 자처한 뒤 교육정책의 효과성이 분석된 경우, 분석 결과로 도출된 (비)효과성의 진정한 근원이 교육정책 자체에 있는지 아니면 그 교육정책을 선택한 집단의 특정 속성에 있는지 명확하게 구분할 수 없음 • 단, 무작위 실험설계의 경우에는 해당되지 않음
역사 (history)	• 교육정책의 도입 및 이행 시기와 비슷한 때에 특정 역사적 사건이 일어난 뒤 교육정책의 효과성이 분석된 경우, 분석 결과로 도출된 (비)효과성의 진정한 근원이 교육정책 자체에 있는지 아니면 그 교육정책과 함께 일어난 역사적 사건에 있는지 명확하게 구분할 수 없음
성숙 (maturation)	• 교육정책의 도입 및 이행 시기가 정책의 대상 집단이 자연스럽게 성장 및 성숙하는 시기와 겹칠 때 교육정책의 효과성이 분석된 경우, 분석 결과로 도출된 (비)효과성의 진정한 근원이 교육정책 자체에 있는지 아니면 정책 대상 집단의 자연스러운 발달에 있는지 명확하게 구분할 수 없음
회귀 (regression)	• 일시적으로 극단적 상황에 처해 있던 집단이 교육정책의 대상으로 선정된 뒤 교육정책의 효과성이 분석된 경우, 분석 결과로 도출된 (비)효과성의 진정한 근원이 교육정책 자체에 있는지 아니면 그 교육정책의 대상으로서 선정된 집단의 자연스러운 회복에 있는지 명확하게 구분할 수 없음
탈락 (attrition)	• 특정 속성을 지닌 집단이 교육정책의 영향에서 벗어난 뒤 교육정책의 효과성이 분석된 경우, 분석 결과로 도출된 (비)효과성의 진정한 근원이 교육정책 자체에 있는지 아니면 그 교육정책의 영향권으로부터 이탈한 집단의 특정 속성에 있는지 명확하게 구분할 수 없음

출처: Shadish et al. (2002).

생각해 봅시다

　1. 내가 경험한 교육정책 중 성공한 사례와 실패한 사례는 각각 무엇인가?

　2. 교육정책 평가자는 어떠한 역량을 갖추어야 하는가?

　3. 교육정책 평가의 결과를 적절하게 환류하기 위한 실천적 전략은 무엇인가?

참고문헌

김범수, 강소랑(2017). 학원 교습시간 규제가 사교육비에 미치는 영향. **국제통상연구**, 22(2), 73-100.

김지하(2009). 학원교습시간 규제의 사교육 수요경감 효과 분석: 사교육비와 사교육 시간을 중심으로. **교육행정학연구**, 27(4), 465-487.

배한진, 진미정(2019). 학원 심야교습시간 제한 조례가 고등학생의 학원교습시간 및 수면시간에 미친 영향. **한국청소년연구**, 30(1), 219-250.

소경희, 박지애, 최유리(2020). 교육개혁 실천에 있어서 교사들의 '의미-만들기(sense-making)' 과정에 대한 개념적 이해. **교육과정연구**, 38(4), 131-155.

전학선(2009). 학원 교습시간 제한 조례의 위헌성 검토. **세계헌법연구**, 15(2), 461-496.

정일환, 주철안, 김재웅(2021). **교육정책학**. 학지사.

주삼환, 신붕섭, 이석열, 정일화, 김용남(2023). **교육행정 및 교육경영(제6판)**. 학지사.

Anderson, J. E. (2015). *Public policymaking: An introduction* (8th ed.). Cengage Learning.

Fitzpatrick, J. L., Sanders, J. R., & Worthen, B. R. (2011). *Program evaluation: Alternative approaches and practical guidelines* (4th ed.). Pearson Education.

Fowler, F. C. (2013). *Policy studies for educational leaders: An introduction* (4th ed.). Pearson Education.

Labaree, D. F. (1997). Public goods, private goods: The American struggle over educational goals. *American Educational Research Journal*, 34(1), 39-81.

Rossi, P. H., Lipsey, M. W., & Henry, G. T. (2019). *Evaluation: A systematic approach* (8th ed.). Sage.

Shadish, W. R., Cook, T. D., & Campbell, D. T. (2002). *Experimental and quasi-experimental designs for generalized causal inference.* Houghton Mifflin Company.

Smith, K. B., & Larimer, C. W. (2017). *The public policy theory primer* (3rd ed.). Routledge.

Wheelan, C. (2011). *Introduction to public policy.* W. W. Norton & Company.

Wholey, J. S. (2004). Evaluability assessment. In J. S. Wholey, H. P. Hatry, & K. E. Newcomer (Eds.), *Handbook of practical program evaluation* (2nd ed., pp. 33–62.). Jossey-Bass.

Yarbrough, D. B., Shulha, L. M., Hopson, R. K., & Caruthers, F. A. (2010). *The program evaluation standards: A guide for evaluators and evaluation users* (3rd ed.). Corwin Press.

개요 ···

우리는 초연결사회에 살고 있다. 초연결사회의 진화는 학교 교육에도 큰 변화를 가져올 것
으로 예상된다. 학생들의 다양성과 개별성이 존중되고, 학습자의 능동성과 창의성이 중시되
며, 이론과 실제가 유기적으로 결합되고, 궁극적으로는 학생의 성장과 웰빙에 실질적으로
기여하는 교육에 대한 요구가 커질 것으로 전망된다. 학교 교육의 변화를 효과적으로 유도
하고 그러한 변화의 자생성과 지속성을 지원하는 것이 교육행정의 중심 과제가 될 것이다.

학습목표 ···

1. 학교 교육의 기능을 미래 사회의 맥락 속에서 재조명한다.
2. 학교 개혁의 방향성에 대한 의견과 논거를 제시할 수 있다.
3. 교육행정의 과제를 제시할 수 있다.

제 **14** 장

교육행정이 초연결사회를 만나면[1]

함승환

1. 초연결사회의 미래는
2. 학교 교육의 미래는
3. 교육행정의 과제는

1) 이 장은 저자의 다른 글(함승환, 2022a, 2022b)을 수정 및 보완한 것임. 이 장은 2022년 대한민국 교육부와 한국연구재단의 지원을 받아 집필됨(NRF-2022S1A5A2A01044979).

EDUCATIONAL ADMINISTRATION
EDUCATIONAL MANAGEMENT

1. 초연결사회의 미래는

오늘날 우리는 초연결사회에 살고 있다. 초연결사회는 사람과 사람, 사람과 사물, 사물과 사물이 촘촘하게 연결된 고도의 네트워크 사회이다(Biggs et al., 2012; Schwab, 2016). 이러한 사회는 '제4차 산업혁명'으로 불리는 첨단 기술혁신과 밀접하게 관련된 사회적 변화이다. 모든 사람과 모든 것이 디지털로 연결되어 있고, 이러한 연결 상태는 빅데이터의 지속적이고 상시적인 축적을 가능하게 한다. 이렇게 축적되는 빅데이터는 인공지능의 학습 재료가 되고, 학습을 통해 진화하는 인공지능은 모든 사람과 모든 것을 더욱 촘촘히 맞춤형으로 다시 연결한다. 결국 연결성은 점차 확장되고 강화될 뿐만 아니라 더욱 섬세해지고 맞춤화된다. 기존의 연결성 개념은 인간의 주체성과 사물의 대상성을 구분했다. 이러한 구분은 당연했다. 인간이 연결을 위한 판단과 행위의 주체였고, 사물은 연결의 대상일 뿐이었다. 하지만 초연결성 개념은 더 이상 이러한 구분을 분명히 하지 않는다. 사람의 판단과 행동이 많은 부분 사물의 판단과 행동으로 대체된다. 초연결 지능화가 눈부신 속도로 발전함에 따라 능동적 판단 능력과 고도의 협응 능력을 더 이상 인간만의 특징으로 단정할 수 없게 되었다.

'초연결성'이라는 용어는 의사소통과 상호작용의 수단이 무수히 많아졌다는 것을 지칭할 뿐만 아니라, 그것이 개인의 행태와 조직 생활의 일상에 영향을 미친다는 것을 함축한다. 초연결성은 구체적으로 다음과 같은 몇 가지 주요 특징을 지닌다(Fredette et al., 2012). 첫째, 상시 연결성이다. 유비쿼터스 모바일 기기를 통해 사람들은 가족, 직장, 친구, 취미, 관심사 등에 언제나 연결될 수 있다. 둘째, 접근 용이성이다. 모바일 기기와 개인용 컴퓨터를 통해 사람들과 조직들은 하나의 네트워크로 연결된다. 이러한 네트워크에의 접속은 시간과 장소에 구애받지 않고 점점 더 높은 수준으로 가능해지고 있다. 셋째, 정보의 방대성이다. 웹사이트, 검색 엔진, 소셜 미디어, 실시간 뉴스, 생성형 인공지능 도구 등을 통해 중요한 정보부터 소소한 정보에 이르기까지 개인이 소비할 수 있는 범위를 뛰어넘는 대량의 정보가 끊임없이 제공된다. 넷째, 상호작용적 개방성이다. 초연결성을 통해 누구나 그 무엇에 대해서도 자신의 의견을 제시하고 관여할 수 있다. 다섯째, 인간과 사물 간의 탈경계성이다. 초연결성에 기초한 소통은 사람과 사람 간의 소통뿐만 아니라 사람과 기계 간의 소통 및 기계와 기계 간의 소통도 포함한다. 사물 인터넷의 진화와 지능형 만물 인터넷의 등장은 그 예시이다. 여섯째, 상시 기록성이다. 자동화 기록 시스템, 거의 무제한의 저장 용량, 소형화된 카메라, 위성 위치 확인 시스템, 각종 지능형 센서 등이 모든 사람의 일상 활동과 소통 내용의 상당 부분을 반영구적인 기록으로 남긴다.

초연결사회는 고도로 연결된 네트워크상에서 정보와 지식이 공유되는 사회이기도 하다. 다양한 재화와 서비스에 대한 공유 경제의 부상도 정보와 지식의 공유 플랫폼을 그 근간으로 한다. 이러한 공유를 바탕으로 보다 많은 사람이 다양한 자원에 손쉽게 닿을 수 있다. 고전적 정치이론은 자원의 제한성과 인간 욕구의 무한성 간의 긴장이 정치현상의 불가피성과 정책의 필요성을 설명한다고 본다(Lasswell, 1936). 향후 초연결사회에서 자원 공유의 확대가 진전된다면 한정된 자원의 권위적 배분이라는 고전적 정치 과제는 어느 정도 자연스럽게 해결될지도 모른다. 하지만 다른 한편으로는 기존의 것들과 차별성을 지니는 새로운 재화와 서비스가 끊임없이 등장할 수 있는 여건을 초연결사회는 동시에 제공하고 있다. 자원에 대한 양적 접근성의 확대에도 불구하고 질적 가치의 희소성 문제는 여전히 남아 있는 것이다. 이러한 희소성은 개인 간 및 집단 간의 사회적 편차를 만들어 낸다. 초연결사회의 사회적 편차는 다양한 형태의 질적 가치에 대한 불균등한 접근성을 의미하게 될 것이다. 이는 명확히 드러나는 양적 불평등이라기보다는 미세하고 다차원적인 질적 격차에 가까울 것이다.

초연결사회가 진전될수록 전통적 노동자로서의 인간의 역할은 축소될 것이라는 전망이 지배적이다. 이러한 전망을 둘러싸고 향후 높은 실업률 등 사회적으로 어려운 문제가 야기될 것이라는 비관적인 시각과 함께 인간이 노동을 새롭게 정의하게 될 것이라는 낙관적인 시각이 공존한다(Manyika et al., 2017). 이러한 시각 차이에도 불구하고 양쪽 시각 모두 향후 인간의 노동에 중대한 변화가 올 것이라는 예상을 공유한다는 점에 주목할 필요가 있다. 그 변화가 정확히 무엇일지는 아직 불분명하다. 하지만 비교적 분명한 것은 초연결사회가 진전될수록 사람들은 보다 창의적이고 차별성 있는 일에 집중할 때 자신의 실존적 의미를 제대로 확인할 수 있을 것이라는 점이다. 물론 창의성은 초연결사회 이전에도 중요했다. 하지만 과거와 다른 점은 창의성이 지니는 의미이다. 과거에 창의성이 주로 산업 생산성과 결부된 협소한 도구주의적 개념이었다면, 초연결사회에서 창의성은 개인의 정체성과 관련된 실존적 개념으로 확장될 가능성이 크다. 모든 사람과 모든 것이 한데 연결되어 뒤섞일 때, 그리고 인간의 주체성과 사물의 대상성 간의 구분이 흐릿해질 때 내가 누구인가에 대한 물음은 내가 어떤 창의성을 지니고 있는지에 대한 물음과 더욱 긴밀하게 관련될 것이다.

2. 학교 교육의 미래는

초연결사회의 진화는 학교 교육에도 큰 변화를 가져올 것으로 예상된다. 초연결사회에서 학교 교육이 어떠한 모습을 갖추어야 하는지에 대해서는 매우 다양한 견해가 제시되고 있다. 이들 견해는 시각과 초점의 다양성에도 불구하고 공통적으로 표준화된 지식의 효율적 전달에 초점을 둔 기존의 학교 교육이 초연결사회와 잘 어울리지 않는다는 데 대체로 동의하고 있다. 학생들의 다양성과 개별성이 존중되고, 학습자의 능동성과 창의성이 중시되며, 이론과 실제가 유기적으로 결합되고, 궁극적으로는 학생의 성장과 웰빙에 실질적으로 기여하는 교육이 필요하다는 것이다.

초연결사회에서는 학교 교육을 둘러싼 제도환경이 표준화된 지식의 권위를 강조하기보다는 개별 학습자의 창의성을 강조하게 될 것이라는 전망이 우세하다. 창의성은 다양성을 바탕으로 한 차별성으로 개념화될 수 있다. 초연결사회에서는 모두에게 획일적으로 적용되는 양적 평등성보다는 학습자에게 맞춤형으로 개별화된 수월성과 질적 형평성이 더욱 강조될 가능성이 크다. 과거의 교육정책이 표준화된 학습 경험에 대한 양적 평등성을 강조하는 책무성 담론에 크게 의존했다면, 초연결사회의 교육정책은 '교육정책'에서 '교육'의 의미가 무엇인지를 되묻게 될 것이다. 특히 학습자의 다양성 존중과 창의성 계발은 더 이상 규범적 요구나 정책적 수사에 머무르지 않을 것이다. 오히려 교육소비자인 학생과 학부모가 이러한 변화에 맞추어 새로운 교육적 수요를 만듦으로써 결과적으로 다양한 방식의 학교 개혁을 이끌 가능성이 크다.

초연결사회에서 구체적으로 어떠한 학교 교육이 필요한지에 대해 다양한 논의가 진행되고 있다. 일례로, 제4차 산업혁명 담론의 본격화를 촉발한 세계경제포럼은 미래 사회에 필요한 새로운 교육모델로 '교육 4.0'을 제시했다(World Economic Forum, 2020). [그림 14-1]에 요약된 이 모델은 미래 사회의 구성원이 반드시 갖추어야 할 4대 기량과 미래의 교육 시스템이 효과적으로 지원해야 할 4대 학습양식을 그 핵심 내용으로 한다. 먼저 4대 기량은 세계시민성 기량(global citizenship skills), 혁신과 창의성 기량(innovation and creativity skills), 테크놀로지 기량(technology skills), 대인관계 기량(interpersonal skills)

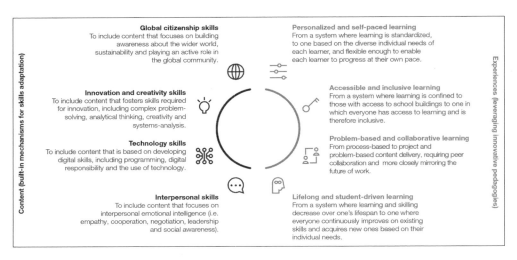

[그림 14-1] 세계경제포럼의 교육 4.0 모델

출처: World Economic Forum (2020), p. 7.

이다. 다음으로 4대 학습양식은 학습자 중심의 개별화학습(personalized and self-paced learning), 접근이 용이한 포용적 학습(accessible and inclusive learning), 문제 기반의 협력학습(problem-based and collaborative learning), 학습자 주도의 평생학습(lifelong and student-driven learning)이다.

　하지만 이와 같은 '미래형' 교육 모델은 사실 그다지 새롭지 않다. 이러한 교육의 필요성은 초연결사회가 등장하기 훨씬 이전부터 다각도로 제기되어 왔다. 이미 20세기 초중반에 정교화된 진보주의 교육철학과 20세기 중후반에 등장한 구성주의 학습이론이 '교육 4.0'의 4대 학습양식을 지탱하는 이론적 근간이라고 보아도 무방하다. 또한 4대 기량 역시 '21세기 기량' 등과 같은 명칭으로 20세기 후반부터 꾸준히 강조되어 온 것들이다. 이러한 교육은 사실 초연결사회의 등장으로 인해 필요한 것이 아니라, '교육'은 본래 이러한 속성에 부합해야 한다. 공적 제도로서의 학교 교육(schooling)이 교육(education)과 일정한 거리를 두고 있었을 뿐이다. 진보주의 교육철학과 구성주의 학습이론 등은 개별 학습자가 다양한 환경과의 능동적 상호작용을 통해 지속적으로 성장해 나가는 과정을 학습의 본질로 강조해 왔다. 여기서 환경은 시공간적 환경뿐만 아니라 인적·물적·문화적 환경을 포괄한다. 교육은 의미 있는 학습을 촉진하기 위한 적절한 환경을 조성하는 것에서 시작된다. 학교 교육이 교육에 가까워지도록 더 나은 환경을 조성하는 것이 중요한 것이다.

　결국 21세기형 교육 모델의 중요성은 그 내용적 새로움에 있지 않다. 20세기부터 주창되어 온 것들이 21세기에 드디어 효과적으로 구현될 가능성이 높아졌다는 점에 그 중요성이 있다. 여기서 주목할 점은 초연결사회의 등장과 더불어 '학교 교육'과 '교육' 간의 간극을 좁혀야 할 필요성이 새롭게 주목받고 있다는 점이다. 교수·학습의 내용으로서 표준화된 지식을 강조했던 과거의 학교 교육은 창의적이고 능동적인 인간상보다는 순응적이고 피동적인 인간상에 기초했다. 과거 인간의 실존적 의미가 노동자로서의 효율성과 생산성 측면에 크게 의존했다면, 초연결사회에서 인간의 실존적 의미는 고도의 창의성에서 발현될 가능성이 크다. 학교 교육을 거시적 사회제도의 일부로 이해할 때, 학교 교육을 둘러싼 과거의 제도환경은 사회 전반의 효율적 운영을 중시하는 '표준화' 논리를 강조했다. 향후 초연결사회가 진전될수록 창의성과 다양성을 강조하는 '탈표준화' 논리가 과거의 '표준화' 논리를 약화시키며 양자 간에 새로운 균형점을 찾게 될 가능성이 크다 (Robinson & Aronica, 2015; Zhao, 2012).

초연결사회의 등장은 단순히 기술공학적 진화를 의미하지 않는다. 제4차 산업혁명은 다양한 기술혁신에 의해 추동되었지만, 그것이 촉발한 초연결사회의 등장은 다분히 '사회적' 현상이다. 초연결사회의 핵심 특징은 일상의 사회적 현실이 '연결성' 메타포로 재해석된다는 데 있다. 특히 '초연결성'으로 불리는 '증대된 연결성'은 우리의 삶 전반에 걸쳐 큰 '의미 축'이 되었다. '교육 4.0'과 같은 '미래형' 교육 모델은 초연결사회의 '연결성' 메타포와 일관성 있는 논리를 내포하고 있다. 〈표 14-1〉은 '교육적 연결성' 메타포 시각에 기초하여 학교 교육의 일부 세부측면을 재조명한 것이다. 각 세부측면과 관련하여 초

표 14-1 교육적 연결성 메타포와 학교 교육

세부측면	연결성	
	연결	단절
학교환경의 첨단화	첨단 테크놀로지의 충분한 구비와 적절한 활용; 교수·학습 활동의 시공간적 확장	첨단 테크놀로지의 미비 또는 미활용; 교수·학습 활동의 시공간적 제약
학교 경계의 교량화	유연하게 열린 학교 경계; 다양하고 폭넓은 교류와 협력; 외부 자원의 연계와 활용	공고하게 닫힌 학교 경계; 제한된 교류와 협력; 외부 자원과의 분리
교수활동의 섬세화	소규모 교실; 교수-학생 간 긴밀한 개별적 상호작용; 전문적 교수활동	대규모 교실; 교수-학생 간 제한된 개별적 상호작용; 단조로운 교수활동

출처: 함승환(2022b), p. 101.

연결사회의 학교 교육의 모습을 개략적으로 예측하면 다음과 같다.

첫째, '학교 환경의 첨단화'를 통해 교육적 연결성이 강화될 것이다. 초연결사회의 새로운 기술적 토대는 '교육 4.0'과 같은 '미래형' 교육 모델이 더는 먼 '이상'에 그치지 않고 가까운 '현실'에서 싹트도록 하는 기본 토양을 제공한다. 구체적으로 초연결사회의 학교 환경은 각종 첨단 테크놀로지를 통해 시공간적 확장성을 높은 수준으로 확보할 것이다. 첨단 정보통신기술을 토대로 한 각종 디지털 플랫폼은 교수·학습 활동의 시공간적 범위를 확대하는 데 다양하게 활용될 수 있다. 또한 향후 가상현실과 증강현실 기술의 고도화와 대중화는 학습 경험의 시공간성과 실제성에 대한 새로운 기준을 제시할 것이다. 빅데이터와 인공지능 기반의 학습지원 도구는 개별화된 맞춤형 학습의 과정과 성과를 면밀히 모니터링하는 데 중요한 도움을 제공할 것이다. 이와 같은 '학교 환경의 첨단화'는 초연결사회에서 교육적 연결성이 강화되는 기술공학적 토대를 제공한다. 첨단화된 학교 환경이 제공하는 강화된 교육적 연결성은 학습자에게 학습에의 접근을 용이하게 할 뿐만 아니라 학습 경험의 범위를 확장할 수 있도록 한다. 또한 '학교 환경의 첨단화'는 학습자의 '테크놀로지 기량'을 강화하는 데에도 반드시 요구되는 환경적 조건으로서도 강조되어 그 담론적 정당성을 높은 수준으로 획득할 것이다.

둘째, '학교 경계의 교량화'를 통한 교육적 연결성 강화 노력이 기울여질 것이다. 초연결사회의 학습자는 각자 고립되어 있는 학습자가 아니라 서로 '연결된' 학습자로 이해된다. 학습자는 학교 밖에서 이미 고도로 연결되어 있으며, 그러한 연결성을 토대로 다양한 학습 욕구를 키우게 될 것이다. 개별 학교 내부의 자원만으로는 학습자의 다양화된 학습 욕구를 충분히 만족시키기 어렵다. 초연결사회에서는 '학교 경계의 교량화'를 통해 개별 학교가 지닌 자원과 역량의 제한성 문제를 해소해야 할 필요성이 커진다. 각 학교는 학습자의 다양한 학습 욕구를 보다 효과적으로 만족시키기 위해 학생의 교육과정 선택폭을 확대하거나 다양한 특별 활동 프로그램을 적극적으로 운영하게 될 가능성이 크다. 많은 경우 이는 학교 울타리나 지리적 경계를 넘나드는 학생 교류를 동반할 것이다. 이를 통해 학습자의 경험과 관심을 다각도에서 심화 및 확장하는 기회들이 제공될 수 있다. 이러한 활동에는 필요에 따라 학교 외부인이 명예교사나 멘토 등으로 참여하여 개별 학교가 충분히 채워 주지 못하는 부분을 메꿔 줄 것이다. 교사의 경우 학습자의 다양한 교육적 요구에 맞춰 어렵고 복잡한 판단을 수시로 내려야 하는 상황 속에 놓이게 되며, 이는 서로의 전문성을 공유해야 할 필요성을 키우게 된다. 초연결사회에서 교사 간 전문성 공유는 학교 울타리 안에서만 일어나지 않을 것이다. 지역과 국경을 넘나드는 교사 간의 교류와 협력도 더욱 활발해질 가능성이 크다. 이를 통해 각 교사의 개인적 전문성뿐만 아니라 집단적 전문성을 신장시키고 이를 함께 활용하게 될 것이다.

셋째, '교수활동의 섬세화'에 기초한 교육적 연결성이 강조될 것이다. 초연결성은 모든 사람과 사물을 하나의 거대한 네트워크로 연결시킨다는 점에서 개방성과 포용성을 핵심 특징으로 한다. 따라서 초연결사회에서는 이론적으로 모든 학습자가 풍부한 학습 기회에 닿아 있다. 하지만 학습 기회가 풍부하다는 것이 곧 그러한 학습 기회가 충분히 활용된다는 것의 충분조건은 아니다. 초연결사회가 진전될수록 학습자는 초연결 네트워크에 단순히 연결되어 있는 학습자 집단과 초연결 네트워크를 적극적으로 활용하는 학습자 집단으로 나뉠 것이다. 이는 향후 새로운 형태의 '교육격차'로 정의되어 중요한 사회적 쟁점으로 등장할 가능성이 크다. 이러한 격차를 줄이기 위해서는 교사에게 더욱 증대된 수준의 전문성이 요구될 수밖에 없다. 과거의 학교 교육에서 지식은 대체로 고정되어 있었으며, 교사의 역할은 일정한 지식을 그대로 전달하는 것에 집중되었다. 하지만 초연결사회에서는 각 학생이 비판적 질문과 능동적 탐구에 깊이 참여할 수 있도록 교사의 높은 전문성이 발휘되어야 한다. 개별 학생과의 '섬세한' 상호작용과 각 학생에 대한 사려 깊은 판단이 빈번히 요구되기 때문이다. 초연결사회가 진전될수록 '교수활동의 섬세화' 요구에 맞춰 학급 규모는 더욱 작아지고 교사에게는 더욱 높은 수준의 전문성이 기대될 개연성이 크다.

'초연결사회 진입도'가 높은 국가일수록 학교 교육 역시 '교육적 연결성'을 높은 수준으로 갖추고 있을까? 한 연구(함승환, 2022b)에 따르면, 이 질문에 대한 답은 '그렇다'이다. 해당 연구는 국가별 초연결사회 진입도와 교육적 연결성 수준을 살펴보기 위해 두 개의 비교국가 자료를 결합하여 분석했다. 먼저 국가별 초연결사회 진입도를 측정하기 위해 미국의 포툴란스 연구소(Portulans Institute)가 수집한 국가별 네트워크 준비 지수(Network Readiness Index: NRI) 자료를 활용했다. 이와 더불어 국가 간 교육적 연결성 수준을 비교하기 위해 경제협력개발기구(OECD)의 국제 학업성취도 평가 프로그램(Programme for International Student Assessment: PISA) 자료를 활용했다. 해당 연구에서 국가별 '초연결사회 진입도'는 '정보통신 기술 및 미래형 초연결 기술의 개발과 활용을 토대로 하여 다양한 서비스와 콘텐츠가 활발하고 안전하게 유통

되는 네트워크 경제 환경이 구비된 정도'로 조작적으로 정의되고 측정되었다. 국가별 '교육적 연결성' 수준은 세부적으로 '학교 환경의 첨단화' '학교 경계의 교량화' '교수활동의 섬세화' 측면에서 측정되었다. 자료에 포함된 73개국을 분석한 결과([그림 14-2] 참조), 초연결사회 진입도가 높은 국가일수록 교육적 연결성 수준이 뚜렷하게 높은 경향성을 보였다.

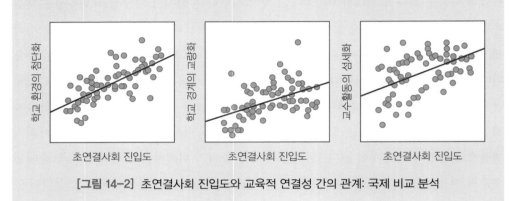

[그림 14-2] 초연결사회 진입도와 교육적 연결성 간의 관계: 국제 비교 분석

출처: 함승환(2022b).

3. 교육행정의 과제는

초연결사회의 증대된 연결성과 스마트 거버넌스의 고도화는 정책 과정과 정부의 서비스 전반을 더욱 투명하게 가시화할 것이다(Fredette et al., 2012). 스마트 거버넌스는 정보·통신·운영 기술을 통합적으로 사용하여 다양한 일을 진행하고 문제를 처리하는 공공행정 관리 방식이다. 이는 정부와 시민을 더욱 가까이 연결하여 정부의 정책이나 서비스에 대한 시민의 감시와 비판을 더욱 높은 수준으로 가능하게 할 것이다. 과거에 비해 시민의 '참여'가 용이해진 것이다. 누구나 언제 어디서든 정부의 정책이나 서비스에 대해 자유롭게 평가하고 이를 다수의 사람과 공유할 수 있다. 정부기관들은 그들의 역할과 기능을 더욱 면밀히 검토하라는 압력을 지속적으로 받게 된다. 소셜 미디어의 일상화는 각종 정책 개선 및 서비스 개선 과정에 대한 시민의 참여를 증대시킨다. 정부는 보다 지속가능한 방식으로 양질의 공공 서비스를 제공하고 시민의 피드백에 더욱 기민하게 대응하기 위해 다양한 종류의 정보를 데이터화하고 이를 분석하는 데 증대된 노력을 기울이게 될 것이다. 스마트 거버넌스는 이제 정부 운영 모델에서 빠질 수 없는 구성 요소가 되

고 있다.

　　교육행정도 시민의 목소리와 참여를 더욱 중시하는 방식으로 진화할 것이다. 하지만 초연결사회에서 시민 참여의 통로 확대가 반드시 참여의 질적 향상을 의미하는 것은 아니다. 초연결사회는 참여의 통로를 크게 확장하지만, 그것이 반드시 참여의 능동성을 보장하거나 숙의를 동반하도록 하는 것은 아니다. 초연결성은 모든 사안에 대해 모두가 참여할 수 있도록 사실상 통로를 열어 놓음으로써 포퍼(Popper, 1945)가 말한 '열린 사회'의 구축 가능성을 극대화할 것으로 기대되는 한편, 다른 한편으로는 자칫 무질서한 혼란과 갈등을 초래할 가능성도 있다. 초연결성은 그것이 전개되는 사회정치적 상황이나 맥락에 따라 능동적이고 숙의적인 시민 참여로 이어질 수도 있지만, 갈등의 확대로 이어질 수도 있다. 공공 서비스로서의 공교육에 시민의 다양한 의견을 반영하여 서비스의 질을 개선해 나아가기 위한 정부의 노력은 앞으로 그 중요성이 더욱 커질 것이다. 다양한 의견을 어떠한 기준과 방식으로 포용하며, 서로 다른 의견을 어떻게 효과적으로 조율할지에 대한 고민이 교육행정의 중요한 과제이다.

　　초연결사회는 사회 전반에 새로운 가능성뿐만 아니라 여러 도전과 과제를 가져다준다. 초연결성은 사회 전반에 수평적 개방성과 창의적 역동성을 더할 수도 있지만, 다른 한편으로는 새로운 형태의 통제와 착취, 은밀한 감시, 혼란과 무질서 등을 의미할 수도 있다(김대호 외, 2015; 이충한, 2018). 학교 교육을 통해 모든 사회 구성원이 '숙의적 시민'이 되어야 한다는 거트만(Gutmann, 1999)의 주장은 초연결사회의 고도화 속에서 설득력을 더한다. 학교 교육은 미래 세대의 구성원으로 하여금 새로운 사회적 변화가 가져올 긍정적 가능성은 극대화하면서도 새롭게 등장할 수 있는 사회적 도전에 대해서도 정확히 인식하도록 이들을 준비시켜야 한다. 미래 세대 구성원이 앞으로 초연결사회가 가져올 다양한 도전과 위협을 정확히 분석하고 이에 효과적으로 대처할 수 있으려면 창의적인 문제 해결 능력과 집단적 협력 능력 등 표준화된 지식을 넘어서는 다양한 역량을 필요로 한다. 학교 교육이 다양한 형태의 경험과 성찰의 기회를 모든 학생에게 풍부하게 제공해야 하는 것이다.

　　사회가 초연결사회로 더욱 깊이 진입할수록 교육정책과 실천 모두 새롭게 진화할 것이다. 학교 환경의 첨단화, 학교 경계의 교량화, 교수활동의 섬세화는 더욱 진전된 수준으로 발전할 것이다(〈표 14-1〉을 다시 살펴볼 것). 그간 '학교 교육의 문법'(Tyack & Cuban, 1995)으로 오래도록 굳어 온 기존의 학교 교육 운영 방식과 새롭게 움트는 학교 교육의

표 14-2   학교 교육의 기존 문법과 새로운 문법

	학교 교육의 기존 문법	학교 교육의 새로운 문법
목적	• 학생들을 사회질서에 동화시킴	• 학생들이 능동적으로 사회질서를 새롭게 만들 수 있도록 힘을 길러줌
교수학적 목표	• 기존 지식의 효율적 습득	• 지식의 창의적 활용과 생산
기본 성격	• 거래적	• 관계적
지식에 대한 관점	• 지식은 고정되어 있고 분절되어 있음	• 지식은 역동적으로 구성되며 상호 연결되어 있음
학문 간 경계	• 분명함	• 투과적임
학습의 양상	• 교수활동을 통한 지식의 전달 중심	• 수행과 관찰을 통한 학습 참여 중심
학생의 선택권	• 좁고 제한적	• 넓고 개방적
시간	• 획일적으로 고정된 시간 블록	• 유연하게 가변적인 시간 블록
평가	• 표준화된 시험 점수	• 학생이 만들어 낸 다양한 형태의 의미 있는 성과물
학생 그룹화	• 연령 및 사회문화적 집단에 따른 분리	• 연령 및 사회문화적 집단 간 통합
형평성에 대한 관점	• 시험 성적 격차의 해소	• 학생별 잠재력 발굴 및 잠재력 발현 지원
학습 장소	• 학교	• 학교 안팎의 다양한 온오프라인 장소
조직 운영 모형	• 하향식 기획과 실행	• 분산적 리더십과 자생적 변화

출처: Mehta (2022), p. 56.

변화 양상 간에 다양한 긴장도 발생할 것이다. 〈표 14-2〉에 정리된 내용은 학교 교육의 기존 문법을 되짚어보고 새로운 가능성을 모색해 보는 데 도움을 제공한다. 앞으로 학교 교육은 학생들이 지식을 효율적으로 습득하는 것뿐만 아니라 지식을 창의적으로 활용하고 새로운 지식을 생산해 내는 힘을 기르는 것을 강조하게 될 것이다. 교육 형평성은 표준화된 시험 성적의 격차를 해소하는 문제로 축소되기보다는 학생별 잠재력의 발굴과 그 발현을 효과적으로 지원하는 문제로 확장되어 이해될 것이다. 학교의 경직된 시간 블록, 고정된 장소, 획일적 학생 그룹화는 도전받게 되고, 학생의 다양성을 더욱 섬세하게 포용하는 방식으로 학생의 선택권이 유연하게 확장될 것이다. 이러한 일련의 변화들은 새로운 조직 운영 모형을 요구한다. 하향식 기획과 실행을 근간으로 하는 기존의 조직

운영 모형과 분산적 리더십을 기반으로 자생적 변화를 촉진하는 모형 간에 새로운 균형점을 찾아야 한다. 교육행정은 다양한 교육적 혁신이 발아하고 번창하도록 지원하면서도 동시에 그러한 혁신이 동반할 수 있는 불확실성을 안정적으로 관리하는 역할을 요구받게 될 것이다. 학교 교육의 변화를 효과적으로 유도하고 그러한 변화의 자생성과 지속성을 지원하는 것이 교육행정의 중심 과제가 될 것이다.

 생각해 봅시다

1. 사회의 여러 국면에서 미래 사회는 어떻게 변화할 것인가?

2. 학교는 앞으로는 어떤 변화의 요구를 받게 될 것인가?

3. 학교 교육의 새로운 문법은 어떤 교육행정을 요구하게 될 것인가?

 참고문헌

김대호, 김성철, 신동희, 최선규, 이상우, 심용운, 전경란, 이재신(2015). 인간, 초연결사회를 살다. 커뮤니케이션북스.

이충한(2018). 4차 산업혁명과 민주주의의 미래: 사유의 무능과 통제사회. 철학논총, 91, 289-312.

함승환(2022a). 초연결사회와 정치교육. 박선형, 신현석, 송경오, 백선희, 박희진, 하봉운, 이전이, 이동엽, 이인수, 조현희, 모춘흥, 김왕준, 함승환, 정치교육론: 이론과 실천 및 과제(pp. 333-349). 학지사.

함승환(2022b). 초연결사회의 학교교육 개혁과 '교육적 연결성'. 김경섭, 박소영, 서은아, 김영재, 함승환, 홍희경, 김수현, 이영환, 강란숙, 이지영, 이병태, 김윤희, 주현식, 서정목, 서지혜, 융합의 시대: 메타버스-확산의 예감(pp. 97-112). 한국문화사.

Biggs, P., Johnson, T., Lozanova, Y., & Sundberg, N. (2012). Emerging for Issues for our hyperconnected world. In S. Dutta & B Bilbao-Osorio (Eds.), *The global information technology report 2012: Living in a hyperconnected world* (pp. 47-56). World Economic Forum.

Fredette, J., Marom, R., Steiner, K., & Witters, L. (2012). The promise and peril of hyperconnectivity for organizations and societies. In S. Dutta & B Bilbao-Osorio (Eds.), *The global information technology report 2012: Living in a hyperconnected world* (pp. 113-119). World Economic Forum.

Gutmann, A. (1999). *Democratic education* (Revised ed.). Princeton University Press.

Lasswell, H. D. (1936). *Politics: Who gets what, when, how.* Whittlesey House.

Manyika, J., Lund, S., Chui, M., Bughin, J., Woetzel, J., Batra, P., Ko, R., & Sanghvi, S. (2017). *Jobs lost, jobs gained: Workforce transitions in a time of automation.* McKinsey Global Institute.

Metha, J. (2022). Toward a new grammar of schooling. *Kappan, 103*(5), 54-57.

Popper, K. R. (1945). *The open society and its enemies.* Routledge.

Robinson, K., & Aronica, L. (2015). *Creative schools: The grassroots revolution that's transforming education.* Viking.

Schwab, K. (2016). *The fourth industrial revolution.* World Economic Forum.

Tyack, D., & Cuban, L. (1995). *Tinkering toward utopia: A century of public school reform.* Harvard University Press.

World Economic Forum. (2020). *Schools of the future: Defining new models of education for the fourth industrial revolution.* World Economic Forum.

Zhao, Y. (2012). *World class learners: Educating creative and entrepreneurial students.* Corwin.

부록

각 장의 주요 이론과 개념(표)

1. 조직론

	제1장 교육은 어떻게 행정과 만나나	제2장 효과적인 학교란 무엇인가	제3장 어떤 학교 문화를 조성할 것인가	제4장 학교를 다 모울 문화적으로 만들려면	제5장 교사의 전문성은 어디서 오는가	제6장 교사는 무엇으로 사는가	제7장 미래사회는 어떤 교사를 요구하나	제8장 학교장의 역할은 왜 중요한가	제9장 교육감의 역할은 왜 중요한가	제10장 학교자치는 목표인가 수단인가	제11장 균등한 교육기회란 무엇인가	제12장 교육정책은 어떻게 전개되나	제13장 교육정책은 어떻게 평가할 수 있나	제14장 교육행정이 이 교실을 결사회를 만나면
갈등	○													
개방체제	○							○						
개방 풍토			○											
공식 구조	○			○										
과학적 관리론	○													
관료제	○								○					
권력거리			○											
느슨한 결합(이완결합)	○		○					○						
문화 다차원 이론			○											
문화 방산 이론			○											
불확실성 회피 문화			○											
비공식 조직	○													
사육조직			○											
사회체제로서의 학교	○		○	○				○						
상징	○		○	○		○								
생산함수		○												
암묵지			○											
의례(의식)	○		○					○		○				
일반관리론	○		○											
일선관료	○					○								
조직 통제							○							

	제1장 교육은 어떻게 정과 행정과 만났나	제2장 효과적인 학교란 무엇인가	제3장 어떤 학교 문화를 조성할 것인가	제4장 학교를 다문화도운적으로 만들려면	제5장 교사의 전문성은 어디서 오는가	제6장 교사는 무엇으로 사는가	제7장 미래 사회는 어떤 교사를 구하나	제8장 학교장의 역할은 왜 중요한가	제9장 교육감의 역할은 왜 중요한가	제10장 학교자치는 목표인가 단인가	제11장 균등한 교육기회란 무엇인가	제12장 교육정책은 어떻게 전개되나	제13장 교육정책은 어떻게 평가할 수 있나	제14장 교육행정이 초연결사회를 만나면
조직화된 무질서		○												
집단주의 문화			○			○								
학교 개선	○		○		○									
학교 구조	○	○						○						
학교의 문화	○		○	○	○									
학교의 조직문토		○	○	○				○						
학교의 효과성	○			○		○							○	
학업성취도		○				○					○			
합리성	○											○		
협력적 학교 문화				○				○						
2. 교사론														
교사의 역량	○	○		○	○									
교사의 전문성		○			○	○	○			○				
교사의 질					○									
교수활동의 불확실성	○		○	○		○								
교원 양성					○	○								
교원 연수					○									
교직관					○									
전문성 개발			○	○	○	○								○
전문적 학습공동체				○	○	○								

	제1장 교육행정은 어떻게 발전과 성장하였나	제2장 효과적인 학교과 관련 학교는 무엇인가	제3장 어떤 학교 문화를 조성할 것인가	제4장 학교를 다문화 포용적으로 만들려면	제5장 교사의 전문성은 어디서 오는가	제6장 교사는 무엇으로 사는가	제7장 미래 사회는 어떤 교사를 요구하나	제8장 학교장의 역할은 왜 중요한가	제9장 교육감의 역할은 왜 중요한가	제10장 학교자치는 목표인가 수단인가	제11장 균등한 교육기회란 무엇인가	제12장 교육정책은 어떻게 전개되나	제13장 교육정책은 어떻게 평가할 수 있나	제14장 교육행정 이론과 연구회를 결사화를 만나면
3. 동기론														
교사의 소진						○								
교사의 스트레스		○	○		○	○								
교사의 직무 만족		○	○		○									
교사의 효능감					○	○								
구성원의 욕구	○							○						
동기-위생이론						○								
보상						○		○						
생존-관계-성장이론				○										
성취 동기			○											
욕구위계이론				○										
욕구의 충족 대 절제			○											
임파워먼트	○		○											
자기 착취														
직무요구-자원 모델						○	○							
직무특성이론						○								
4. 리더십론														
거래적 리더십								○						
교육 리더 전문성 표준				○				○						
권력	○							○						
리더십 상황론								○						

	제1장 교육은 어떻게 행정과 만나나	제2장 효과적인 학교란 무엇인가	제3장 어떤 학교 문화를 조성할 것인가	제4장 학교를 다문화 포용적으로 만들려면	제5장 교사의 전문성은 어디서 오는가	제6장 교사는 무엇으로 사는가	제7장 미래 사회는 어떤 교사를 요구하나	제8장 학교장의 역할은 왜 중요한가	제9장 교육감의 역할은 왜 중요한가	제10장 학교자치의 목표는 무엇인가	제11장 균등한 교육기회란 무엇인가	제12장 교육정책은 어떻게 전개되나	제13장 교육정책은 어떻게 평가할 수 있나	제14장 교육행정이 초연결 결사회를 만나면
리더십 특성론								○						
리더십 행동론								○						
리더의 문화적 감응성				○				○						
문화적 리더십								○						
변혁적 리더십								○						
분산적 리더십				○				○						○
서번트 리더십			○											
수업 리더십								○						
오센틱 리더십			○					○						
원종(바퍼링)														
최고관리자	○													
포스트코브(POSTCoRB)	○													
학교장의 리더십		○	○	○				○		○				
5. 의사소통론														
가교 역할								○						
공식적 메시지														
교사 간 협력		○	○	○	○	○		○						○
의미의 구성	○							○						
의미의 형성(센스메이킹)			○					○		○				
의사소통	○		○	○	○	○		○						
인공지능							○							○

	제1장 교육은 어떻게 계획과 행정이 만났나	제2장 효과적인 학교란 무엇인가	제3장 어떤 학교 문화를 조성할 것인가	제4장 학교를 다문화 포용적으로 만들려면	제5장 교사의 전문성은 어디서 오는가	제6장 교사는 무엇으로 사는가	제7장 미래 사회는 어떤 교사를 요구하나	제8장 학교장의 역할은 왜 중요한가	제9장 교육감의 역할은 왜 중요한가	제10장 학교자치는 목표인가 수단인가	제11장 균등한 교육기회란 무엇인가	제12장 교육정책은 어떻게 전개되나	제13장 교육정책은 어떻게 평가할 수 있나	제14장 교육행정이 초연결사회를 만나면
정책중개자(정책중개인)	○							○				○		
정책 평가													○	
제한된 합리성	○											○		
조건 정비	○			○										
지방교육재정교부금						○			○		○			
책무성	○											○		○
표준화(밈표준화)	○													○
합리 모형												○		
7. 거버넌스론														
공동생산	○			○					○					
교육소비자														
교육감									○					
교육부장관	○			○					○					
국가교육위원회				○										
납세자				○						○				
스마트 거버넌스	○								○	○				
시민(주민)	○									○		○		○
신공공거버넌스론												○		○
신공공관리론										○	○			
지방교육자치					○				○	○	○	○		
지역사회	○	○		○				○	○	○				

	제1장 교육행정은 어떻게 규정과 행정이 만났나	제2장 효과적인 학교과란 무엇인가	제3장 어떤 학교 문화를 조성할 것인가	제4장 학교를 다문화 모형 적으로 만들려면	제5장 교사의 전문성은 어디서 오는가	제6장 교사는 무엇으로 사는가	제7장 미래 사회는 어떤 교사를 요구하나	제8장 학교장의 역할은 왜 중요한가	제9장 교육감의 역할은 왜 중요한가	제10장 학교자치는 목표 인가 수단인가	제11장 균등한 교육기회란 무엇인가	제12장 교육정책은 어떻게 전개되나	제13장 교육정책은 어떻게 평가할 수 있나	제14장 교육행정 이론은 결실화를 맺나
학교선택권											○			
학교운영위원회									○	○				○
학교자치					○					○				○
학부모	○	○		○	○			○		○				
8. 공공가치론														
공공 서비스	○			○							○			○
공공교육	○		○											
공적 가치		○					○							
교육불평등	○										○			○
교육 수월성	○										○			○
교육 형평성				○				○			○			○
교육기회	○	○									○			
노동	○			○										○
다양성							○				○			○
미래의 교육	○						○				○			○
사회적 불평등					○	○	○							
사회적 효율성	○		○											○
사회화	○									○				
정치적 평등	○						○							
창의성	○										○			○
학교 교육의 목적	○	○					○		○		○			○

9. 법·정책 문서

법·정책 문서	제1장 교육은 어떻게 계획과 행정으로 만들어졌나	제2장 효과적인 학교란 무엇인가	제3장 어떤 학교 문화를 조성할 것인가	제4장 학교를 다문화 포용적으로 만들려면	제5장 교사의 전문성은 어디서 오는가	제6장 교사는 무엇으로 사는가	제7장 미래사회는 어떤 교사를 요구하나	제8장 학교장의 역할은 왜 중요한가	제9장 교육감의 역할은 왜 중요한가	제10장 학교자치는 목표 수단인가	제11장 균등한 교육기회란 무엇인가	제12장 교육정책은 어떻게 전개되나	제13장 교육정책은 어떻게 평가될 수 있나	제14장 교육행정이 초연결사회를 만나면
「고등교육법」														
교사의 지위에 관한 권고									○			○		
「교원의 노동조합 설립 및 운영 등에 관한 법률」					○									
「교육공무원법」					○				○					
「교육기본법」					○					○	○			
「교육법」							○							
「교육세법」	○										○			
교육입국조서														
「국가교육위원회 설치 및 운영에 관한 법률」									○					
「다문화가족지원법」		○												
미국 공민권법				○										
「유아교육법」				○					○					
「재한외국인 처우 기본법」												○		
「지방교육자치에 관한 법률」									○	○	○			
「지방교육재정교부금법」								○	○	○		○		
「초·중등교육법」										○				
「학원의 설립운영 및 과외교습에 관한 법률」									○	○	○		○	
「대한민국헌법」	○													

찾아보기

인명

A

Alderfer, C. P. 92

Anderson, A. 265, 267, 268

Apple, M. W. 125

B

Bandura, A. 130

Banks, J. A. 85, 86, 94

Blanchard, K. H. 180, 181

Bolman, L. G. 26

Bryk. A. S. 41, 90, 96

Burns, J. 182

C

Carnoy, M. 240, 242

Cohen, M. 25, 36, 270

Coleman, J. 39, 40

Croft, D. B. 45, 71

Cuban, L. 27, 265, 305

D

Darling-Hammond, L. 204

Deal, T. E. 26, 185

Durkheim, E. 15, 20, 215

E

Edmonds, R. 42, 44

Elmore, R. F. 128

F

Fayol, H. 22

Fiedler, F. 179

Floden, R. 90

Fullan, M. 96

G

Green, T. F. 259

Gronn, P. 98

Gulick, L. H. 22, 23

Gutmann, A. 15, 305

내용

저자 소개

김왕준(WangJun Kim)

미시간주립대학교 교육정책학 박사

현 경인교육대학교 교육학과 교수

김지현(Jihyun Kim)

미시간주립대학교 교육정책학 박사

현 성신여자대학교 교육학과 교수

박희진(Heejin Park)

피츠버그대학교 교육행정 · 정책 및

　교육사회학 박사

현 계명대학교 교육대학원 교수

변수연(Su-Youn Byoun)

고려대학교 교육행정학 및 고등교육학 박사

현 부산외국어대학교 만오교양대학 교수

송효준(Hyojune Song)

한양대학교 교육학 박사

현 한국교육개발원 연구위원

이동엽(Dongyup Lee)

연세대학교 교육행정학 박사

현 한국교육개발원 연구위원

이수정(Soo Jeung Lee)

서울대학교 교육학 박사

현 세종대학교 교육학과 교수

이전이(Jeon-Yi Lee)

한양대학교 교육학 박사

현 경기도교육연구원 연구위원

이호준(Ho-Jun Lee)

서울대학교 교육학 박사

현 청주교육대학교 교육학과 교수

정설미(Seol Mi Jeong)

서울대학교 교육학 박사

현 한국교육개발원 연구위원

최경준(Kyoung-Jun Choi)

플로리다주립대학교 교육정책학 박사

현 총신대학교 교육성과관리센터 연구교수

한재범(Jae-Bum Han)

미시간주립대학교 교육행정학 박사

현 강원대학교 유아교육과 교수

함승환(Seung-Hwan Ham)

미시간주립대학교 교육정책학 박사

현 한양대학교 교육학과 교수

질문과 토론이 있는
교육행정 및 교육경영
Navigating Educational Administration and Management
Through Questions and Debates

2024년 10월 5일 1판 1쇄 인쇄
2024년 10월 10일 1판 1쇄 발행

지은이 • 김왕준 · 김지현 · 박희진 · 변수연 · 송효준 · 이동엽 · 이수정
　　　　이전이 · 이호준 · 정설미 · 최경준 · 한재범 · 함승환
펴낸이 • 김진환
펴낸곳 • ㈜ **학지사**
　　　　04031 서울특별시 마포구 양화로 15길 20 마인드월드빌딩
대표전화 • 02-330-5114　팩스 • 02-324-2345
등록번호 • 제313-2006-000265호

홈페이지 • http://www.hakjisa.co.kr
인스타그램 • https://www.instagram.com/hakjisabook

ISBN 978-89-997-3245-4 93370

정가 19,000원

출판미디어기업 **학지사**
간호보건의학출판 **학지사메디컬** www.hakjisamd.co.kr
심리검사연구소 **인싸이트** www.inpsyt.co.kr
학술논문서비스 **뉴논문** www.newnonmun.com
교육연수원 **카운피아** www.counpia.com
대학교재전자책플랫폼 **캠퍼스북** www.campusbook.co.kr